Marcel Fratzscher

Die neue Aufklärung
Wirtschaft und Gesellschaft nach der Corona-Krise

MARCEL FRATZSCHER

DIE NEUE AUFKLÄRUNG

Wirtschaft und Gesellschaft
nach der Corona-Krise

BERLIN VERLAG

Mehr über unsere Autorinnen, Autoren und Bücher:
www.berlinverlag.de

Von Marcel Fratzscher liegt im Piper Verlag vor:
Verteilungskampf. Warum Deutschland immer ungleicher wird (2017)

MIX
Papier aus verantwor-
tungsvollen Quellen
FSC® C014496

ISBN 978-3-8270-1432-0
© Marcel Fratzscher/Berlin Verlag in der Piper Verlag GmbH,
Berlin/München 2020
Satz: Fotosatz Amann, Memmingen
Gesetzt aus der Minion Pro
Druck und Bindung: GGP Media GmbH, Pößneck
Printed in Germany

»*Aufklärung ist der Ausgang des Menschen aus seiner selbstverschuldeten Unmündigkeit.*«
Immanuel Kant, *Berlinische Monatsschrift*, 1784

INHALT

EINLEITUNG

Die Corona-Pandemie hat die Gesellschaften und Ökonomien in die tiefste Krise seit dem Zweiten Weltkrieg gestürzt. Selten zuvor hat ein Ereignis die gesamte Menschheit gleichermaßen in so kurzer Zeit so stark getroffen. Kein Menschenleben ist durch das Virus unberührt geblieben. Viele Hunderttausende Menschen haben ihr Leben verloren, mehr als 15 Millionen weltweit waren bereits Ende Juli 2020 infiziert worden. Die Pandemie hat Gesundheits- und Sozialsysteme überfordert und zum Teil zum Zusammenbruch gebracht. Sie hat das Leben eines und einer jeden zumindest vorübergehend eingeschränkt und für viele dauerhaft verändert. Sie hat dazu geführt, dass Menschen- und Bürgerrechte temporär beschnitten wurden. Die Auswirkungen des Virus haben die Weltwirtschaft in einen Kollaps getrieben: Mehr als 100 Millionen Menschen haben ihre Arbeit und noch viel mehr ihre Lebensgrundlage verloren.

Und die Krise ist noch lange nicht vorbei. Die Hoffnung auf eine schnelle Erholung und Normalisierung wird sich als unbegründet erweisen. Die Arbeitslosigkeit wird weltweit und auch in Deutschland weiter steigen, Einschränkungen bleiben bestehen, und Sorgen und Ängste werden groß bleiben. Viele Länder sind bei Weitem stärker bedroht als Deutschland. Wirtschaftliche Depression bis hin zu Hungersnöten, die große Migrationsströme und militärische Konflikte verursachen, sind reale Risiken. Wenig wird wieder so sein, wie es einmal war; auch in Deutschland werden sich Wirtschaft, Gesellschaft und Politik grundlegend ändern. Die Pandemie hat die Welt in ihren Grundfesten erschüttert und ist dabei, sie für immer zu verändern. Dabei kennt das Virus keine Grenzen und unterscheidet nicht zwischen Hautfarbe, Vermögen oder Herkunft. Niemanden trifft die Schuld und Verantwortung für sein Auftreten und die Ausbreitung. Niemand sollte sich moralisch erhöhen und der eigenen Verantwortung verweigern. Die Krise macht uns bewusst, dass die zentralen Fragen der Menschheit – von der Bekämpfung der Pandemie bis hin zu Frieden und einer intakten Umwelt – alle gleichermaßen betreffen und Lösungen nur gemeinsam gefunden werden können.

Das Zeitalter der Extreme

So überraschend die Pandemie die Welt überwältigt hat, ist sie doch der Höhepunkt einer ganzen Reihe von Konflikten und Krisen der vergangenen dreißig Jahre – seit Francis Fukuyama mit dem Ende des Kalten Krieges und der deutschen Wiedervereinigung »das Ende der Geschichte« ausrief. Selten zuvor hat die Welt so grundlegende Veränderungen und so große Herausforderungen erlebt wie zu Beginn des 21. Jahrhunderts. Davon sind zahlreiche Veränderungen große Erfolge einer Epoche, die von Globalisierung und technologischem Wandel dominiert wird.

Die vergangenen Jahrzehnte waren gezeichnet von einem fast unfassbaren Anstieg des wirtschaftlichen Wohlstands, der Milliarden Menschen aus der Armut gehoben und ihnen eine Zukunftsperspektive eröffnet hat. Dies gilt vor allem, aber nicht nur für China und zum Teil für Indien, die zusammen ein Drittel der Weltbevölkerung ausmachen. Vor allem China hat sich von einer politisch marginalen und wirtschaftlich abgehängten Nation zum Beginn seiner Transformation 1979 zu einer politischen und wirtschaftlichen Weltmacht entwickelt. Auch andere Teile Asiens und Lateinamerika sind dabei, im Vergleich mit dem Westen wirtschaftlich aufzuholen.

Der wirtschaftliche Wohlstand ist einhergegangen mit einem Anstieg der Lebensqualität und der Autonomie großer Teile der Menschheit. Lebenserwartung und Gesundheit haben sich für die meisten deutlich erhöht. Immer mehr junge Menschen haben Zugang zu Bildung, die Zahl der Analphabeten geht deutlich zurück. Der Ausbau der Sozialsysteme hat den ungleichen Zugang zu Bildung, Gesundheit und zum Arbeitsmarkt in den meisten Teilen der Welt reduziert. Auch politische und militärische Konflikte zwischen Staaten haben abgenommen, und es starben weniger Menschen durch solche Konflikte.

Kurzum: Selten zuvor hat die Menschheit so großen Fortschritt erlebt und so viel Gutes geschaffen wie in den vergangenen dreißig Jahren. Gleichzeitig haben diese Erfolge jedoch auch eine Kehrseite, stehen ihnen doch große Versagen der Weltgemeinschaft und vor allem der westlichen Demokratien gegenüber. Zwar hat die Welt eine gigantische Konvergenz in Bezug auf Wohlstand, Bildung und Lebensqualität zwischen Ländern und Regionen erlebt, aber gleichzeitig hat die wirtschaftliche und soziale Ungleichheit innerhalb der allermeisten Nationen zugenommen. Es sind meist die wirtschaftlichen und politischen Eliten, die besonders vom Wandel der Globalisierung und des technologischen Fortschritts profitieren. Viele Millionen Europäer und Amerikaner haben durch die Globalisierung ihre Arbeit verloren und Schwierigkeiten, sich in einer Welt, die ein hohes Maß an Flexibilität, Anpassungsfähigkeit, Mobilität und eine gute Bildung verlangt, zu behaupten. Einkommen, Vermögen und Lebenschancen sind in vielen westlichen Gesellschaften ungleicher geworden. Viele haben Schwierigkeiten, sich zu verorten und zu identifizieren in und mit einer Welt des stetigen Wandels, die eben nicht immer als Chance, sondern auch als Bedrohung empfunden wird.

Viele Europäer und Amerikaner vermissen eine ausreichende Gerechtigkeit, und sie sind zunehmend unzufrieden mit Politik und Gesellschaft. Das Vertrauen in Staat und Politik schwindet fast überall in der westlichen Welt. Das Resultat ist eine zunehmende soziale und politische Polarisierung, die weltweit zu einer Politik der drei P – Populismus, Protektionismus und Paralyse – geführt hat. Zahlreiche Politiker und Parteien ziehen ihre Macht aus dieser Polarisierung und dem systematischen Ausspielen gesellschaftlicher Gruppen gegeneinander. Nationalismus, Abschottung und der Versuch einer Zementierung des Status quo sind die Gegenreaktion in einer Welt des Wandels, die zunehmend von Globalisierung und Technologie geprägt ist.

Hinzu kommt, dass die vergangenen Jahrzehnte von einer Reihe tiefer wirtschaftlicher und sozialer Krisen gekennzeichnet waren, die vor allem zulasten der Schwächsten und Verletzlichsten gingen: Die Transformation zu demokratischen Gesellschaftsordnungen in Zentral- und Osteuropa sowie in Teilen Asiens und Lateinamerikas hat viele Menschen nicht nur gefordert, sondern auch überfordert. Die Sehnsucht nach Sicherheit, Stabilität und einem starken Staat hat autokratischen Kräften Auftrieb gegeben. Der wirtschaftliche Wandel hat zahlreiche tiefe Wirtschafts- und Finanzkrisen verursacht, von denen vor allem die globale Finanzkrise 2008/2009 einen enormen wirtschaftlichen und sozialen Schaden gerade für die verwundbaren Länder und Menschen weltweit bedeutet hat.

Die vier Konfliktlinien unserer Zeit

Die Krise hat ungelöste Konflikte an die Oberfläche gebracht – von nationalen Konflikten in Europa über politische Konflikte innerhalb von Demokratien bis hin zu offenem Widerstand gegen Diskriminierung von Schwarzen in den USA und anderswo. Dabei läuft die Welt seit Jahren offenen Auges in eine Reihe weiterer Krisen. Die Ursachen der Flüchtlingskrise seit 2015 sind genauso wenig überwunden wie zahlreiche Konflikte in vielen Teilen Afrikas und des Mittleren Ostens. Vor allem aber ist die schwelende und sich stetig verschärfende Klimakrise ungelöst. Seit dreißig Jahren kann niemand mehr die Tatsache des Klimawandels und die katastrophalen Folgen leugnen. Trotzdem fehlt es global, und auch national in Deutschland, am politischen Willen, der Wahrheit ins Auge zu schauen und die notwendigen Konsequenzen zu ziehen.

Die Corona-Krise ist zwar der Höhepunkt dieser Konflikte und Krisen, sie ist aber auch grundlegend anders als die Krisen der Vergangenheit: Sie ist universell und betrifft sofort und unmittelbar jedes Land und jeden Menschen. Sie ist in vielerlei Hinsicht blind in Bezug auf Hautfarbe, Einkommen, Nationalität, Geschlecht und andere individuelle Merkmale. Sie erlaubt es nicht, irgendjemandem die Schuld für die Katastrophe zu geben, sondern fordert Gemeinsamkeit der Verantwortung. Und sie offenbart das Unvermögen aller, selbst der mächtigsten und reichsten Länder der Welt, eine überzeugende Antwort auf die Krise anzubieten.

Wieso gab es in den letzten dreißig Jahren so viele Katastrophen und Krisen, obwohl die Welt so viel Gutes geschaffen hat? Wieso bleiben so viele Fragen und Herausforderungen unserer Zeit ungelöst, obwohl Technologie und Wissen eigentlich Antworten parat halten? Und wieso sind so viele Menschen, vor allem in der westlichen Welt, so unzufrieden und verunsichert, obwohl die globalisierte Welt so viele Chancen und Möglichkeiten anbietet?

Die Antworten auf diese Fragen sind in vier grundlegenden Konflikten zu finden: zwischen Ethik und Wirtschaft, zwischen Staat und Markt, zwischen Multilateralismus und Nationalismus und zwischen Wissenschaft, Medien und Politik. In der Corona-Pandemie haben sie sich schmerzvoll offenbart. Die Lösung dieser Konflikte wird entscheidend für unsere Zukunft sein.

Eine neue Aufklärung

Die Corona-Pandemie könnte deshalb einen Wendepunkt darstellen, der ein neues Zeitalter einläutet – ein Zeitalter der Aufklärung, das die Herausforderungen unserer Zeit meistert und mit einem Bewusstseinswandel hin zu einem neuen Humanismus einhergeht; ein Zeitalter, in dem die Eigenverantwortung des Individuums, die Wissenschaft und Rationalität sowie die Fokussierung auf die großen Fragen unserer Zeit im Mittelpunkt stehen.

Die erste Epoche der Aufklärung im 17. und 18. Jahrhundert war geprägt von Fortschritt in Wissenschaft, Bildung und Technologie, von grundlegenden politischen Veränderungen mit einer Stärkung der Menschenrechte und der Freiheit des Einzelnen, vom Aufstieg des Nationalstaats und einer Säkularisierung, aber auch von Veränderungen gesellschaftlicher Werte und Moralvorstellungen. Dabei ist es natürlich nicht so, dass es solche Veränderungen nicht auch in den Jahrhunderten und Jahrtausenden zuvor gegeben hätte. Der Fortschritt in der Wissenschaft mag zum Beispiel in Zeiten der Renaissance noch bedeutender gewesen sein und bezogen auf Technologie und Wirtschaft auch in der chinesischen Tang-Dynastie zwischen dem 7. und 10. Jahrhundert.

Was die Epoche der Aufklärung jedoch so einzigartig macht, ist die Kulmination von grundlegenden Veränderungen in den unterschiedlichen Bereichen von Politik, Gesellschaft, Wissenschaft und Wirtschaft, die zusammengenommen disruptiv waren. Die Französische und die US-amerikanische Revolution sind nur zwei – allerdings wichtige – Beispiele. Die Welt wurde auf einen grundlegend anderen Entwicklungspfad gesetzt, der die industrielle Revolution und den technologischen Fortschritt ermöglichte. Der heutige wirtschaftliche Wohlstand liegt hier begründet. Vieles, was unser Leben und Denken heute bestimmt, wurde mit der Epoche der Aufklärung und durch sie geprägt.

»Aufklärung ist der Ausgang des Menschen aus seiner selbstverschuldeten Unmündigkeit«, beschrieb Immanuel Kant die Bedeutung dieser Epoche für die Menschheitsgeschichte. Dabei handelt es sich bei der Aufklärung nicht nur um ein Zeitalter, sondern vielmehr um ein Bewusstsein, um eine Geisteshaltung, die die Vernunft als zentrales Element für das Handeln der Menschen identifiziert. Wie oben zitiert, sieht Kant die Aufklärung als das Resultat eines Prozesses, bei dem sich der Mensch aus seiner eigenen Unmündigkeit befreit. Dies erfordert nicht nur ein kritisches Bewusstsein, sondern auch den Willen und die Freiheit zu selbstbestimmtem und eigenverantwortlichem Handeln. Der Philosoph Michel Foucault beschrieb die Aufklärung als ein kritisches Bewusstsein in der Tradition des griechischen *Ethos*, einer Art des Denkens und Fühlens und des Handelns und Verhaltens.

Nicht alle bewerteten und bewerten die Aufklärung und deren Resultat jedoch als uneingeschränkt positiv. Vertreter der Kritischen Theorie der Frankfurter Schule wie Max Horkheimer und Theodor Adorno sahen darin die Entzauberung der Welt. Die »instrumentelle Vernunft«, wie Horkheimer es ausdrückte, hat eben nicht nur zu einer Herrschaft des Menschen über die äußere und innere Natur beigetragen, sondern auch zur institutionalisierten Herrschaft von Menschen über Menschen, auch in den heutigen Demokratien der westlichen Welt. Die »Verschlingung von Mythos und Aufklärung«, so Jürgen Habermas, führe eben nicht erzwungenermaßen zur Befreiung, sondern könne einen Selbstzerstörungsprozess in Gang setzen. Eine kritische Betrachtung der Aufklärung und ihrer Instrumente sei daher essenziell, um diesem Prozess Einhalt zu gebieten.

Freiheit, Gerechtigkeit und Humanismus

Der französische Historiker Tzvetan Todorov beschreibt die drei essenziellen Elemente der Aufklärung als Autonomie, Universalismus und Humanismus. Das Ideal der Autonomie zielt auf die Freiheit eines jeden Einzelnen, ein selbstbestimmtes Leben nach den eigenen Vorstellungen führen zu können. Universalismus meint die Gleichheit eines jeden Menschen in Bezug auf die Grundrechte und die Achtung seiner oder ihrer Menschenwürde. Und der Humanismus unterstreicht die Rolle des Menschen als soziales Wesen, das durch Vernunft, Empathie und die Suche nach Fortschritt das gemeinschaftliche Leben gestaltet.

Die zentrale These dieses Buches lautet, dass diese drei Ideale der Aufklärung heute wichtiger sind denn je und dass sie darüber entscheiden werden, wie die Welt und wir als Gesellschaft aus dieser Pandemie herauskommen. Sie waren und sind die Grundlage für den Fortschritt und den Wohlstand, den die Welt in den vergangenen zwei Jahrhunderten hat erringen können. Die großen Probleme und Fehler unserer Zeit – von einer wachsenden sozialen Polarisierung und schwindenden Gerechtigkeit über ein Erstarken von Populismus und autokratischen Regimen bis hin zu einer drohenden Klimakatastrophe – können nur gelöst werden, wenn wir uns auf diese drei Prinzipien der Aufklärung besinnen und sie neu denken.

Dies erfordert ein neues Bewusstsein dafür, wie die Herausforderungen unserer Zeit bewältigt werden können. Die Pandemie ist ein Weckruf, der uns die Widersprüche unseres Handelns bewusst macht, aber auch einen neuen Weg in die Zukunft weist. Das Prinzip der Autonomie erfordert, dass Freiheit nicht nur das Privileg einiger weniger sein darf, sondern viel breiter und umfassender geteilt werden muss. Nicht nur zwischen Ländern, sondern auch innerhalb von Gesellschaften, auch in Deutschland, sind die Chancen für Eigenverantwortung und ein selbstbestimmtes Leben sehr ungleich verteilt. Durch das Bildungssystem, den Arbeitsmarkt und aufgrund von Diskriminierung verfestigen sich nicht nur soziale Klassen, sondern werden Frauen, Menschen mit Migrationshintergrund und zahlreichen anderen Gruppen wichtige Chancen verwehrt.

Universalität erfordert Reformen, um dem Gefühl der Ungerechtigkeit und der Entfremdung vieler Menschen unserer Gesellschaft zu begegnen. Dies macht einen gesellschaftlichen Diskurs darüber notwendig, wie Leistung honoriert und Bedürfnisse in einer zunehmend diversen Gesellschaft befriedigt werden können. Gerechtigkeit hat auch eine wichtige gesellschaftsübergreifende Dimension. Gerade wohlhabende Gesellschaften wie die deutsche dürfen nicht die Augen vor den Bedürfnissen anderer verschließen. Und Gerechtigkeit hat eine wichtige Dimension über Generationen hinweg. Gerade in der Diskussion um den Schutz von Klima, Umwelt und Biodiversität wird uns bewusst, dass die gegenwärtigen Generationen zu lange auf Kosten künftiger Generationen gelebt haben und noch immer leben. Humanismus erfordert eine neue Definition von Fortschritt. Die Corona-Pandemie zeigt, dass wir einen großen Schritt hin zu einer solchen Definition tun können. Die Krise hat zu einem beeindruckenden Bewusstsein einer Moral geführt, die die meisten Gesellschaften einen hohen Wert auf Gemeinschaft und den Schutz der Schwächsten legen lässt. Sie sind gewillt, einen signifikanten wirtschaftlichen Preis dafür zu zahlen. Mehr noch, diese Gesellschaften haben die Krise meist besser gemeistert als andere, die eine dominante Marktwirtschaft oder einen überbordenden autokratischen Staat haben. Dieser Humanismus erfordert auch Reformen des Sozialstaats, der nicht mehr nur eine Absicherung gewährleisten soll, sondern befähigend wirken muss, um Menschen Chancen zu eröffnen und eine gesellschaftliche Teilhabe zu ermöglichen.

Ein neuer Humanismus erfordert es, Nationalismus und Populismus zurückzudrängen und Multilateralismus und globale Kooperation zu stärken. Dies gilt für die Bekämpfung von Pandemien und der Ursachen von Konflikten genauso wie für den Schutz von Klima, Umwelt und Diversität. Und es gilt für die Herausforderungen durch Globalisierung und technologischen Wandel. Digitalisierung und künstliche Intelligenz könnten unser Leben in den nächsten Jahrzehnten so grundlegend verändern, dass sie zwar viele neue Chancen und Wohlstand ermöglichen, aber auch die Ursache für neue Konflikte sein könnten.

Die Pandemie könnte eine wichtige Bewusstseinsveränderung herbeiführen, die eine neue Balance zwischen Staat und Markt, zwischen starken Sozialsystemen und einer innovativen Wirtschaft und zwischen Wissenschaft und Politik hervorbringt sowie eine Stärkung Europas und des Multilateralismus. Die Gefahr ist allerdings groß, dass die Corona-Krise die Weltgemeinschaft spaltet und weniger zukunftsfähig macht. Die Krise ist jedoch auch eine Chance, die überfälligen Konsequenzen aus den Konflikten der vergangenen Jahrzehnte zu ziehen und eine neue Phase der Aufklärung einzuläuten.

Als Wissenschaftler ist es meine Aufgabe, nicht zu glauben oder zu fühlen, sondern Wissen zu schaffen und dieses zu teilen. Die Corona-Pandemie macht mir bewusst, wie wenig wir wirklich über unsere Welt wissen. Als Mensch und Bürger ist es unmöglich, die Krise ausschließlich rational zu betrachten und nicht zutiefst berührt zu sein von dem Leid, das sie verursacht, aber auch von der Menschlichkeit des Umgangs vieler miteinander. Und als Ökonom, der auch einen Background in Philosophie und politischer Philosophie hat, realisiere ich, wie inadäquat die Disziplin der Wirtschaftswissenschaften und auch meine eigene Forschung ist, um Antworten auf die wichtigen Fragen unserer Zeit zu finden.

Das Buch ist mein Versuch als Wissenschaftler, Erkenntnis zu ziehen aus dem, wie Politik, Gesellschaft und Wirtschaft auf diese noch nie da gewesene Krise reagieren und wie dies unser Bewusstsein über die großen Herausforderungen unserer Zeit verändern wird.

Dieses Buch zeigt, wie eine neue Aufklärung aussehen und wie die Stärkung der drei Ideale Freiheit, Gerechtigkeit und Humanismus gelingen kann. Bei allen Risiken und Gefahren ist der Grundtenor von Optimismus geprägt. Die technologischen, wirtschaftlichen, politischen und sozialen Voraussetzungen, um den Herausforderungen unserer Zeit zu begegnen, sind bereits vorhanden. Die Pandemie hat viele dieser positiven Ansätze verstärkt und einen Weg in die Zukunft aufgezeigt. Nun gilt es, diese größte globale Krise seit 75 Jahren klug zu nutzen und den Weg hin zu einer neuen Aufklärung frei zu machen.

TEIL 1: ETHIK VERSUS WIRTSCHAFT

»Eine Welt, die Platz für die Öffentlichkeit haben soll, kann nicht nur für eine Generation errichtet oder nur für die Lebenden geplant sein; sie muss die Lebensspanne sterblicher Menschen übersteigen.«

Hannah Arendt

Die Corona-Pandemie hat die Welt und auch Deutschland zum größten Teil unvorbereitet getroffen. Trotz einiger Warnungen von Experten in den vergangenen Jahren und der Aufforderung, sich besser auf mögliche Pandemien vorzubereiten, hat die Welt das Risiko größtenteils ignoriert. Zwar sterben jeden Winter viele Tausende Menschen in Deutschland an der Grippe (Influenza); da dies jedoch zur Normalität geworden ist, konnte oder wollte man sich nicht vorstellen, wie viele Opfer eine weltweite Pandemie fordern könnte.

Als Mitte Januar 2020 auch in Europa bekannt wurde, wie ernst die Epidemie, die in der chinesischen Großstadt Wuhan ihren Ursprung hatte, in China grassierte und sich ausbreitete, ignorierten Europa und der Rest der Welt das Problem und erwarteten, dass das Virus – ähnlich wie SARS 2003 und 2004 – ein regionales Problem Chinas oder Asiens bleiben würde. Erst als einige Hundert Menschen in Italien Symptome des Virus zeigten, wachte die Weltgemeinschaft auf und verfiel zunächst einmal in Panik. Schnell wurden Maßnahmen und Strategien konzipiert, mit wenig Abstimmung und Koordination, und vor allem, ohne viel über das Virus und dessen Verbreitung zu wissen.

Innerhalb weniger Wochen im März 2020 veränderte sich das

Leben in Europa grundlegend. Die Schließung von Unternehmen, Geschäften, Schulen und vielen anderen Einrichtungen brachte das öffentliche Leben fast zum Stillstand. Jede Regierung und jedes Land ergriffen unterschiedliche Maßnahmen und verfolgten diverse Strategien. Alle mussten jedoch die gleiche Abwägung treffen: Welche Rolle soll dem Schutz der Gesundheit, vor allem der Risikogruppen und der Schwächsten der Gesellschaft, zukommen? Wie wichtig sollen in der Pandemie wirtschaftliche Aspekte sein, insbesondere der Erhalt von Arbeitsplätzen und die Vermeidung der Insolvenzen von Unternehmen, die für viele die wirtschaftliche Lebensgrundlage bilden? Wie weit kann die Beschneidung der Grundrechte gehen, und wie lange kann diese aufrechterhalten bleiben?

Jedes Land hat eine andere Antwort auf diese Fragen gegeben. Entscheidungen mussten trotz hoher Unsicherheit und Unwissenheit getroffen werden, wohl wissend, dass diese, auch wenn sie heute sinnvoll und richtig erscheinen, sich morgen schon als falsch und schädlich erweisen könnten. Fast alle Länder haben im Laufe der Pandemie ihre Strategien und Maßnahmen angepasst, um neuen Fakten und Realitäten Rechnung zu tragen. Andere, wie Großbritannien, haben eine komplette Kehrtwende in ihrer Strategie vollzogen, auch weil man in der Politik außer Acht gelassen hatte, dass eine erfolgreiche Strategie letztlich auf einer hohen gesellschaftlichen Akzeptanz der getroffenen Maßnahmen beruht.

Der erste Teil des Buches diskutiert diese Abwägung zwischen den häufig, aber nicht zwingendermaßen miteinander konkurrierenden Zielen in Bezug auf Gesundheit, Wirtschaft und Grundrechte. Die Entscheidungen in jedem Land, auch in Deutschland, sagen viel über die Werte der jeweiligen Gesellschaft aus. Und die Erfahrungen zeigen, dass die Pandemie zu einem neuen Bewusstsein, einer Besinnung und Stärkung von gesellschaftlichen Werten geführt hat, die unser Zusammenleben und unseren Gesellschaftsvertrag nachhaltig ändern werden.

KAPITEL 1: DIE KOSTEN DER PANDEMIE FÜR MENSCHEN UND GESUNDHEIT

Die Corona-Pandemie hat bereits im Sommer 2020 enormes menschliches Leiden verursacht. Bei mehr als 15 Millionen Menschen weltweit war das Virus bis Ende Juli 2020 nachgewiesen worden, 600 000 Menschen haben ihr Leben verloren. Dies ist nur eine Momentaufnahme, und es sind lediglich die offiziellen Statistiken – die Pandemie breitete sich in manchen Ländern weiter aus, und die Gefahr einer zweiten Welle ist omnipräsent.

Zudem waren wohl viele Menschen infiziert, ohne es zu wissen und ohne getestet worden zu sein. Vor allem in ärmeren Ländern sind vermutlich viele am Virus gestorben, ohne dass eine offizielle Statistik das Leiden und die Opfer erfassen konnte. Die Pandemie hat eine globale menschliche Tragödie ausgelöst, die es – abgesehen von den Kriegen – zuletzt während der Spanischen Grippe 1918 bis 1920 gegeben hatte, bei der schätzungsweise zwischen 17 und 100 Millionen Menschen starben.[1]

In diesem Buch geht es jedoch nicht um die gesundheitlichen Aspekte und Auswirkungen des Coronavirus, sondern um die Auswirkungen auf unsere Gesellschaft, auf unsere Wirtschaftsordnung, auf die globale Weltordnung und um das gesellschaftliche Bewusstsein, das sich durch diese Krise verändert. Trotzdem sollen die wichtigsten Fakten und Entwicklungen der Pandemie kurz skizziert werden, um besser darstellen zu können, warum sie unser Leben so grundlegend verändert.

DIE AUSBREITUNG DES VIRUS

Die Fakten zeigen, dass zwar kein Land ungeschoren der Pandemie entkommt, aber Länder und bestimmte Bevölkerungsgruppen sehr unterschiedlich betroffen sind. Das reichste Land der Welt, die USA, hatten über den Sommer 2020 hinaus die bei Weitem höchsten Infektions- und Opferzahlen zu beklagen. Ärmere Länder wie Brasilien, Indien und Russland folgten als die Länder mit der nächsthöchsten Zahl an Infizierten und Toten. Das Virus macht also an keinen Ländergrenzen halt, unterscheidet nicht nach Einkommen, Wohlstand, Geschlecht oder Hautfarbe.

Gleichzeitig gilt auch: Nicht alle Menschen haben das gleiche Risiko, an dem Virus zu sterben. Zur Gruppe derer, die besonders gefährdet sind, an einem schweren Krankheitsverlauf zu leiden, zählen ältere Menschen, Menschen mit Vorerkrankungen (wie Diabetes oder Herz-Kreislauf-Erkrankungen) und möglicherweise auch Menschen mit einem spezifischen Konsumverhalten (zum Beispiel Raucher). In Deutschland gehören 38 Prozent aller Bürgerinnen und Bürger zu dieser Risikogruppe. Doch die Gefahr, die von dem Virus ausgeht, geht über die einzelne Person hinaus: Auch wenn man selbst keiner Risikogruppe angehört, gibt es wohl in jeder Familie eine oder mehrere Personen, die einer Gruppe mit erhöhtem Risiko angehören und damit eher bedroht sind, am Virus zu sterben oder zumindest erhebliche gesundheitliche Schäden davonzutragen. Das Virus lässt also niemanden unberührt.[2]

Die vergangenen Monate haben die meisten von uns wohl viel über Epidemiologie und öffentliche Gesundheit gelehrt. Dennoch ist es sinnvoll, einige Schlaglichter hervorzuheben, um den Vergleich von Ländern zu ermöglichen. Dabei ist es hilfreich, eine grundsätzliche Unterscheidung zwischen Faktoren vorzunehmen, die durch menschliches Handeln beeinflussbar sind, und virusspezifischen Eigenschaften, die nicht beeinflussbar sind.

Die virusspezifischen Eigenschaften spielen eine große Rolle, indem sie die Grundlage für jede Einschätzung des Pandemieverlaufs darstellen. Dazu gehören die Inkubationszeit, also die Zeit, bis die Krankheit nach der Infektion bei der betreffenden Person ausbricht, der Beginn und die Dauer der Infektiosität, die Saisonalität und die mögliche Immunität von Personen in der Bevölkerung. Problematisch ist, dass viele dieser Eigenschaften besonders zu Beginn einer Pandemie schwierig abzuschätzen sind.

Das Coronavirus – SARS-CoV-2 – und die dadurch ausgelöste Infektionskrankheit COVID-19 zeichnen sich durch einige Aspekte aus, die eine Bekämpfung von Anfang an schwieriger gestalten, als das bei anderen Krankheiten der Fall ist. Die relativ lange Inkubationszeit – die Anzahl der Tage, die es braucht, bis sich Symptome zeigen – sowie die relativ lange Infektiosität einer Person sind Beispiele dafür. Derzeit wird davon ausgegangen, dass infizierte Personen bereits vor dem Erkrankungsbeginn – das heißt hier vor dem Beginn der Symptome – andere Personen anstecken können. Eine Person ist laut aktuellen Schätzungen im Mittel zehn Tage ansteckend. Das bedeutet, dass eine infizierte Person viele Menschen anstecken kann, ohne zu wissen, dass er oder sie das Virus bereits in sich trägt und weiterverbreitet. Auch sind die Symptome der Krankheit relativ generisch und häufig nicht von den Anfangssymptomen einer Erkältung zu unterscheiden – oder sie können ganz ausbleiben.

Eine weitere fundamentale Größe zur Einschätzung der Situation ist die Basisreproduktionszahl R0. Sie gibt an, wie viele Personen eine infektiöse Person zu Beginn der Ausbreitung ansteckt, das heißt in einer Bevölkerung, in der sonst niemand infiziert ist. Je höher diese Zahl, desto schneller schreitet die Verbreitung des Virus voran. An der sperrigen Beschreibung wird allerdings bereits klar, dass die Basisreproduktionszahl eine nicht in der Realität beobachtbare Größe ist und ihrerseits geschätzt werden muss. Dabei spielen eine ganze Reihe von Faktoren eine Rolle: die durchschnittliche Zahl der Kontakte einer infektiösen

Person pro Tag, die Übertragungswahrscheinlichkeit bei einem solchen Kontakt und die durchschnittliche Dauer der Infektiosität. In den frühen Studien wurde die Basisreproduktionszahl auf einen Wert zwischen zwei und drei geschätzt. Dies würde bedeuten, dass eine Person im Mittel zwei bis drei Personen mit dem Virus ansteckt. Im Vergleich zu anderen übertragbaren Krankheiten würde das Coronavirus damit zwar weit unterhalb der Reproduktionszahl von Masern (Ro bei etwa 10–18) oder auch Pocken (Ro bei etwa 3,5–6) liegen. Dennoch liegt sie aber weit oberhalb von vielen gewöhnlichen Grippewellen.

Wie stark sich bereits kleine Änderungen in der Reproduktionszahl auswirken, macht ein Beispiel deutlich: Eine Reproduktionsrate von zwei bedeutet, dass ein einzelner Infizierter zwei weitere Personen ansteckt, die wiederum jeweils zwei Personen infizieren. Nach zehn Infektionsrunden haben mehr als tausend Menschen das Virus, da sich die Anzahl der Infizierten bei jeder Runde potenziert. Eine Reproduktionsrate von drei dagegen bedeutet, dass nach zehn Infektionsrunden fast 60 000 Menschen mit dem Virus infiziert sind. Ein scheinbar moderater Anstieg der Reproduktionsrate hat also dramatische Auswirkungen auf die Ausbreitung des Virus in der Bevölkerung.

Neben der relativ hohen Ansteckungsgefahr ist das Coronavirus so gefährlich, weil es bislang weder eine Impfung noch eine verlässlich wirksame Behandlung gibt. In den meisten Fällen können Ärzte und Ärztinnen nur unterstützende Maßnahmen durchführen. Dieser Punkt unterstreicht die Wichtigkeit der Eindämmung der Ansteckungen.[3]

Wie tödlich COVID-19 tatsächlich ist, lässt sich bisher nicht feststellen. Dazu müsste die tatsächliche Zahl der erkrankten Fälle bekannt sein. Doch da nur ein kleiner Teil der tatsächlich Erkrankten bekannt ist, überschätzt die häufig behelfsmäßig verwendete Kennziffer des Fall-Verstorbenen-Anteils die »Tödlichkeit« der Krankheit tendenziell. Der Fall-Verstorbenen-Anteil, gibt an, wie hoch der Anteil bestätigter Todesfälle durch/mit Corona gegenüber der Zahl der bestätigten Infizierten ist. Mitte

Juli 2020 lag sie ungefähr bei 4,4 Prozent weltweit – von tausend als infiziert bestätigten Personen sterben also durchschnittlich etwas mehr als 44 Personen. Damit läge der Fall-Verstorbenen-Anteil weit über dem der üblichen saisonalen Grippe.

Diese Kombination aus einer relativ hohen Ansteckungsgefahr, einer vergleichsweise hohen Fall-Verstorbenen-Rate und der Nichtverfügbarkeit wirksamer und verlässlicher medizinischer Behandlungsmöglichkeiten macht das Coronavirus so gefährlich. Sobald sich eine Person angesteckt hat und die Krankheit einen schweren Verlauf nimmt, kann häufig nur eine künstliche Beatmung helfen, um das Leben der Person zu retten. Doch genau hier besteht ein Engpass in jedem Gesundheitssystem: In der Anfangsphase der Pandemie im März und April 2020 hatte man in Deutschland ungefähr 28 000 Notfallbetten mit Beatmungsgeräten. Die große Sorge war, dass Infizierte nicht behandelt werden könnten, weil nicht genügend Beatmungsgeräte zur Verfügung stehen.

Daher galt die Ansteckungsreduktion von Anfang an als eines der wichtigsten Ziele. Erst wenn die Reproduktionsrate kleiner als eins ist, wird die Ausbreitung graduell verlangsamt. Eine geringe Reproduktionsrate heißt jedoch nicht, dass das Virus gestoppt ist. Eine solche Verlangsamung war in den meisten Ländern, auch in Deutschland, ein wichtiges Ziel, damit die Kapazitäten des Gesundheitssystems nicht überlastet werden.

Deshalb ist in diesem Zusammenhang von *flattening the curve* – der Abflachung der Infektionskurve – die Rede. Langfristig infizieren sich also nicht zwangsläufig weniger Menschen mit dem Virus, sondern der Zeitpunkt der Infektion wird für viele in die Zukunft verschoben, um eine Überlastung der Kapazitäten im Gesundheitssystem zu vermeiden.

Dieses Ziel ist in Deutschland erreicht worden – das Gesundheitssystem war in den allermeisten Fällen nicht überlastet. Schon allein weil alle Statistiken mit großer Vorsicht behandelt werden müssen, sollten wir natürlich vorsichtig mit vorschnellen Urteilen sein. Aufgrund der Tatsache, dass in den allermeisten

Ländern nur vergleichsweise wenige Menschen getestet werden können, wissen wir nicht mit Sicherheit, wie viele Menschen sich infiziert haben und wie viele tatsächlich an und mit COVID-19 gestorben sind.

Einer der Indikatoren, die aber zumindest einen Eindruck geben können, ist die sogenannte Übersterblichkeit. Kurz gefasst, vergleicht sie die Zahl der verstorbenen Personen in einem bestimmten Zeitraum mit der entsprechenden Zahl der Vorjahreszeiträume. Die Übersterblichkeit ist also keine Kennzahl, die spezifisch auf das Coronavirus als Todesursache abstellt, sondern sie erfasst alle Verstorbenen ganz unabhängig von der Ursache. Diese Zahl gilt oftmals als robusterer Vergleichsrahmen im internationalen Kontext als die gezählten COVID-19-Toten. Denn: Zwar sterben einige Menschen *mit* und nicht *an* Covid-19, das Virus mag für sie also nicht die ausschlaggebende Todesursache sein; in vielen Ländern könnten jedoch sehr viele Menschen gestorben sein, ohne dass sie getestet wurden, sodass die wirkliche Anzahl von Infizierten und Todesopfern wohl deutlich über den offiziellen COVID-19-Statistiken liegt.

Für Deutschland lag die Übersterblichkeit im Jahr 2020 bis zum 7. Juni bei 9800 gegenüber dem Durchschnitt der Jahre 2016 bis 2019. Natürlich ist die Zahl von fast 10 000 verstorbenen Personen erschreckend. In anderen europäischen Ländern war die Situation jedoch noch erschütternder: Großbritannien (†65 700, 26. Juni), Spanien (†48 500, 21. Juni) und Italien (†48 600, 29. April) haben besonders hohe Zahlen zu beklagen.

STRATEGIEN UND MASSNAHMEN

Solange die Reproduktionsrate nicht auf null sinkt, stecken sich weiterhin Menschen an, und das Virus nimmt seinen Lauf. Wissenschaftliche Berechnungen zeigen, dass eine »Durchseuchung« der Bevölkerung in Deutschland erst erreicht ist, wenn 60 bis 70 Prozent der Menschen infiziert waren – das heißt ca. 50 Millionen Deutsche. Dann hätte sich eine »Herdenimmunität« eingestellt, und das Virus wäre gestoppt. Selbst wenn die Todesrate auf ein Prozent aller Infizierten gesenkt werden könnte, würde die Pandemie eine halbe Million Todesopfer allein in Deutschland fordern. Das sind unvorstellbare Zahlen, die verdeutlichen, was auf dem Spiel steht. Und ein solches Gedankenszenario erklärt, warum Regierungen fast überall auf der Welt so drastische Maßnahmen ergriffen haben, um das Virus zu stoppen oder zumindest deutlich zu verlangsamen.[4]

Dabei verfolgt, wie schon erwähnt, fast jedes Land eine andere Strategie. Um den Vergleich zu veranschaulichen, bietet es sich an, zwischen drei unterschiedlichen Strategien zu unterscheiden. Abweichungen gibt es darin, wie stark der Staat Verbote durchgesetzt hat, in Art und Umfang von Präventionsmaßnahmen sowie in Restriktionen und darin, ob Letztere eher breitflächig national oder stark lokal fokussiert waren.

China ist ein Modell für die extreme Strategie von harten Verboten mit wenig Eigenverantwortung, einem starken Fokus auf Prävention und massiven Kontrollen auf kleinster lokaler Ebene. Die Regierung hat zwar in den ersten sechs Wochen versucht, die Pandemie zu ignorieren. Ab Anfang Januar hat sie aber sehr entschieden Ausgangssperren verhängt und das öffentliche Leben durch Schließungen von Schulen, Einrichtungen, Unternehmen und Märkten sehr konsequent eingeschränkt. Die Einhaltung der Verbote wurde durch Polizei und Militär strikt verfolgt, Verstöße wurden hart bestraft.

In Europa sind Italien und Spanien zwei Beispiele, die der Strategie Chinas am nächsten kommen. In beiden Ländern wurden strikte Ausgangssperren verhängt, Menschen durften eine ganze Zeit lang nur zum Einkaufen oder für medizinische Zwecke ihr Zuhause verlassen.

Eine andere extreme Strategie haben die USA verfolgt, die zumindest anfänglich voll und ganz auf die Eigenverantwortung ihrer Bürgerinnen und Bürger gesetzt haben. In den meisten Bundesstaaten gab es keine Verbote und auch keine deutlichen

Einschränkungen des tagtäglichen Lebens. Zwar gab es Einreiseverbote, aber auf nationaler Ebene blieb die Mobilität zumindest anfänglich noch relativ hoch. Der klare Fokus der amerikanischen Strategie lag nicht auf der Prävention, sondern eher auf der Bewältigung der Pandemie durch das Gesundheitssystem. Schweden ist ein weiteres Beispiel für diese Strategie, auch wenn das Land mit anderen Maßnahmen operiert hat als die USA.

Deutschland und Südkorea wählten eine dritte Kategorie der Pandemie-Bekämpfung, die zwischen den beiden genannten Extremen liegt. Beide haben einen hohen Wert auf Prävention gelegt, aber gleichzeitig versucht, dies vor allem über den Appell an die Eigenverantwortlichkeit der Bevölkerung zu tun und weniger über Verbote. Es gab große Kampagnen, um die Hygiene zu verbessern, um Menschen davon zu überzeugen, dass das Einhalten von physischem Abstand im öffentlichen Raum, aber auch im privaten Leben wichtig ist.

Auch zwischen diesen beiden Ländern gab es große Unterschiede. Südkorea hatte durch die Epidemien wie SARS und die Schweinegrippe mehr Erfahrung, und die Bürgerinnen und Bürger haben sich schneller diszipliniert verhalten und viele dieser Empfehlungen eingehalten. Auch das Tragen von Masken, das in Deutschland viel zu lange fälschlicherweise als ineffektiv angesehen wurde, wurde in Südkorea von fast allen Menschen von Anfang an strikt umgesetzt. Eines der wohl wichtigsten Elemente für den Erfolg Südkoreas, die Zahl der Infizierten und Opfer gering zu halten und eine erneute Verbreitung des Virus bisher verhindern zu können, war die Strategie des Testens, der Nachverfolgung und der schnellen und effektiven Isolierung der Infizierten.

DER LERNPROZESS

Wie erfolgreich waren diese drei Strategietypen? Diese Frage wird sich erst in einigen Jahren beantworten lassen, wenn wir auch den weiteren Verlauf des Virus kennen. Für jede dieser drei Kategorien gibt es erfolgreichere und weniger erfolgreiche Beispiele in Bezug auf die Gesundheit. Viele sehen die Strategie der USA in Bezug auf die Gesundheit als gescheitert an. Es gibt jedoch auch vergleichsweise erfolgreiche Länder mit einer solchen Strategie, wie zum Beispiel Schweden. Im Vergleich zu den Nachbarländern hat das Land zwar eine hohe Anzahl an Infizierten, ist bisher aber sehr viel besser davongekommen als Länder wie die USA, Großbritannien und viele andere Europäer.

Ob man eine Strategie als Erfolg oder Misserfolg bezeichnet, hängt auch davon ab, welche Ziele man verfolgt. Es gibt Menschen, die das Modell der USA nicht unbedingt als Misserfolg sehen, wenn man den Schutz der Grundrechte als oberste Priorität definieren will. Auch China mag man von diesem Standpunkt aus nicht als Erfolgsfall sehen, denn die Einschränkungen der Grundrechte und des tagtäglichen Lebens waren so massiv, dass sie wohl viele Menschen in Europa nicht akzeptiert hätten.

Eine weitere Schwierigkeit bezüglich der Einschätzung der Strategien besteht darin, dass man nicht wirklich das kontrafaktische Szenario kennt. Niemand kann verlässlich sagen, wie sich die Pandemie auf Deutschland in Bezug auf Gesundheit und Wirtschaft ausgewirkt hätte, wenn Mitte März nicht weitreichende Beschränkungen des täglichen Lebens eingeführt und andere Maßnahmen ergriffen worden wären. Die Kritik derer, die die Einschränkungen als Fehler bezeichnen, da die Reproduktionsrate bereits vor Einführung der Restriktionen gesunken sei, ist deshalb wenig überzeugend.

Auch pures Glück und Zufall haben eine wichtige Rolle in der Krise gespielt. Italien war in Europa mit am stärksten betroffen, nicht primär weil es ein schlechtes Gesundheitssystem oder eine falsche Strategie verfolgt hat, sondern vor allem, weil es als erstes Land systematisch vom Virus betroffen wurde und somit weniger Zeit hatte, Maßnahmen umzusetzen und die Bevölkerung zu schützen.

Darüber hinaus werden sich erst in einigen Jahren belastbare Aussagen über richtige und falsche Elemente in der Strategie zur Pandemiebekämpfung treffen lassen. Das heißt jedoch nicht, dass man der Politik ein Versagen vorwerfen kann für Dinge, die zum Zeitpunkt der Entscheidung nicht bekannt waren. So setzte sich beispielsweise erst nach vielen Wochen die wissenschaftliche Erkenntnis durch, dass die Übertragung weniger über Berührung, sondern hauptsächlich über Aerosole in der Luft stattfindet. Hätte man dies bereits Anfang März 2020 so gewusst, wäre eine Maskenpflicht sicherlich viel früher umgesetzt worden und hätte mit hoher Wahrscheinlichkeit zu weniger Infizierten geführt.

Noch im Sommer 2020 gab es strittige Diskussionen darüber, ob Kinder das Virus verstärkt verbreiten. Wissenschaftliche Studien waren nicht eindeutig. Wenn sich herausstellen sollte, dass dies nicht der Fall ist, wird man im Nachhinein die starken Restriktionen, die zu Kita- und Schulschließungen geführt haben, als falsch ansehen müssen. Um die politische Entscheidung jedoch angemessen bewerten zu können, muss man den Wissensstand heranziehen, der zum Zeitpunkt der Entscheidung vorhanden war.

Ein sehr viel wichtigeres Kriterium für eine erfolgreiche Politik ist daher, ob sie lernfähig ist und neue Erfahrungen und wissenschaftliche Erkenntnisse schnell aufgegriffen und umgesetzt hat. Es ist daher nicht angebracht, eine Regierung dafür zu kritisieren, dass sie Veränderungen der Strategie vornimmt und Entscheidungen möglicherweise wieder zurücknimmt. Keine Regierung ist allwissend, aber die Fähigkeit, Fehler einzugestehen, dazuzulernen und sich anzupassen, war und ist wichtig für eine erfolgreiche Bewältigung der Krise.

Zu guter Letzt muss immer wieder betont werden, dass selbst die beste Strategie und die effektivsten Maßnahmen immer nur so gut funktionieren, wie sie auf die Akzeptanz der Bevölkerung stoßen. Chinas restriktive Maßnahmen wären in Deutschland genauso wenig umzusetzen wie die deutsche oder die schwedische Strategie in China. Wenn Maßnahmen von zu vielen Bürgerinnen und Bürgern abgelehnt und unterwandert werden, dann werden sie ineffektiv oder können sogar schädlich sein. Im schlimmsten Fall führen sie zu einer gesellschaftlichen Polarisierung wie in den USA, wo es der Regierung weder gelungen ist, den Schaden für Gesundheit und Wirtschaft zu begrenzen, noch, ein ausreichendes Maß an gesellschaftlichem Zusammenhalt in der Krise zu gewährleisten.

All dies zeigt, dass die Einschätzung unterschiedlicher Strategien, mit der Pandemie umzugehen, sehr subjektiv ist und von Zielen und Wertvorstellungen abhängt. Die Regierungen in Europa haben sich mit ganz unterschiedlichen Strategien bemüht, ihre Bürgerinnen und Bürger zu schützen und die Pandemie so gut es geht zu bekämpfen. Trotzdem konnten sie diese Katastrophe nicht abwenden, sondern lediglich abmildern. Deshalb sind Bescheidenheit und Ehrlichkeit wichtig. Gleichzeitig müssen wir verstehen, welche Abwägungen wir als Gesellschaft zu treffen haben, welche Lehren wir aus der Pandemie ziehen können und was das für uns als Gesellschaft langfristig bedeutet.

KAPITEL 2: DER PERFEKTE STURM – DIE WIRTSCHAFTLICHE DEPRESSION

Die Pandemie hat die tiefste weltweite wirtschaftliche Depression seit dem Zweiten Weltkrieg ausgelöst. Seit Menschengedenken gab es keine andere wirtschaftliche Krise, die fast synchron nahezu die gesamte Welt erfasst hat. Was sind die Mechanismen, die die Weltwirtschaft so hart in Bedrängnis brachten? Und vor allem: Wie geht es weiter, worauf müssen wir uns in den kommenden Jahren einstellen? Selten zuvor waren diese Fragen so schwer zu beantworten, denn der wirtschaftliche Ausblick liegt nur in begrenztem Maße in den Händen von Unternehmerinnen und Unternehmern und Regierungen. Bei aller Sorge um die Zukunft stellt die Krise jedoch auch eine Chance dar, die Wirtschaftsordnung zu reformieren und wirtschaftliche Prioritäten zu überdenken und neu zu gestalten.

DIE WIRTSCHAFTLICHE TRAGÖDIE

Noch nie gab es einen so dramatischen wirtschaftlichen Einbruch wie im Frühling und Sommer des Jahres 2020.[5] Im April 2020, als weltweit unzählige Länder Restriktionen für Unternehmen und Bürgerinnen und Bürger einführten, kam die Weltwirtschaft fast zu einem Stillstand. Nur die allernotwendigsten Abläufe konnten und mussten mehr schlecht als recht weiterlaufen, wie die Produktion von Nahrungsmitteln, Medizin und Stromversorgung, um die Grundversorgung der Bevölkerung halbwegs sicherzustellen. Es ist jedoch nicht nur die Wucht des wirtschaftlichen Einbruchs, die diese Krise so außergewöhnlich macht, sondern auch die Geschwindigkeit und Synchronizität, womit die Pandemie in kürzester Zeit eine sich beschleunigende Weltwirtschaft abrupt stoppte. Während die beiden Weltkriege nicht alle Regionen der Welt gleich stark betrafen, macht die Pandemie vor keiner Grenze halt und keine Unterscheidung zwischen Regionen, Nationalitäten, Hautfarbe, Religionen oder anderen Charakteristika der Menschen.

Nach einem schleppenden Wachstum der Weltwirtschaft im Jahr 2019 gab es selbst im Januar 2020 noch großen Optimismus für ein starkes Wachstum im Jahr 2020. Europa schien sich endlich von der Finanz- und Schuldenkrise der Jahre 2010 bis 2015 zu erholen. Selbst Ländern wie Italien gelang es unendlich langsam, ihre Arbeitslosigkeit zu reduzieren und wirtschaftlich wieder Anschluss an andere westliche Länder zu finden. Auch die großen Schwellenländer wie China und Indien hatten es zwischenzeitlich geschafft, eine Reihe interner wirtschaftlicher Probleme besser in den Griff zu bekommen.

Der Internationale Währungsfonds (IWF) sah daher im Januar 2020 zwei gute wirtschaftliche Jahre für die Welt kommen. Drei Monate später, Anfang April 2020, hatte sich das Blatt komplett gewendet. Anstatt eines Weltwirtschaftswachstums von 3,3 Prozent für 2020 prognostizierte der IWF eine schrumpfende Wirtschaft um 3,0 Prozent.[6] Für fast jedes Land der Welt sahen die Wirtschaftsprognosen eine kollabierende oder zumindest deutlich schrumpfende Wirtschaft voraus. Dabei stellte sich jedoch recht schnell heraus, dass auch diese Einschätzungen von Anfang April 2020 zum Teil noch zu optimistisch waren. Denn die Annahme und generelle Hoffnung hinter dieser Prognose war, dass sich nach einem massiven wirtschaftlichen Einbruch im zweiten Quartal die Weltwirtschaft im zweiten Halbjahr 2020 rapide erholen würde.

Viele dieser Hoffnungen und Prognosen haben sich nicht bewahrheitet. Das liegt auch daran, dass am Anfang des *Shutdowns* der Wirtschaft niemand vorhersehen konnte, wie sich die Pandemie auf Menschen und Wirtschaft auswirken würde. Jede Prognose basiert auf den Erfahrungen der Geschichte, und es gibt keinerlei Vergleich in den letzten Jahrhunderten, aus dem Wissenschaftlerinnen und Wissenschaftler hätten lernen können. Auch die Spanische Grippe 1918/1919 erlaubt keinen guten Vergleich, da sie sich am Ende des Ersten Weltkriegs unter ganz anderen Voraussetzungen ereignete.

Innerhalb weniger Wochen von März bis April 2020 ging weltweit das Äquivalent von 400 Millionen Arbeitsplätzen verloren. Allein in den USA büßten 40 Millionen Menschen ihren Job ein. Selbst in einem so reichen und wirtschaftlich erfolgreichen Land waren Unternehmen und Bürgerinnen und Bürger völlig unvorbereitet. Viele kennen die Bilder von Hunderttausenden Menschen in den USA, die in ihren Autos stundenlang vor Tafeln auf kostenloses Essen warten.

Auch in Europa war der anfängliche Schock kaum weniger dramatisch. Zwar konnte Deutschland einen starken Anstieg der Arbeitslosigkeit verhindern, aber immerhin 600 000 Menschen verloren im April und Mai 2020 ihre Arbeit. Über 7 Millionen Beschäftigte wurden auf Kurzarbeit gesetzt und verloren zumindest einen Teil ihres Einkommens und ihrer Lebensgrundlage. Hunderttausende Unternehmen in Europa mussten ihre Tätigkeit fast komplett stilllegen und sich in eine Art Koma begeben in der Hoffnung, nach Eindämmung der Pandemie wirtschaftlich zu überleben. Einige Unternehmen, vor allem Solo-Selbstständige oder Kleinstunternehmen, gaben komplett auf, da sie kaum Zukunftsaussichten hatten.

Die vielleicht dramatischste Kehrtwende in den wirtschaftlichen Indikatoren sind der Vertrauensverlust und die Angst sowohl von Verbrauchern als auch Unternehmen in den ersten Wochen und Monaten der Pandemie. Niemand wusste, wie lange sie das Leben dominieren würde, ob man selbst die Arbeit verlieren und seinen Lebensunterhalt in der Zukunft würde bestreiten können. Viele Unternehmen konnten nicht damit rechnen, weiterhin Kunden zu haben oder an Kredite zu kommen, um Ausgaben zu finanzieren. Des Weiteren war ungewiss, ob Restriktionen zur Eingrenzung der Pandemie es ihnen überhaupt ermöglichen würden, weiter agieren zu können. Auch das Privatleben fast jedes Einzelnen änderte sich innerhalb weniger Wochen dramatisch. Viele Beschäftigte, wenn sie denn noch Arbeit hatten, mussten von zu Hause aus arbeiten und sich in ihrem Arbeitsverhalten komplett umstellen. Viele Familien waren durch Schul- und Kitaschließungen hart getroffen. Eltern mussten sich nun nicht nur auf ein neues Arbeiten einstellen, sondern gleichzeitig Kinderbetreuung und *Homeschooling* übernehmen.

DAS WIRTSCHAFTSVIRUS – DIE VIER MECHANISMEN DER ANSTECKUNG

Kurzum, noch nie gab es einen so dramatischen Schock für Wirtschaft und Gesellschaft und für jeden einzelnen Menschen in so kurzer Zeit. Wieso hat sich diese Pandemie so dramatisch auf das wirtschaftliche Leben ausgewirkt? Und warum beeinflusst sie jedes Land, jede Branche, jeden einzelnen Beschäftigten und jedes Unternehmen so massiv und zumeist auch synchron?

Um diese Fragen zu beantworten, bietet es sich an, die Wirtschaft als einen Organismus zu beschreiben, in dem sich die Ansteckung zwischen Regionen, Märkten und Branchen ganz ähnlich verhält, wie es im menschlichen Organismus das Coronavirus macht. Auch bezogen auf die Wirtschaft hatte die Pandemie ihren Ursprung in China, von wo sie sich recht bald auf andere Regionen der Welt ausbreitete. Wie stark, wie lange und in welcher Form ein Land wirtschaftlich von der Pandemie betroffen ist, hängt von vier Mechanismen ab: der Exposition zu von der Pandemie betroffenen Ländern oder Volkswirtschaften, der Resilienz und den Abwehrkräften, der eigenen Reaktion oder der »wirtschaftlichen Medizin« zur Bekämpfung der wirtschaftlichen Auswirkungen und vom Glück.

Exposition

Zunächst einmal sind diejenigen Unternehmen oder ganze Volkswirtschaften stärker von der Pandemie betroffen, die sehr exponiert gegenüber anderen Unternehmen oder Volkswirtschaften sind, die unter der Pandemie bereits leiden. Das geschieht durch Lieferketten sowie die Angebots- oder Nachfrageseite der Wirtschaft.[7] Als im Januar und Februar 2020 zuerst China wirtschaftlich stark von der Pandemie betroffen war, litten vor allem deutsche Unternehmen, die Vorleistungen für ihre Produktionsprozesse aus China bezogen. Dabei sind die Kosten oder die Größe der Vorleistungen per se nicht entscheidend. Es ist nicht möglich, eine Maschine fertigzustellen und zu verkaufen, egal ob nur ein einziges Teil oder die Hälfte ihrer Teile fehlt.

Die Abhängigkeit von globalen Lieferketten war daher zunächst ein entscheidender Mechanismus für die wirtschaftliche Ausbreitung der Krise von China auf spezifische europäische und deutsche Unternehmen. Vor allem die deutsche Volkswirtschaft ist sehr stark abhängig von diesen globalen Lieferketten, denn sie ist besonders offen. Fast die Hälfte der Wirtschaftsleistung sind Exporte, und viele Exportprodukte benötigen Vorleistungen aus Dutzenden von Ländern. Nicht selten besteht weit über die Hälfte einer Maschine oder eines Chemieprodukts, die in Deutschland gefertigt wurden, aus Vorleistungen aus der ganzen Welt.[8]

Neben den Vorleistungen und Lieferketten sind für die Unternehmen häufig auch andere Faktoren auf der Angebots- oder Produktionsseite entscheidend. Häufig benötigen sie Kredite oder eine andere Form von Finanzierung, um Investitionen zu tätigen, Vorleistungen zu erhalten und Arbeitskräfte einzustellen. Mit dem Beginn der Pandemie sorgten sich viele Banken um die Solvenz ihrer Kunden. Denn Unternehmen, die nicht produzieren oder ihre Produkte nicht verkaufen können, laufen Gefahr, früher oder später ihre Kredite nicht bedienen zu können. Dies hat in der Krise dazu geführt, dass viele Banken ihre Kreditvergabe begrenzen wollten, um die Risiken zu reduzieren und eine eigene wirtschaftliche Schieflage zu verhindern. Denn wie auch die globale Finanzkrise 2008 und 2009 zeigte, kann eine Bankenkrise durch eine realwirtschaftliche Krise befeuert werden, wenn zu viele Unternehmen insolvent werden und ihre Kredite nicht mehr bedienen. Die Zentralbanken, wie die Europäische Zentralbank oder die US-amerikanische Federal Reserve, haben versucht, das Risiko einer Kreditklemme – bei der Banken immer weniger Kredite an Unternehmen und Konsumenten vergeben aus Sorge um deren Solvenz – zu begrenzen, indem sie sehr viel Liquidität zu günstigen Konditionen bereitstellten. Aber auch viele Staaten haben über Kreditgarantien versucht, diesen Wirkungsmechanismus abzuschwächen.

Neben funktionierenden Lieferketten und Zugang zu Kapitalmärkten und Krediten brauchen Unternehmen auch Rahmenbedingungen, die ihnen ein Agieren möglich machen. In der ersten Phase der Pandemie zwangen Regierungen viele Unternehmen zur Schließung – vor allem im Bereich der Gastronomie, des Einzelhandels und in der Reisebranche. Die allermeisten Unternehmen mussten ihre Arbeitsabläufe verändern, um menschliche Kontakte zu minimieren und Ansteckungsketten zu verhindern. Auch in der zweiten Phase, der graduellen Öffnung, bestanden für viele Unternehmen weiterhin große Restriktionen, die ihre Aktivität beschränkten.

Die Angebotsseite, also die Möglichkeit, die eigenen Produkte zu produzieren und zu vertreiben, ist jedoch nur eine Seite der Medaille, damit ein Unternehmen – und damit auch eine gesamte Volkswirtschaft – funktionieren kann. Die Nachfrageseite, dass Konsumenten oder andere Unternehmen die eigenen Produkte erwerben und dafür bezahlen, ist die andere Seite. Nachdem am Anfang der Pandemie die Sorge vor allem den globalen Lieferketten und der Unterfinanzierung der Unternehmen galt, wurde sehr schnell klar, dass die Nachfrageseite mindestens genauso wichtig ist. Denn wenn Konsumenten die Produkte nicht mehr nachfragen, dann wird ein Unternehmen früher oder später die Produktion reduzieren oder einstellen müssen. Wenn Menschen ihre Arbeit verlieren oder in Kurzarbeit gehen müssen, haben sie weniger Einkommen und müssen sich in ihrem Konsumverhalten zurückhalten. Das Gleiche gilt, wenn Geschäfte geschlossen oder Reisen verboten sind, sodass ein Konsum gar nicht möglich ist, selbst wenn das Einkommen und Interesse an einer weiteren Nachfrage vorhanden wären. Das führt dazu, dass Menschen ihr Konsumverhalten ändern, auch weil sie viele Dinge durch die Beschränkungen in der Pandemie einfach nicht mehr tun können. Hinzu kommt der gesundheitliche Aspekt: Viele Millionen Menschen sind mit dem Virus infiziert und können somit nicht arbeiten und ihr normales Leben fortsetzen.

Eine Studie, exemplarisch für die Schweiz, zeigt, wie massiv sich das Konsumverhalten der Menschen beschränkt und verändert hat. So haben die Schweizer in der Hochzeit der ersten Phase der Pandemie, im März und April 2020, ihre Konsumausgaben um 30 Prozent reduziert. Ausgaben für Gastronomie, Reisen und Hotels gingen um mehr als 80 Prozent zurück. Auch Ausgaben für Kleidung, Kosmetik oder Sportartikel haben sich mehr als halbiert, was mit der Schließung von Geschäften, Hotels und Gastronomie zusammenhängt. Genauso gingen die Ausgaben für Bücher, Wohnungseinrichtung und Haushaltsgeräte massiv zurück.

Im Gegensatz dazu ist die Nachfrage nach Multimedia-Produkten (Musik, Videos oder Spiele) und Medien deutlich gestiegen, genauso wie Ausgaben für Arzneimittel, Nahrungsmittel und Catering. Diese Veränderung des Konsumverhaltens war zum Teil durch die Restriktionen beeinflusst, zum Teil aber auch psychologisch bedingt, wie die verstärkte Nachfrage nach Arzneimitteln.

Das vielleicht wichtigste Element im wirtschaftlichen Ansteckungsmechanismus der Pandemie ist Vertrauen. Viele Konsumentinnen und Konsumenten haben ihr Verhalten nicht nur geändert, sondern ihre Ausgaben deutlich reduziert. Menschen mit weniger Einkommen oder Arbeit können gezwungenermaßen weniger konsumieren. Aber auch andere Menschen haben ihren Konsum reduziert; entweder weil sie Sorge um den Arbeitsplatz oder ihr künftiges Einkommen hatten oder weil sie sich Gedanken über ihre langfristige Vorsorge und Absicherung machten.

Viele Umfragen in Deutschland zeigen einen dramatischen Vertrauensverlust der Bürgerinnen und Bürger in die wirtschaftliche Zukunft des Landes und auch in ihre eigene. Innerhalb weniger Wochen im März und April 2020 war bei der großen Mehrheit der Deutschen die Überzeugung gewachsen, dass es wirtschaftlich auch in den kommenden Jahren bergab gehen werde. Viele glauben also, dass diese Pandemie die wirtschaftliche Lage langfristig verschlechtert. Das ist ein entscheidender Grund, weshalb die Mehrheit der Bevölkerung ihre Konsumausgaben deutlich reduziert, auch wenn ihr unmittelbares Einkommen dies nicht erfordern würde. Die Unsicherheit führt zu mehr Sparsamkeit und Vorsorge, um sich besser gegen die Risiken der Zukunft absichern zu können.

Auch zwischen Unternehmen ist Vertrauen die wichtigste Währung. Lieferketten können dauerhaft nur funktionieren, wenn Unternehmen das Vertrauen in die Verlässlichkeit ihrer Zulieferer und in stabile rechtliche Rahmenbedingungen haben können. Sie werden ihre Produkte nicht mehr exportieren wollen, wenn sie keine Sicherheit haben, dass sie sie im Ausland verkaufen und die Erträge erhalten können.

Die größte Gefahr der Ansteckung in einer solch tiefen Wirtschaftskrise ist daher die Angst, der Vertrauensverlust, der im Extremfall zu einer Panik führen kann. Wenn Konsumentinnen und Konsumenten ihre Nachfrage stark reduzieren, weil sie Sorge um die Zukunft haben, dann kann dies ultimativ dazu führen, dass sich ihre Sorgen und Ängste bewahrheiten, sich also die anfänglich übertriebenen schwarzmalerischen Erwartungen selbst bewahrheiten. Weniger Nachfrage zwingt Unternehmen, ihre Produktion zu drosseln, was dazu führt, dass sie Beschäftigte entlassen oder auf Kurzarbeit setzen und ihre eigene Nachfrage nach Vorleistungen reduzieren. Mehr Arbeitslosigkeit und Kurzarbeit führen zu weniger Einkommen und wiederum weniger Konsum. Schwindendes Vertrauen zwischen Unternehmen und weniger Exporte machen Produkte eher teurer und berühren auch dadurch die Konsumnachfrage. Wenn nun auch Banken ihre Zinsen erhöhen oder ihre Kreditvergabe reduzieren, werden Produktion und Konsum noch schwieriger.

Somit entsteht eine Abwärtsspirale. Der Vertrauensverlust zwischen Unternehmen und Konsumenten trägt zu einer wirtschaftlichen Depression bei, ohne dass die oben genannten Mechanismen über Lieferketten und globalen Handel überhaupt zutreffen müssen. In der globalen Finanzkrise 2008/2009 war das fehlende Vertrauen zwischen Finanzinstitutionen beispielsweise die wohl wichtigste Erklärung für den wirtschaftlichen Zusammenbruch. Als Mitte September 2008 die amerikanische Regierung entschied, die Investmentbank Lehman Brothers nicht zu retten, ging man davon aus, dass dies keine großen Verwerfungen an den Finanzmärkten verursachen würde, da die Bank im Gesamtbild der Kapitalmärkte relativ klein war. Dies war jedoch eine Fehleinschätzung mit dramatischen Folgen, indem sie die globale Finanzkrise auslöste.

Denn in wichtigen Segmenten der Finanzmärkte war Lehman Brothers äußerst systemrelevant. Fast alle Finanzinstitutionen waren direkt oder indirekt gegenüber dieser Investmentbank exponiert. Ihre Pleite und damit Zahlungsunfähigkeit veranlasste jedes Finanzinstitut, kritisch zu prüfen, ob andere Geschäftspartner dadurch vielleicht in Mitleidenschaft geraten könnten. In dieser Situation war es nur rational und konsequent, keine weiteren Geschäfte mit ihnen zu machen, sodass man nicht am Ende selbst auf Forderungen sitzen blieb. Somit froren ganze Segmente der Finanzmärkte ein, in wichtigen Finanzprodukten fand kaum mehr Handel statt, Preise konnten nicht mehr festgesetzt werden, und die meisten Institutionen waren nicht gewillt oder nicht in der Lage, mit den damit einhergehenden Risiken umzugehen.

Das Resultat war eine Panik an den Finanzmärkten, die dazu führte, dass auch reguläre Geschäftsbanken ihre Kredite an die Realwirtschaft, an Unternehmen und Konsumentinnen und Konsumenten, massiv reduzierten oder zu viel höheren Zinsen anbieten mussten. Die Unternehmen, die weniger Nachfrage und weniger Zugang zu Krediten hatten, mussten Beschäftigte entlassen und ihre Produktion drosseln. Damit ging auch die Konsumnachfrage zurück, und es entstand ein Teufelskreis, der die Weltwirtschaft in den Jahren 2008 und 2009 in die tiefste Wirtschaftskrise seit der großen Depression von 1929 bis 1933 führte. Was also mit einer Pleite einer recht kleinen Investmentbank anfing, endete in einer globalen wirtschaftlichen Katastrophe.

Wichtig dabei ist zu verstehen, dass das Verhalten eines jeden einzelnen Akteurs – sei es eine Bank, ein Unternehmen oder die Konsumenten – für sich gesehen nicht irrational, sondern vollkommen logisch und nachvollziehbar ist. Jede und jeder versucht sich selbst und die eigenen Interessen zu schützen. Dabei sind die eigenen Kenntnisse und Überzeugungen letztlich irrelevant. Wenn genügend andere davon überzeugt sind, dass eine Bank pleite, ein Unternehmen nicht überlebensfähig oder ein Staat nicht kreditwürdig ist, dann werden sich diese Erwartungen erfüllen, auch wenn die Gesundheit oder Nachhaltigkeit der Bank, des Unternehmens oder des Staates tatsächlich viel besser ist und eine Insolvenz somit vermeidbar wäre. Der britische Ökonom John Maynard Keynes hat dieses Phänomen in den 1920er-Jahren mit einem Schönheitswettbewerb verglichen: Wenn Sie auf den Gewinner oder die Gewinnerin wetten wollen, dann ist es irrelevant, wovon Sie selbst überzeugt sind, entscheidend ist nur, was die Mehrheit der anderen glaubt.

Damit schließt sich der Kreis, um die Funktionsweise und die wirtschaftlichen Ansteckungskanäle der Corona-Pandemie zu beschreiben. Menschen, Unternehmen und ganze Volkswirtschaften werden stärker von der Pandemie betroffen, je exponierter sie zu anderen Menschen, Unternehmen und Volkswirtschaften sind, die darunter leiden.

Resilienz

Ob eine Ansteckung stattfindet und, wenn ja, wie die Erkrankung verläuft, hängt zum Zweiten von den eigenen Abwehrkräften, der Resilienz, ab. Unternehmen sind weniger stark betroffen von der Pandemie, wenn sie Ausweichmöglichkeiten haben oder Risiken besser diversifizieren oder reduzieren können. Exportverbote in China haben weniger starke Auswirkungen, wenn es Alternativen gibt und Vorleistungen von anderen Firmen und aus anderen Ländern bezogen werden können. Ein Unternehmen kann die eigene Finanzierung besser absichern, wenn es nicht nur auf Bankkredite angewiesen ist, sondern eigene Rücklagen und alternative Finanzierungsmöglichkeiten hat. Und es ist besser aufgestellt, wenn es nicht nur von einzelnen Produkten und einer kleinen Gruppe von Konsumentinnen und Konsumenten abhängt, sondern die Produktion umstellen kann und alternative Produkte oder an andere Konsumenten liefern kann.

Unternehmen haben also eine höhere Resilienz, wenn sie Risiken besser diversifizieren können, wenn sie gewisse Rücklagen sowie eine hohe Flexibilität und Anpassungsfähigkeit haben. In der ersten Phase der Pandemie haben einige Unternehmen in der Bekleidungsbranche auf die Produktion von Masken und Schutzkleidung umgestellt. Mancher in der Gastronomie hat angefangen, Mahlzeiten nach Hause zu liefern. Einige Industrieunternehmen haben versucht, sich auf die Herstellung von Beatmungsgeräten und anderen medizinischen Geräten umzustellen. In ihren Produktionsabläufen haben viele Unternehmen erstaunlich schnell und effizient vom Präsenzbetrieb auf mobiles Arbeiten umgestellt. Berufsreisen und physische Treffen wurden also häufig durch digitale Formate ersetzt. Dies sind nur einige

Beispiele von vielen, wie Unternehmen versucht haben, sich in der Krise anzupassen, um die Folgen für sich selbst so gut wie möglich abzufedern.

Unternehmen, Bürgerinnen und Bürger und auch gesamte Volkswirtschaften unterscheiden sich jedoch stark in ihrer Resilienz gegenüber den wirtschaftlichen Effekten der Pandemie. Die Resilienz hängt nämlich nicht nur vom eigenen Handeln und der eigenen Absicherung ab, sondern auch von Faktoren, die in einer solchen Krise kaum oder gar nicht beeinflusst werden können. So können Kleinunternehmen sich zum Beispiel sehr viel schlechter durch Rücklagen oder alternative Finanzierungsmöglichkeiten absichern. Spezialisierte Reiseunternehmen sind weniger flexibel als manch anderes Dienstleistungsunternehmen. Das Gleiche gilt für viele Konsumentinnen und Konsumenten, die wenig bis gar nichts tun können, um sich vor Arbeitslosigkeit oder Kurzarbeit zu schützen.

Die Auswirkungen der Pandemie hängen aber auch von den Reaktionen darauf ab, beispielsweise von staatlicher Unterstützung oder Schutzmaßnahmen. Das gleiche Unternehmen kann somit sehr unterschiedlich betroffen sein, je nachdem, ob es sich in Deutschland befindet und staatliche Unterstützung erhält, oder in Russland oder Griechenland, wo diese Unterstützung weniger stark ist.

DIE FALLSTRICKE VON WIRTSCHAFTSPROGNOSEN

Wie geht es weiter mit der Weltwirtschaft und der deutschen Wirtschaft? Wird es eine schnelle Erholung geben, so wie nach der globalen Finanzkrise 2008/2009? Oder wird die Krise länger anhalten oder sich gar noch vertiefen? Worauf müssen wir uns einstellen, wo liegen die Risiken, wo die Chancen? Das sind Fragen, die sich viele von uns stellen, auf die es aber keinerlei verlässliche Antwort gibt.

Im Angelsächsischen werden die Wirtschaftswissenschaften

nicht selten als *dismal science*, als »schlechte Wissenschaft« beschrieben. Denn anders als die Naturwissenschaften sind die Wirtschaftswissenschaften meist sehr ungenau. Die Naturwissenschaften versuchen Naturgesetze zu beschreiben und zu erklären. Die Wirtschaftswissenschaften dagegen versuchen wirtschaftliche Zusammenhänge zu beschreiben und zu erklären, bei denen letztlich immer der Mensch im Mittelpunkt steht. Somit sind Wirtschaftsprognosen oft falsch und liegen nicht selten dramatisch daneben. Entsprechend wird der Wirtschaftsforschung vorgeworfen, sie sei daran gescheitert, große Krisen vorherzusagen.

Ein Teil der Kritik an den Wirtschaftsprognosen ist zutreffend. Wenn ein US-Präsident Donald Trump mit dem falschen Bein aufsteht und einen Handelskrieg mit China anzettelt oder wenn einige wenige Politiker im September 2008 die Entscheidung treffen, die Investmentbank Lehman Brothers doch pleitegehen zu lassen, dann haben solche individuellen Entscheidungen dramatische Konsequenzen für die Weltwirtschaft. Die Erwartung, Wirtschaftsprognosen sollten oder könnten Krisen oder große Veränderungen in der Weltwirtschaft vorhersagen, ist also völlig verfehlt. Denn dies würde erfordern, dass das Verhalten einzelner Menschen im Detail vorhergesagt werden kann.

Es gibt zwei weitere Gründe, weshalb Wirtschaftsprognosen so schwierig und unzuverlässig sind. Zum einen verändern Menschen ihr Verhalten, vor allem wenn sie sich neues Wissen aneignen. Ein nach Robert Lucas, dem Wirtschaftsnobelpreisträger und einem der einflussreichsten Wirtschaftswissenschaftler des 20. Jahrhunderts, benannter Effekt besagt, dass wirtschaftliche Zusammenhänge zusammenbrechen und sich grundlegend verändern, wenn Menschen – zum Beispiel Finanzmarktakteure oder Konsumenten – sie durchblicken und dadurch stärker profitieren können. Nicht selten ergreifen Regierungen oder Zentralbanken drastische Maßnahmen mit dem Ziel, eine prognostizierte Krise zu verhindern. Wenn diese Maßnahmen erfolgreich sind und eine Krise vermieden werden kann, erweisen sich die vorherigen Wirtschaftsprognosen damit als völlig falsch, weil sie eben auch zu einer Veränderung des Verhaltens von wirtschaftlichen Akteuren geführt haben.

Zum anderen beruht jede Wirtschaftsprognose auf Beobachtungen der Vergangenheit. Sie versucht aus den in der Vergangenheit etablierten Zusammenhängen zu schlussfolgern, was in der Zukunft passieren könnte. Die durch die Pandemie ausgelöste Wirtschaftskrise hat jedoch keinerlei Parallelen in der Vergangenheit. Es gab noch nie eine solche Pandemie, wie wir sie derzeit erlebt haben und noch durchleben. Die massiven Anpassungen und stetigen Veränderungen der Prognosen in den ersten Monaten der Pandemie zeigen, wie unmöglich akkurate wirtschaftliche Vorhersagen sind.

Bis in den März 2020 gingen fast alle Prognosen davon aus, dass das Coronavirus auf China und Asien begrenzt bliebe. Sie sahen daher noch positive Wachstumszahlen für die Wirtschaft in Deutschland und Europa voraus. Innerhalb weniger Wochen änderte sich dies dramatisch, und Anfang April gingen der Internationale Währungsfonds und auch deutsche Wirtschaftsforschungsinstitute dann von einer starken Rezession weltweit und auch in Deutschland aus. Jede Woche, jeden Monat werden neue Prognosen vorgestellt, die drastisch andere Zahlen präsentieren.

Wirtschaftsprognosen können also lediglich Szenarien aufzeigen, es sind »Wenn-dann«-Analysen: Wenn bestimmte Annahmen zutreffen, dann könnten sich bestimmte wirtschaftliche Variablen wie Investitionen von Unternehmen, die Konsumnachfrage oder Preise in einer bestimmten Weise entwickeln. Da eine Vielzahl von Annahmen erforderlich sind, die von Menschen leicht beeinflusst und verändert werden können, treffen sie fast nie in dieser Form zu.

Trotzdem ist es für Entscheiderinnen und Entscheider in Politik und Wirtschaft wertvoll, solche Szenarien zu kennen, um zu verstehen, was sie unter unterschiedlichen Bedingungen tun können oder sollten. Sinn und Zweck von Wirtschaftsprognosen ist es somit, den Rahmen möglicher und wahrscheinlicher Wirtschaftsverläufe und die Wirkung unterschiedlicher Entscheidungsoptionen zu beschreiben. So war es für die Bundesregierung wichtig, sehr früh in der Pandemie zu verstehen, wie stark die Krise einzelne Wirtschaftssektoren, die Arbeitslosigkeit und die Funktionsweise der Wirtschaft beeinflussen könnte. Dadurch konnten frühzeitig wirtschaftspolitische Maßnahmen ergriffen werden, um Risiken abzumildern oder gar nicht erst entstehen zu lassen.

Die Prognosen für den Kurs der Weltwirtschaft in den kommenden zwei bis drei Jahren lassen sich in vier unterschiedliche Szenarien einteilen. Diese können mit den Buchstaben V, U, L und W dargestellt werden, die den Wirtschaftsverlauf in der Pandemie bildlich beschreiben sollen. Das V-Szenario ist das bei Weitem optimistischste und beschreibt einen Verlauf, bei dem auf den sehr starken wirtschaftlichen Einbruch im ersten Halbjahr 2020 eine fast genauso schnelle Erholung folgt, sodass die Wirtschaftsleistung im Jahr 2021 schon bald wieder das Vor-Krisen-Niveau erreicht hat.

Das V-Szenario

Zwei Gründe bringen die Verfechter dieser optimistischen Prognose gern vor. Zum einen wurde diese Krise nicht durch Probleme, Verwerfungen oder Ungleichgewichte in der Weltwirtschaft ausgelöst, sondern hatte mit der Pandemie eine Ursache, die völlig losgelöst war von wirtschaftlichen Faktoren. Historisch gesehen hatte jede Wirtschaftskrise oder Rezession immer auch eine wirtschaftliche Ursache. Dysfunktionale Finanzmärkte, zu hohe Risiken und fehlende Sicherheiten von Finanzinstitutionen haben eine entscheidende Rolle für die globale Finanzkrise 2008/2009 gespielt. Hohe Staatsverschuldung und fehlende Wettbewerbsfähigkeit waren wichtige Gründe für die europäische Finanz- und Schuldenkrise zwischen 2010 und 2015. Hohe Handelsdefizite und Auslandsverschuldung waren zentrale Ursachen für die Finanzkrisen in Schwellenländern sowie in Asien 1996/1997 oder in Lateinamerika in den 1980er- und Anfang der 1990er-Jahre.

Die Weltwirtschaft war vor der Krise also grundlegend gesund, sodass die Lösung des Pandemie-Problems ausreichen sollte, um die Weltwirtschaft schnell auf ihren vorherigen Pfad zurückzubringen – so die Optimisten. Sie führen ein zweites Beispiel an, nämlich die Erfahrung nach der globalen Finanzkrise 2008/2009. Damals gab es einen starken, aber auch relativ kurzen wirtschaftlichen Einbruch, der – im vierten Quartal 2008 und dem ersten Quartal 2009 – weniger als ein halbes Jahr dauerte. Danach erholte sich die Weltwirtschaft sehr schnell, gerade auch dank eines starken Wachstums in China und in anderen Schwellenländern Asiens.

Das U-Szenario

Ein zweites und auch immer noch recht optimistisches Szenario ist das einer U-förmigen Erholung der Wirtschaft. Nach dem starken Einbruch im Frühjahr und Sommer 2020 soll sich die Weltwirtschaft demnach zwar nicht sofort, aber doch nach einer gewissen Stagnation und Ruhepause zum Ende 2020 und im Jahr 2021 erholen, sodass sie spätestens zwei Jahre nach Ausbruch der Pandemie wieder auf Wachstumskurs ist. Die Argumente für ein solches Szenario sind ähnlich wie die des V-Szenarios, mit dem Unterschied, dass der Tiefe und globalen Synchronizität des wirtschaftlichen Einbruchs Rechnung getragen wird.

Das L-Szenario

Ganz anders prognostiziert es das dritte Szenario mit einer L-förmigen Verlaufskurve. Es besagt, dass der wirtschaftliche Einbruch auf Jahre hinaus nicht wird kompensiert werden können.

Der massive Schaden, der bei Unternehmen, Konsumenten und Regierungen entstanden ist, führe dazu, dass sie sich auf lange Sicht nicht werden regenerieren können. Auch dieses Szenario fußt auf nachvollziehbaren Gründen und geht von der Annahme aus, dass viele Probleme von Unternehmen und Konsumenten nicht schnell gelöst werden können.

Die Anhänger eines solchen pessimistischen Szenarios verweisen als Beispiel auf die Erfahrung Italiens nach der globalen Finanzkrise 2008/2009, die eine europäische Schuldenkrise befeuerte und dazu beitrug, dass die italienische Volkswirtschaft zwischen 2008 und 2019 um fünf Prozent geschrumpft ist, die Jugendarbeitslosigkeit hoch und Investitionen und Wettbewerbsfähigkeit gering blieben. Es gibt also durchaus auch Beispiele für Volkswirtschaften in Europa, bei denen sich eine wirtschaftliche Erholung auf sehr lange Zeit nicht einstellte.

Das W-Szenario

Das vierte Szenario ist ein W-förmiger Verlauf der Weltwirtschaft über die kommenden zwei Jahre. Zwar ist dem starken wirtschaftlichen Einbruch zwischen März und Mai 2020 eine deutliche wirtschaftliche Erholung im Sommer gefolgt. Es gibt jedoch begründete Sorgen, dass sich die Weltwirtschaft 2021 nochmals abschwächen könnte, bevor eine dauerhafte Erholung einsetzt. Gründe für diese erneute Abschwächung könnten eine zweite oder dritte Ansteckungswelle sein oder eine Welle von Insolvenzen bei Unternehmen, die die Weltwirtschaft erneut schwächt.

Auch solche Muster des Auf und Ab im Wirtschaftszyklus sind nicht außergewöhnlich. Viele europäische Länder waren von der globalen Finanzkrise 2008/2009 so stark geschwächt, dass sie in der europäischen Finanz- und Schuldenkrise, die weniger als zwei Jahre später begann, kaum mehr die Resilienz und wirtschaftspolitischen Möglichkeiten hatten, den wirtschaftlichen Abschwung zu bekämpfen. Auch deshalb war diese zweite Krise für Länder wie Italien, Spanien, Portugal, Griechenland, Irland und Malta sehr viel schmerzvoller als die vorhergehende globale Finanzkrise.

ZEIT UND HYSTERESE

Welches dieser möglichen Szenarien wird eintreffen, wie wird sich die Wirtschaft von der Krise erholen? Was sind die Risiken, worauf müssen wir achten? Und sind die Maßnahmen zur Bekämpfung der Pandemie schädlicher als das Virus selbst, wie US-Präsident Trump immer wieder behauptet hat?

Die Schwierigkeit einer wirtschaftlichen Prognose liegt in der Vielzahl der Risiken und Ungewissheiten, die kaum zu quantifizieren und einzuordnen sind. Dies hängt zum einen stark von der gesundheitlichen Dimension ab, also der Frage, wie schnell ein Impfstoff oder eine effektive Behandlungsmöglichkeit gefunden werden kann, um das Virus einzudämmen beziehungsweise die gesundheitlichen Schäden zu minimieren. Selbst wenn ein Impfstoff gefunden würde, könnte das Virus mutieren und eine erneute Ansteckungswelle auslösen, sagen viele Epidemiologen. Ohne Impfstoff bestehe ein erhebliches Risiko für eine zweite oder dritte Ansteckungswelle. Die Wissenschaftler verweisen dabei häufig auf die Erfahrung mit der Spanischen Grippe, bei der vor allem die zweite und auch die dritte Welle sehr viel mehr Opfer forderte als die erste.

Die große Frage ist daher nicht nur, ob eine zweite oder dritte Welle auf uns zukommt oder verhindert werden kann. Die Frage ist auch, wie schädlich sie sein und wie die Politik darauf reagieren würde. Können Regierungen weltweit noch einmal so massive Einschränkungen von Grundrechten und wirtschaftlichen Aktivitäten umsetzen wie während der ersten Welle? Und wenn nicht – werden die Konsequenzen für Gesundheit und Wirtschaft dann noch dramatischer oder milder?

Der künftige Verlauf der wirtschaftlichen Erholung hängt zudem von einer Reihe anderer Annahmen und Faktoren ab. Ein großes Risiko besteht darin, dass die realwirtschaftliche Krise eine Finanzkrise auslösen könnte. Denn wenn Unternehmen und Privathaushalte ihre Kredite nicht mehr bedienen können und es zu massiven Kreditausfällen kommt, dürften auch Banken in Schieflage geraten. Wenn Banken jedoch viele faule Kredite haben und Risiken abbauen müssen, werden sie auch ihre Kreditvergabe an gesunde Unternehmen und Haushalte beschränken. Das wiederum reduziert Investitionen und privaten Konsum, was Unternehmen nochmals schwächt, die Arbeitslosigkeit weiter erhöht und somit eine weitere Runde von Kreditausfällen und Bankenproblemen hervorrufen könnte. Bisher konnte ein solches Szenario verhindert werden, es ist jedoch nicht unwahrscheinlich, dass wir zumindest in einigen Ländern in den kommenden Jahren eine Finanzkrise erleben werden.

Ein weiteres großes Risiko besteht in der Reaktion der Politik. US-Präsident Trump hat trotz oder vielleicht auch gerade wegen der Pandemie seinen Konfrontationskurs zu China fortgesetzt und zum Teil verstärkt. Er hat zu einer Reihe von wirtschaftlichen Restriktionen gegriffen und gedroht, den Handelskonflikt eskalieren zu lassen. Aber die Relevanz der Politik geht weit über solche Konflikte hinaus. Werden Regierungen überall in der Welt weiterhin klug und angemessen auf die Krise reagieren? Wird es in manchen Schwellenländern oder in Italien zu einer Staatsschuldenkrise kommen? Wie stark wird der globale Handel in Mitleidenschaft gezogen? All dies sind Fragen und Risiken, die den Kurs der Weltwirtschaft in den kommenden Jahren stark beeinflussen werden. Ob ein V-, U-, L- oder W-Szenario zum Tragen kommt, hängt somit nicht nur von der Pandemie, sondern auch von der Wirtschaftspolitik ab.

Dabei sind Zeit und Hysterese die beiden entscheidenden Faktoren für den Verlauf der Wirtschaft. Viele Unternehmen konnten die ersten Monate des wirtschaftlichen *Shutdowns* von Februar/März 2020 an verkraften. Sie hatten finanzielle Rücklagen, um fehlende Einnahmen auszugleichen. Häufig hatten sie Reserven oder Lagerbestände, sodass sie ihre Leistungen trotz kaputter Lieferketten weiter erbringen konnten. Und sie erhielten, vor allem in Deutschland, Kreditgarantien oder andere Absicherungen durch den Staat.

Mit fortschreitender Zeit wurde es aber für viele Unternehmen immer schwieriger, weiter zu funktionieren, da finanzielle Rücklagen, Lagerhaltung oder temporäre Kredite aufgebraucht waren oder an ihre Grenzen kamen. Kleine Unternehmen und vor allem Solo-Selbstständige hatten meist weniger Resilienz und nicht die Möglichkeit, andere Ressourcen zu mobilisieren. Im Frühsommer 2020 begannen dann auch Großunternehmen in Engpässe zu geraten. Die Lufthansa erbat zum Beispiel staatliche Hilfen von 9 Milliarden Euro, um die Durststrecke mit Einbrüchen von mehr als 95 Prozent der Flugpassagierzahlen im April und Mai 2020 überbrücken zu können.

Je länger die Wirtschaftsleistung litt und die Umsätze entsprechend zurückgingen, desto mehr Unternehmen gerieten an die Grenzen ihrer Möglichkeiten, um die Krise wirtschaftlich überleben zu können. Manche waren resilient genug, um sechs Monate zu überstehen, viele Solo-Selbstständige oder kleine Unternehmen konnten kaum zwei Monate durchhalten. Daher stieg die Gefahr der Insolvenzen von Unternehmen im Sommer 2020 stetig, und auch die Arbeitslosigkeit nahm deutlich zu.

Je länger die Restriktionen, die Beeinträchtigungen der Lieferketten und die Nachfrageschwäche anhielten, desto größer wurde also der wirtschaftliche Schaden. Ökonomen nennen dies »nichtlineare Effekte der Wirtschaftskrise«. Denn mit jedem Monat der Beeinträchtigungen steigen die wirtschaftlichen Kosten für viele Unternehmen stärker an als zuvor. Für viele Unternehmen macht es daher einen entscheidenden Unterschied, ob sie einen Einbruch der Umsätze von 60 Prozent für zwei Monate zu verkraften haben oder von 20 Prozent für sechs Monate.

Ähnliches gilt für die Chancen der wirtschaftlichen Erholung: Je länger die Krise andauert, desto größer der permanente Schaden – oder desto höher die Hysterese-Effekte –, und desto schwächer und langwieriger ist die wirtschaftliche Erholung. Denn wenn Unternehmen pleitegehen, gibt es weniger, die eine Nachfrage bedienen und wirtschaftliche Dynamik anstoßen können. Es braucht Zeit, bis neue Unternehmen entstehen, um diese Nachfrage bedienen zu können. Wenn Menschen arbeitslos geworden sind, verlieren sie an Fähigkeiten, und es braucht Zeit, um sie wieder in Arbeit zu bringen. Wann ist der kritische Zeitpunkt also erreicht? Wie lange können Unternehmen überleben und ihre Existenz sichern? Die Antwort ist komplex, denn sie fällt für jedes Unternehmen, für jede Branche und jedes Land sehr unterschiedlich aus. Wie im vorangegangenen Teil beschrieben, hängt die Antwort von der Exponiertheit, der Resilienz, der wirtschaftlichen Medizin und schlichtweg auch vom Glück ab.

Die Diskussion um Zeit und Hysterese zeigt auch die schwierige Abwägung, die die Politik in ihren Entscheidungen zu leisten hat. Denn ein wichtiges Ziel der Gesundheitspolitik war es von Anfang an, die Kurve der Infektionen abzuflachen, also zeitlich zu verzögern, sodass es in der Hochphase einer Ansteckungswelle weniger Infizierte gibt und dafür mehr Infektionen in die Zukunft verschoben werden. Aber ganz kurzfristig gesehen ist genau diese Strategie der zeitlichen Verzögerung aus wirtschaftlicher Perspektive Gift. Notwendig ist daher eine Abwägung zwischen den wirtschaftlichen und den gesundheitlichen Kosten. Denn natürlich kann eine kluge Wirtschaftspolitik versuchen, den Schaden für Unternehmen und Konsumentinnen und Konsumenten kurzfristig zu begrenzen.

Aber es ist Vorsicht geboten, um diese Abwägung nicht falsch zu interpretieren und daraus die falschen Schlüsse zu ziehen. Von Kritikern der wirtschaftlichen und sozialen Restriktionen in der ersten Phase der Pandemie war zu hören, die enormen wirtschaftlichen Kosten seien hauptsächlich das Resultat der Restriktionen, die letztlich zu den Verwerfungen bei Unternehmen, Arbeitnehmerinnen und Arbeitnehmern und ganzen Volkswirtschaften führten. Die Wirtschaft hätte also gar keine Krise erlebt, wenn Regierungen Unternehmen nicht Zwangsschließungen und Bürgerinnen und Bürgern nicht Ausgangsverbote auferlegt und somit das wirtschaftliche Leben stark eingeschränkt hätten.

Es ist wichtig, diesen weitverbreiteten Irrglauben auszuräumen. Denn dieser Widerspruch zwischen gesundheitlichen und wirtschaftlichen Kosten besteht vor allem in der ersten, akuten Phase einer Pandemie. Eine langfristige Betrachtung dagegen zeigt ein ganz anderes Bild. Der Versuch einer schnellen »Durchseuchung« hätte ein Vielfaches an Menschenleben gefordert und damit auch viele Unternehmen mittelfristig in Schieflage gebracht. Er hätte das Gesundheitssystem überfordert und viele staatliche Institutionen auf Jahre hinaus geschädigt. Vor allem hätte er das Vertrauen von Unternehmern und Bürgerinnen und Bürgern in den eigenen Staat dezimiert, das eine essenzielle Grundlage für jede Wirtschaft und wirtschaftlichen Erfolg ist.

Gesundheitliche und wirtschaftliche Ziele dürfen also nicht zwingend als Widerspruch gesehen werden, auch wenn die Politik in vielen Fällen in der Tat Prioritäten setzen und Abwägungen treffen muss. Die Schwierigkeit bei diesen Entscheidungen ist die enorme Unsicherheit, nicht nur bezüglich der gesundheitlichen Dimension der Pandemie, sondern vor allem auch der wirtschaftlichen Prognose für Unternehmen und Beschäftigte. Der politische Entscheidungsprozess in einer solchen Situation ist enorm komplex und schwierig, da sich Entscheidungen, die heute richtig und gut begründet sein mögen, schon morgen als falsch erweisen können.

KAPITEL 3: EIN NEUER HUMANISMUS

*»Aber wenn ich höre, alles andere habe vor dem Schutz von Leben zurück-
zutreten, dann muss ich sagen: Das ist in dieser Absolutheit nicht richtig.
Grundrechte beschränken sich gegenseitig. Wenn es überhaupt einen absoluten
Wert in unserem Grundgesetz gibt, dann ist das die Würde des Menschen.
Die ist unantastbar. Aber sie schließt nicht aus, dass wir sterben müssen ...
Wir sterben alle. Und ich finde, Jüngere haben eigentlich ein viel größeres
Risiko als ich. Mein natürliches Lebensende ist nämlich ein bisschen näher.«*

So sprach Wolfgang Schäuble, der Bundestagspräsident, am
26. April 2020 in einem Interview mit dem *Tagesspiegel*, das kontroverse Diskussionen über den Kurs der Bundesregierung in
der Corona-Krise auslöste. Ist der Schutz des Lebens nicht ein
essenzieller Teil der Würde des Menschen? Jedes Grundrecht
kann in Konflikt mit anderen Grundrechten stehen. Auf welcher
Grundlage und nach welchen Kriterien sollen Politik und Gesellschaft diese Abwägung treffen? Gibt es Grenzen, welche die Politik nicht überschreiten darf, und wo liegen sie? Die Antworten
auf diese Fragen werden nicht zuallererst von Recht und Gesetz
bestimmt, sondern von den Werten der Bürgerinnen und Bürger. Und die Antworten erklären in einem erheblichen Maß,
warum manche Länder sehr viel erfolgreicher in ihrer Bekämpfung der Pandemie sind als andere.

ABWÄGUNG VON ZIELEN

Die Corona-Pandemie ist für viele Gesellschaften der schwerste
Test des gesellschaftlichen Zusammenhalts der letzten Jahrzehnte – und auch für die Menschheit als Ganzes. Es geht um die

Solidarität zwischen Bürgerinnen und Bürgern und um die Frage, wie sehr die Stärkeren für die Schwächeren einer Gesellschaft einstehen wollen und sollen. Es ist ein Test für das Gesundheitssystem und dessen Leistungsfähigkeit und Flexibilität, sich auf eine noch nie da gewesene Herausforderung einzustellen. Es ist ein Test für die Wirtschaft, die einen so plötzlichen, massiven und weltweit synchronen *Shutdown* seit Menschengedenken noch nicht erlebt hat.

Die Pandemie ist ein Test für die Sozialsysteme, die nirgends auf so dramatische Veränderungen in so kurzer Zeit vorbereitet waren. Sie ist ein Test für Familien, die plötzlich auf sich allein gestellt sind und sich anpassen müssen, um Privates und Berufliches miteinander vereinbaren zu können. Und sie ist ein Test für jeden einzelnen Menschen, dessen Leben sich grundlegend verändert hat, und hinterfragt unseren Wertekanon.

Was genau sind die Ziele der Politik in Bezug auf die Gesundheit? Fast jede Medienberichterstattung in den ersten Wochen und Monaten der Pandemie fokussierte sich auf die Zahl der Infizierten und der Toten durch Covid-19. Es ist verständlich, dass alle Anstrengungen unternommen werden sollen, damit möglichst wenige Menschen unter dem Virus leiden oder ihm zum Opfer fallen. Aber das Ziel der Minimierung der Opfer ist bei Weitem nicht unumstritten. Gerade in den ersten Monaten gab es nicht wenige Stimmen, die eine möglichst schnelle »Herdenimmunität« als wichtigstes Ziel ansahen. Wenn eine Ansteckung schon nicht komplett gestoppt werden könne, bevor ein Impfstoff vorhanden sei, sollte die Ansteckung möglichst schnell vonstattengehen, um die Zeit des Traumas und des Leidens zu minimieren, so die Logik.

Ein anderes, vor allem in Deutschland wichtiges gesundheitliches Ziel war es, das Gesundheitssystem nicht zu überlasten, sodass alle Infizierten eine bestmögliche Versorgung erhalten können. Anfänglich gab es eine starke Betonung der Tatsache, dass lediglich 28 000 Notfallbetten mit Beatmungsgeräten zur Verfügung standen. Die Sorge, dass Menschen sterben müssen, weil es keine verfügbaren Beatmungsgeräte gibt, ist für viele eine Horrorvorstellung. Diese starke Betonung der Zahl der Notfallbetten war eine zentrale Rechtfertigung für die Strategie des *flattening the curve*, mit der also nicht unbedingt die Anzahl der Infizierten reduziert, sondern Infektionen in die Zukunft verschoben werden sollten, damit das Gesundheitssystem zu keinem Zeitpunkt überlastet wird.

Eine solche Abflachung der Kurve der Infizierten ist aus der Perspektive des Gesundheitssystems richtig und nachvollziehbar. Aber für die Wirtschaft schafft diese Strategie ein riesiges Problem. Denn sie erfordert stärkere und längere Restriktionen des wirtschaftlichen Lebens, mehr Einschränkungen für Unternehmen und für Bürgerinnen und Bürger. Bei den wirtschaftlichen Zielen geht es fast allen Regierungen darum, Insolvenzen von Unternehmen und einen Anstieg der Arbeitslosigkeit zu vermeiden. Beides schafft nicht nur einen großen kurzfristigen, sondern auch einen langfristigen Schaden: Wenn Unternehmen nicht mehr existieren, können sie auch keine Jobs und keinen Wohlstand schaffen.

Die dritte Zieldimension, die im Zitat von Wolfgang Schäuble angesprochen wird, ist der Schutz der Grundrechte. Auflagen für die soziale Distanzierung, das Verbot von Versammlungen und die Schließung von Gaststätten und Geschäften sind letztlich alles Eingriffe in die Bürgerrechte. Wie soll die Politik zwischen den verschiedenen Grundrechten abwägen? Wie soll sie zwischen dem Schutz des Lebens und der Versammlungsfreiheit und der freien Berufsausübung abwägen? Ist die Beschneidung so vieler Grundrechte für mehr als 80 Millionen Menschen in Deutschland gerechtfertigt, um einige Hundert oder Tausend Menschenleben zu schützen?

Natürlich müssen die verschiedenen Ziele der Gesundheit, Wirtschaft und Grundrechte nicht zwangsläufig miteinander im Widerspruch stehen. Eine starke Ausbreitung des Virus mit vielen Infizierten sowie Angst und fehlendes Vertrauen sind auch für Unternehmen und die Wirtschaft hinderlich. Gleichzeitig ist auch eine gut funktionierende Wirtschaft wichtig, um über Monate und Jahre ein leistungsfähiges Gesundheitssystem aufrechterhalten zu können. Dennoch mussten in der Krise schwierige Abwägungen getroffen werden. Jedes Land hat eine andere Wahl getroffen. Nicht nur in China, sondern auch in Italien und Spanien gab es strikte Ausgangsverbote, die Menschen zwangen, viele Wochen in ihren Wohnungen zu bleiben. Länder wie Schweden oder Brasilien dagegen haben entweder bewusst oder gezwungenermaßen eine ganz andere Strategie gewählt. Es gibt bessere und schlechtere Strategien zur Bekämpfung der Krise, aber es gibt nicht den einen besten oder richtigen Weg. Es gibt viele verschiedene Wege, auf die sich eine Gesellschaft einigen kann, die immer auch ausgehandelt werden müssen. Und die Abwägung zwischen den gesundheitlichen, wirtschaftlichen und verfassungsrechtlichen Zielen muss ständig neu verhandelt werden, sobald neue Informationen verfügbar sind und Menschen ihre Präferenzen ändern. Die Wahl der Strategie jedoch hängt entscheidend vom Wertekanon einer Gesellschaft ab.

UTILITARISTEN UND DAS GRÖSSTMÖGLICHE GLÜCK

Wolfgang Schäuble betont am Ende des Zitats, dass für ihn der Schutz seines persönlichen Lebens weniger wichtig ist als der Schutz des Lebens eines jungen Menschen. Er wägt also explizit zwischen dem Leben zweier Menschen ab. Es mag als Wertevorstellung eines Individuums moralisch ehrenwert sein, wenn jemand sein eigenes Leben als weniger schützenswert einstuft als das eines anderen. Viele erinnern sich an den italienischen Priester in Norditalien während des Höhepunkts der Pandemie Anfang April, der trotz seiner lebensbedrohlichen Lage sein Beatmungsgerät freiwillig einem jüngeren Menschen mit Familie zur Verfügung stellte.

Aber darf eine Gesellschaft eine solche Abwägung zwischen

zwei Menschenleben treffen? In der Praxis muss sie eine solche Abwägung immer wieder treffen. So mahnte der Deutsche Ethikrat schon im März 2020, Politik und Gesellschaft müssten Ärztinnen und Ärzten in der sogenannten Triage einen Verhaltenskodex anbieten, nach dem sie handeln sollen. Wie soll eine Ärztin entscheiden, wenn sie nur ein Beatmungsgerät, aber zwei gleichermaßen hilfebedürftige Patienten hat? Soll derjenige das Beatmungsgerät erhalten, der zuerst gekommen ist? Inwiefern sollen Überlebenschancen eine Rolle bei dieser Entscheidung spielen? Und sollen jüngere Menschen nicht Vorrang haben gegenüber älteren, da sie eine noch längere Lebenserwartung haben?

Utilitaristen würden diese letzte Frage bejahen. Nach dieser Theorie der sozialen Gerechtigkeit, die auf die Briten John Stuart Mill und Jeremy Bentham zurückgeht, sollte die Gesellschaft das Glück ihrer Bürgerinnen und Bürger maximieren. Die Strategie der »Herdenimmunität«, wie zumindest kurzfristig von Großbritannien und anderen Ländern verfolgt, zielt genau auf diese Logik ab: Um die Pandemie möglichst schnell zu überwinden und den Schaden für Wirtschaft und Grundrechte so gering wie möglich zu halten, werden Menschenleben geopfert. Vor allem ältere Menschen und Menschen mit Vorerkrankungen sterben sehr viel häufiger und sind dadurch die Hauptleidtragenden einer solchen Strategie. Der Verlust von Arbeitsplätzen, Insolvenzen und wirtschaftlicher Schaden werden dagegen minimiert.

Hinzu kommt, dass auch die Restriktionen für Wirtschaft und Gesellschaft einen hohen Preis für Gesundheit und Menschenleben verursachen. Wichtige andere Behandlungen von Krankheiten wurden durch die Pandemie verschoben, was das Leiden der Betroffenen verlängert oder sogar Menschenleben kostet. Die Betreuung von Pflegebedürftigen wurde durch die Einschränkungen deutlich beschnitten. Dort, wo Zahlen vorliegen, zeigt sich, dass Einsamkeit und häusliche Gewalt während der Pandemie deutlich zugenommen haben.[9]

Die große Mehrheit der Leserinnen und Leser mag diese

Abwägung zwischen Menschenleben für moralisch verwerflich halten. Aber sie wird nicht nur in dieser Pandemie getätigt, sondern ist Teil der täglichen gesellschaftlichen Entscheidungen. Jede Gesellschaft muss stets aufs Neue abwägen und entscheiden, wie sie knappe personelle und finanzielle Ressourcen verteilen will. Wie viel Geld soll in das Gesundheitssystem fließen, und wie soll es dort verwendet werden?

Schon heute wird ein großer Teil der Ausgaben im Gesundheitssystem in Deutschland im letzten Lebensjahr der betroffenen Menschen ausgegeben.[10] Sollten mehr dieser finanziellen Ressourcen für die Vorsorge verwendet werden? Sollten weniger für Bildung oder für die Rente ausgegeben werden, um das Gesundheitssystem zu stärken? Jeder mag andere Antworten auf diese Fragen geben. Fakt ist jedoch, dass eine Gesellschaft immer eine solche Abwägung trifft, auch wenn sie dies nicht immer bewusst tut.

Um eine ausgewogene und bewusste Abwägung treffen zu können, braucht es eine gemeinsam akzeptierte Einheit, um Vergleiche zwischen unterschiedlichen Zielen vornehmen zu können. Und hier liegt die Stärke und gleichzeitig die Schwäche der Wirtschaftswissenschaften. Die Ökonomie beruht noch immer sehr stark auf dem Konzept der Utilitaristen, indem sie häufig versucht, den Nutzen in Geld zu messen. Dies ist im täglichen Leben als Grundlage für wirtschaftliche oder politische Entscheidungen oft hilfreich.

Diese enge Sichtweise greift aber zu kurz, denn es geht nicht nur um die individuelle Maximierung des finanziellen Nutzens, sondern Glück und Lebenszufriedenheit werden durch viele Dinge bestimmt. Sie sind zum einen nicht wirklich messbar und legen zum anderen einen hohen Wert auf Glück und Lebenszufriedenheit anderer Menschen und der Gemeinschaft. Die Wirtschaftswissenschaften haben in den vergangenen Jahrzehnten riesige Fortschritte gemacht, um diese Komplexität der Präferenzen und die Funktionsweise von Gesellschaften zu berücksichtigen. Aber diese Präferenzen sind eben doch häufig eine völlig unzureichende Grundlage für wichtige Entscheidungen, wie Amartya Sen, der Wirtschaftsnobelpreisträger und Philosoph, betont.

Viele Gesellschaften stehen der politischen Philosophie der Utilitaristen sehr skeptisch gegenüber, auch wenn sie bei Entscheidungen in der Corona-Pandemie immer eine Rolle gespielt hat. Wenn aber Leben, Gesundheit und das Glück einzelner Menschen nicht gegeneinander abgewogen werden sollen, was soll dann die Grundlage für die schwierigen Entscheidungen sein?

RAWLS UND DIE GOLDENE REGEL

Viele Entscheidungen in der Pandemie beruhen auf dem, was man häufig als die »goldene Regel« bezeichnet: »Was du nicht willst, das man dir tu, das füg auch keinem andern zu.« Diese wurde in den 1970er-Jahren prominent von dem US-amerikanischen Philosophen John Rawls aufgegriffen, hat aber letztlich ihre Wurzeln in verschiedenen Religionen. Die Idee ist, die Regel auf eine (hypothetische) Ausgangssituation zu beziehen, in der alle Menschen in einer Gesellschaft so über die Ausgestaltung ihrer Gesellschaft entscheiden sollten, als wüssten sie nicht, in welcher Situation sie sich befinden – als säßen sie hinter einem »Schleier der Unwissenheit«. Jede und jeder Einzelne solle explizit berücksichtigen, wie sie oder er behandelt werden wollte, wenn sie oder er in der Position des Schwächsten und Verletzlichsten in der Gesellschaft wäre. Diese Idee hat tiefe Wurzeln vor allem in den Gesellschaften Europas.

Dabei wird Gerechtigkeit von der großen Mehrheit der Deutschen auf der Grundlage von Leistung und Bedürfnissen und deutlich weniger auf der Basis von Gleichheit oder Ansprüchen definiert. Für die große Mehrheit in Europa ist es also ein hoher Wert, dass ihre Mitmenschen eine ausreichende Absicherung haben, um ein lebenswertes Leben eigenverantwortlich gestalten zu können. Dabei wollen die meisten keine Gleichheit, vielmehr ist ihnen auch das Leistungsprinzip wichtig. In der Tat sehen viele Menschen einen Gradmesser der Humanität unserer Gesellschaft darin, wie diese mit ihren schwächsten Mitgliedern umgeht.

Die goldene Regel ist das dominante Prinzip während der Pandemie in großen Teilen Europas gewesen. Viele Millionen Menschen in Europa haben ihre Arbeit verloren oder müssen auf einen Teil ihres Einkommens verzichten, damit Restriktionen umgesetzt werden konnten, um Gesundheit und Menschenleben vor allem älterer und vorbelasteter Menschen zu schützen. In Deutschland waren bis zum August 2020 weniger als 10 000 Menschen am Virus gestorben. Im Vergleich dazu sind in der 2017 und 2018 aufgetretenen Grippe (Influenza) fast 25 000 Menschen gestorben.[11]

Wir wissen nicht, wie viel mehr Menschen vom Virus betroffen und gestorben wären, wenn die Politik die starken Einschränkungen von Mobilität, Arbeit und Sozialkontakten nicht durchgesetzt hätte. Tatsache ist jedoch, dass die große Mehrheit der Deutschen diese Maßnahmen unterstützt hat und dies auch weiterhin für richtig hält. Sicherlich spielten die Unwissenheit und die Angst bezüglich der Ansteckung und gesundheitlicher Risiken durch das Virus in den ersten Wochen und Monaten eine erhebliche Rolle. Aber auch heute, da wir deutlich mehr über das Virus wissen, so unter anderem, dass jüngere Menschen nur ein sehr begrenztes Risiko haben, unterstützen die meisten jungen Menschen diese Maßnahmen.

Die Pandemie ist ein Test der gesellschaftlichen Werte und auch dieser goldenen Regel. Die westlichen Gesellschaften haben sich alle explizit zu diesen Werten bekannt und sie in der Krise gestärkt.

COMMUNITARIANS UND DER WERT DER GEMEINSCHAFT

Trotz der enormen wirtschaftlichen Kosten und signifikanten Einschränkungen von Grundrechten steht nach wie vor eine große Mehrheit der Europäerinnen und Europäer zu dieser Strategie zur Bekämpfung der Pandemie. Das zeigt, dass die meisten eben nicht egoistisch auf ihr eigenes, individuelles Glück Wert legen, sondern dass ihnen der Schutz vor allem der schwächsten und verletzlichsten Mitbürgerinnen und Mitbürger wichtig ist. Das Bemerkenswerte in der Krise ist auch, dass Menschen nicht nur Sympathie und Verständnis für ihre Mitmenschen haben, sondern dass sie sich selbst aktiv für andere einsetzen, nicht selten unter Gefährdung ihrer eigenen Gesundheit.

Hunderttausende von Deutschen in »systemrelevanten« Berufen haben ihre Gesundheit riskiert, um anderen Menschen zu helfen. Pflegerinnen und Pfleger, Ärztinnen und Ärzte kümmern sich um Kranke und Hilfsbedürftige. Beschäftigte im Einzelhandel oder in der Reinigung gehen selbst Risiken ein, um das tägliche Leben weiter am Laufen halten zu können. Ähnliches gilt für Beschäftigte in der Versorgung mit Lebensmitteln, Gesundheit und Sicherheit. Sie tun dies nicht nur wissend um die Risiken für die eigene Gesundheit, sondern auch trotz nicht selten geringer Löhne und schlechter Arbeitsbedingungen. Viele dieser Menschen wehren sich gegen den Begriff »Helden der Krise« und würden sich stattdessen mehr Anerkennung und bessere Arbeitsbedingungen wünschen. Aber sie machen trotzdem ihre Arbeit und haben dadurch entscheidend dazu beigetragen, dass Deutschland bislang sehr gut durch die Krise kommen konnte.

Dieses gestärkte Bewusstsein der Gemeinschaft, des »Wir-Gefühls«, ist ein weiteres Resultat dieser Krise. Es zeigt die hohe Bedeutung, Teil der Gemeinschaft zu sein. Die Zivilgesellschaft hat dadurch eine viel stärkere Bedeutung gewonnen. Das Bedürfnis nach Gemeinsamkeit und Identifikation mit gemeinsamen Werten und Zielen hat gerade in der Krise zu einer starken

Zunahme an Solidarität geführt. Der Soziologe Heinz Bude erklärt dies durch die Verwundbarkeit, die alle miteinander teilen und die zu einer starken Empathie und Solidarität geführt hat. Diese Solidarität ist innerhalb des eigenen Landes sehr viel stärker ausgeprägt als gegenüber anderen Ländern und Regionen der Welt. Und sie erklärt die überwiegend nationale und nur recht schwache europäische und internationale Reaktion auf die Krise. Solidarität und ein gestärktes Gemeinschaftsgefühl waren und sind ein ganz zentrales Element zur Bewältigung der Krise. Trotzdem erfordert auch die Frage, wie wichtig die Gemeinschaft sein soll, eine vorsichtige Abwägung. Denn allzu leicht kann die Politik das Primat der Gemeinschaft missbrauchen, um die Rechte des Einzelnen zu beschneiden. China war mit seinen drakonischen Maßnahmen der Ausgangssperren und erzwungenen Quarantäne aus einer rein gesundheitlichen Perspektive sehr erfolgreich. Soweit wir wissen und die Zahlen korrekt sind, gab es in China deutlich weniger Infizierte und Tote als in den USA oder in den vergleichsweise deutlich kleineren Ländern wie Italien oder Spanien.

Hätten wir Europäer die drakonischen Maßnahmen Chinas hier bei uns akzeptiert, auch wenn sie Menschenleben geschützt und ein schnelleres Ende der Restriktionen erlaubt hätten? Die Antwort ist wahrscheinlich ein deutliches Nein. Denn trotz eines starken Gemeinschaftsgefühls und einer hohen Solidarität mit den von der Krise am stärksten betroffenen Menschen haben die Beschränkungen individueller Grundrechte klare Grenzen.

LIBERTARIANS UND DER WERT DER GRUNDRECHTE

Auch deshalb sind die Stimmen derer immer lauter geworden, die sich an der Beschneidung der Grundrechte stoßen und diese für überzogen halten. Wie Wolfgang Schäubles Zitat am Anfang des Kapitels betont, darf das Grundrecht auf Schutz des Lebens nicht immer über allen anderen Rechten stehen. Es muss also eine Abwägung stattfinden, die sich zudem im Laufe der Zeit verändern kann. Mit einer abnehmenden Bedrohung durch das Virus muss die Politik die Begrenzung von Bürgerrechten möglichst schnell zurücknehmen unter der Einschränkung, dadurch nicht eine zweite Welle der Pandemie in Gang zu setzen.

Wie soll die Abwägung dieser Grundrechte aussehen? Die Antwort hängt von den gesellschaftlichen Werten ab und hat sich im Laufe der Pandemie auch deutlich verändert. In den ersten Wochen, im März und April, gab es kaum Widerspruch gegen die Einschränkung der Grundrechte wie das der Versammlungsfreiheit, der Demonstrationsfreiheit oder der Möglichkeit, seiner Arbeit nachzugehen. Häufig wird hier das Prinzip der Verhältnismäßigkeit zugrunde gelegt, es wird also geprüft, ob bestimmte Maßnahmen zur Bekämpfung oder Eingrenzung der Pandemie erforderlich und angemessen sind. Wenn also die Schließung von Kitas, Schulen oder Geschäften kaum dazu beitragen würde, die Infektionsraten und die Ausbreitung des Virus zu reduzieren, wären die damit verbundenen Einschränkungen des gesellschaftlichen Lebens und der Grundrechte kaum zu rechtfertigen.

Die dem zugrunde liegende politische Philosophie wurde in den letzten Jahrzehnten zumindest in der angelsächsischen Welt stark von Philosophen wie Robert Nozick oder der Schriftstellerin und Philosophin Ayn Rand geprägt. In der Ökonomie sind insbesondere Friedrich Hayek und Milton Friedman dieser Denkschule zuzuordnen. Sie alle betonen die Eigenverantwortung des Individuums und stehen einem stark eingreifenden Staat sehr kritisch gegenüber. Schweden und große Teile der USA sind Länder, die in der Krise eine Strategie verfolgt haben, die einen sehr hohen Wert auf die Eigenverantwortung der Bürgerinnen und Bürger legt. Die schwedische Regierung hat zwar Empfehlungen ausgesprochen, gleichzeitig jedoch versucht, das tägliche Leben so wenig wie möglich zu verändern. Kitas, Schulen, Geschäfte und Gastronomie konnten geöffnet bleiben. Die meisten

Beschäftigten konnten weiterhin zur Arbeit gehen. Nur im Umgang mit Risikogruppen, vor allem älteren Menschen, und in Bezug auf Großveranstaltungen gab es eine Reihe von Beschränkungen.

LEGITIMIERUNG UND AKZEPTANZ

Ähnlich wie Deutschland haben die USA eine ausgeprägt föderale Struktur. Entscheidungen über Restriktionen und Schutzmaßnahmen werden auf der Ebene der Bundesstaaten oder sogar lokal getroffen. Nicht selten kam es zu Streit zwischen der nationalen Regierung und den lokalen Behörden – beispielsweise zwischen US-Präsident Donald Trump und dem Gouverneur des US-Staats New York, Andrew Cuomo, über Maßnahmen in New York City.

In der Corona-Krise hat jedes Land eine andere Strategie verfolgt. In föderalen Ländern waren es sogar einzelne Regionen, die ihre eigene Strategie hatten. Es gibt dabei nicht den einen richtigen Weg zum Erfolg, sondern jede Gesellschaft vollzieht bewusst oder unbewusst eine Abwägung bezüglich verschiedener Ziele in den Bereichen Gesundheit, Wirtschaft und Grundrechte. Doch auch wenn es nicht den einen richtigen Weg gibt, so gibt es doch bessere und schlechtere Strategien. Es gibt solche, die ihre Ziele recht gut erreichen konnten, wogegen andere sehr viel weniger erfolgreich waren. Die vier politischen Denkschulen bieten eine Struktur, um unterschiedliche Strategien erklären und bewerten zu können.

Einige mögen China als Erfolgsmodell sehen, zumindest während der ersten Welle der Ansteckung. Obwohl die Pandemie dort zuerst ausbrach und das Land somit am wenigsten Vorbereitungszeit hatte, konnte die Anzahl der Infizierten und Toten – soweit man den Zahlen glauben darf – vergleichsweise niedrig gehalten werden. China ist aber vor allem dann ein Erfolgsmodell, wenn man ein sehr hohes Gewicht auf die gesundheitlichen Ziele legt und dem Schutz von Grundrechten und individueller Freiheit wenig Bedeutung beimisst. Das Land verfolgt eine autoritäre Version des *Communitarianism*, wobei Grundrechte des Einzelnen eine sehr untergeordnete Rolle spielen. Viele Menschen in westlichen Demokratien hätten so drakonische Einschnitte in ihre Grundrechte nicht akzeptiert und würden China deshalb eben nicht als Erfolgsmodell sehen, zumindest nicht für sich selbst und ihre Gesellschaft.

Im anderen Extrem liegen Länder wie Schweden oder die USA, die vor allem einen *Libertarian*-Ansatz gewählt haben mit vergleichsweise wenigen Eingriffen in die Grundrechte des Einzelnen und einem stärkeren utilitaristischen Ansatz, der auch wirtschaftlichen Zielen ein hohes Gewicht zuerkennt. Dies bedeutet auch, dass der gesundheitliche Aspekt keine dominante Rolle gespielt hat und auch weiterhin nicht spielt, sodass die Anzahl der Infizierten und Toten bezogen auf die Bevölkerung deutlich höher liegt als in anderen Ländern.

In der Mitte zwischen diesen beiden Extremen liegen Länder wie Deutschland und Frankreich, die versucht haben, eine vorsichtige Balance zwischen dem Schutz der Gesundheit und der Wirtschaft bei gleichzeitiger Wahrung von Grundrechten zu etablieren. Unter den Ländern, die ähnliche Strategien verfolgt haben, gab es aber auch unterschiedliche Erfolge. So hat beispielsweise Schweden sehr viel effektiver auf die Krise reagiert, was Gesundheit, Wirtschaft und auch den Schutz von Grundrechten betrifft, als weite Teile der USA.

Was sind die Erfolgsfaktoren, die es Regierungen ermöglichen, ihre Strategien umzusetzen und ihre Ziele zu erreichen? Drei Punkte haben eine entscheidende Rolle gespielt: Zum einen die gesellschaftliche Akzeptanz der von Staat und Politik gewählten Strategie. Zum Zweiten der gesellschaftliche Zusammenhalt. Und zum Dritten die Vorbereitung und die Fähigkeit zum politischen Konsens.

Ohne eine hohe gesellschaftliche Akzeptanz der Maßnahmen muss eine jede Strategie zur Bekämpfung der Pandemie scheitern. In den USA oder Brasilien ist die Zahl der Infizierten und Todesopfer sehr viel höher als anderswo, da es eben keinen breiten gesellschaftlichen Konsens über Restriktionen für individuelle Freiheiten gab. Gerade in den USA gab und gibt es eine hohe Kakofonie innerhalb der Politik. Die Regierung um Präsident Trump hat die Pandemie von Anfang an heruntergespielt und behauptet, es würde alles nicht so schlimm kommen. Als Städte wie New York City dann mit aller Härte getroffen wurden, versuchte er die Verantwortung auf andere, wie zum Beispiel China oder die Demokratische Partei, zu schieben. Lokalpolitiker dagegen haben häufig versucht, mit Restriktionen Schlimmeres zu verhindern.

Wissenschaftliche Studien zeigen, dass vor allem die Medien einen hohen Einfluss auf das Verhalten und die Akzeptanz der Bevölkerung haben. Menschen, die den Präsident Trump nahestehenden Fernsehsender Fox schauen, haben sich eher geweigert, Restriktionen für ihr tägliches Leben zu akzeptieren, und damit auch eine deutlich höhere Ansteckungsrate im eigenen Land verursacht.[12]

Eine sehr effektive und klare Kommunikation seitens der Politik ist einer der Gründe für diesen Erfolg. Es gab einen ungewöhnlich großen Konsens und sogar Einstimmigkeit über politische Parteien hinweg, was nun in der ersten Phase der Krise zu tun sei. Und dieser Konsens wurde von fast allen in der Politik regelmäßig kommuniziert und erklärt. Die Politik erhielt dabei starke Unterstützung durch die Wissenschaft, vor allem von den Epidemiologen, zumindest in der ersten Phase von März bis Mai 2020.

Die kommunizierte Strategie war gekennzeichnet von Transparenz, Konsistenz und Ehrlichkeit. Anders als die britische oder die amerikanische Regierung hat die deutsche Politik beispielsweise keine Versprechen abgegeben, auf welche Anzahl von Infizierten die Pandemie begrenzt werden könnte, sondern sie hat meist recht ehrlich die Unsicherheit und das Unwissen über das Virus und dessen Auswirkungen eingestanden. Dadurch ist ein

hohes Vertrauen entstanden, das sich auch in einer deutlich an-
steigenden Popularität der Bundeskanzlerin sowie der gesamten
Bundesregierung samt einzelner Ministerpräsidentinnen und
Ministerpräsidenten der Länder widerspiegelt.

KROPOTKIN VERSUS DARWIN

Eine zweite Erkenntnis ist, dass Gesellschaften, die einen hohen
Wert auf Gemeinschaft und den Schutz ihrer schwächsten Mitglieder legen, erfolgreicher durch die erste Phase der Pandemie
gekommen sind. Neben Deutschland ist Südkorea ein gutes Beispiel dafür. Südkorea ist kein autokratisches Land mit schwachen
individuellen Grundrechten wie China, wie von manchen behauptet, sondern hat eine Demokratie mit starkem Schutz von
individuellen Rechten der Bürgerinnen und Bürger, die diese
auch leben, wie das beeindruckende politische Engagement in
Südkorea zeigt.

Eine wissenschaftliche Studie zu 700 Naturkatastrophen zeigt,
dass vor allem Gesellschaften, die einen hohen Wert auf Gemeinschaft, Zusammenhalt und Kooperation legen, derartige Krisen
deutlich besser meistern als Gesellschaften, die eher individualis-
tisch agieren. Häufig heißt es, Krisen würden das wahre Wesen
der Menschen und ihrer Gesellschaft hervorbringen. Viele befürchten, dass sie zu mehr Egoismus und Individualismus und
weniger Gemeinschaft, Solidarität und Kooperation führen.

Die Studie zu den 700 Katastrophen zeigt jedoch, dass in den
meisten Fällen Altruismus und Kooperation deutlich zugenommen haben und dass diese Zunahme gleichzeitig entscheidend
für die erfolgreiche Bewältigung der Krise ist. Diese Studien werden häufig als Beleg dafür herangezogen, dass sich der Sozialdarwinismus – der Erfolg des Stärkeren – in extremen Krisen
nicht unbedingt bewahrheitet; sondern viel eher die These der
starken Gemeinschaft auf der Grundlage von Solidarität – im
Sinne des russischen Naturforschers Kropotkin.

Die Kernthese von Kropotkin ist, dass politische Ideologien zwar einen gewaltigen Einfluss auf gesellschaftliche Werte ausüben können, dass sich in Krisenzeiten jedoch letztlich der menschliche Impuls und dessen Bedürfnis nach gegenseitiger Hilfe und Solidarität durchsetzt. Außer in Extrembedingungen würde keine Gesellschaft jemals einen Teil ihrer Mitglieder opfern. Deshalb konnte in dieser Pandemie eine Strategie der Herdenimmunität letztlich nirgends den Rückhalt irgendeiner Gesellschaft erhalten. Kaum jemand war bereit, ältere und vorerkrankte Menschen zu opfern, um den wirtschaftlichen Schaden zu begrenzen.

Dabei widerspricht die These von Kropotkin nicht direkt der Darwins. Seine These sagt lediglich, dass nicht eine Gesellschaft von Individualisten, sondern eine Gemeinschaft mit einer hohen Betonung von Solidarität und Zusammenhalt letztlich bessere Chancen und Möglichkeiten hat, Krisen erfolgreich zu bewältigen. Gleichzeitig widerlegt dies auch, dass autokratische Regime wie in China solche Krisen besser bewältigen können. Ein Staat wird seinen Bürgerinnen und Bürgern nur bedingt Maßnahmen aufzwingen können, die sie nicht unterstützen. Zwar vermögen Angst und die Androhung von Strafen das von der Politik erwünschte Verhalten für eine Weile umzusetzen. Aber wahrscheinlicher ist es, dass sich Bürgerinnen und Bürger früher oder später gegen Maßnahmen, die als nicht legitim wahrgenommen werden, zur Wehr setzen und damit auch anfänglich vermeintliche Erfolge bei der Bekämpfung der Pandemie gefährden.

Es gibt zahlreiche andere Beispiele für diese These. Der verheerende Tsunami im Indischen Ozean, der mehrere Hunderttausend Menschenleben in Indonesien, Malaysia, Thailand, Sri Lanka und anderswo forderte, hat einen Ruck in diesen Gesellschaften hin zu mehr Zusammenhalt und Solidarität ausgelöst. Schnell wurden riesige Hilfsprogramme initiiert, die auch von westlichen Ländern wie Deutschland erhebliche finanzielle Unterstützung erhielten. Aber es waren vor allem die lokalen Gemeinschaften und Verbünde, die sich um Opfer und Wiederaufbau gekümmert haben.

Auch Deutschland hat diesen Zusammenhalt mehrfach erlebt, sei es durch die Unterstützung der USA und europäischer Nationen nach dem Zweiten Weltkrieg, eine beeindruckende Solidarität innerhalb Deutschlands nach dem Fall der Mauer im November 1989 oder während der Flüchtlingskrise ab August 2015. In allen Fällen gab es mehr Kooperation und einen stärkeren gesellschaftlichen Zusammenhalt, eine höhere Bereitschaft der wirtschaftlich und finanziell Starken, auch den Schwächeren zu helfen und gemeinsame Lösungen zu finden.

Die Vermutung liegt nahe, reiche Länder könnten die Pandemie zwingendermaßen besser bewältigen, da sie ein besseres Gesundheitssystem, mehr Ressourcen für die Bewältigung der Wirtschaftskrise und bessere staatliche Institutionen haben. Eine weitere Lehre aus der Krise ist jedoch, dass Geld nicht unbedingt Schutz und Sicherheit gewährleisten kann.

Hongkong, Singapur und andere südost- und ostasiatische Länder waren ebenfalls sehr erfolgreich in der Begrenzung und Bekämpfung des Coronavirus. Auch hier war eine Strategie mit der konsequenten Umsetzung konkreter Maßnahmen entscheidend. Sie war auch in diesem Fall auf die Erfahrung mit vergangenen Epidemien wie SARS Anfang der 2000er-Jahre sowie der Schweinegrippe zurückzuführen, die diese Länder sensibilisiert hatten, sodass sie die notwendigen Vorbereitungen treffen konnten.

MORALISCH BLINDE FLECKEN

Die Kosten für wirtschaftliche Schutzmaßnahmen, die die Pandemie verursacht hat, waren und sind noch immer erheblich. Das gilt auch für Gesundheit und Grundrechte. Allein in Deutschland mussten bisher 7 Millionen Menschen in Kurzarbeit gehen und somit auf einen Teil ihres Einkommens verzichten. Bisher sind mehr als 600 000 Menschen arbeitslos geworden, und viele haben große Sorge, dass ihnen ein ähnliches Schicksal bevorstehen könnte. Auch die oben genannten Kosten für die Gesundheit derer, die andere medizinische Hilfe benötigen und diese während der Pandemie schwer erhalten konnten, sowie häusliche Gewalt oder Einschränkungen bei der Pflege fallen schwer ins Gewicht.

Eine große Mehrheit auch in unserer Gesellschaft hat diesen Preis bewusst akzeptiert, um Menschenleben und vor allem die Verletzlichsten und Schwächsten in unserer Gesellschaft zu schützen. In diesem Kapitel wurde gezeigt, warum unser starkes Gemeinschaftsgefühl essenziell für die erfolgreiche Begrenzung und Bekämpfung der Pandemie war und ist. Das heißt aber nicht, dass alle Entscheidungen richtig und rational waren und sind. Natürlich wurden viele Fehler gemacht, auf die in den kommenden Kapiteln näher eingegangen werden soll.

Die Frage bleibt, warum unsere Gesellschaft nur in diesen extremen Krisenzeiten ein so hohes Maß an Solidarität und Zusammenhalt aufbringt. Oder anders ausgedrückt: Wenn wir in dieser Pandemie gewillt sind, einen so hohen Preis in Bezug auf wirtschaftlichen Wohlstand und die Einschränkung von Grundrechten zu zahlen, wieso tun wir dies nicht auch in normalen Zeiten? Warum geben sich Staat und Gesellschaft in normalen Zeiten nicht viel mehr Mühe, um das Leben vieler Menschen vor Leid zu schützen, sei es in Bezug auf Gesundheit oder auf Armut?

Ein Beispiel: Im Jahr 2020 sterben in der Welt knapp 600 000 Menschen an Malaria, also mehr Menschen als an Covid-19. Seit Jahrzehnten sterben ähnlich viele Menschen an dieser durch Moskitos übertragenen Krankheit. Fast jeder in Deutschland und Europa hat von Malaria gehört und ist sich bewusst, wie grauenvoll viele Menschen an dieser Krankheit leiden, und auch, dass viele daran sterben.[13] Aber die Krankheit bleibt zu einem großen Teil auf arme und marginalisierte Afrikanerinnen und Afrikaner, häufig Kinder, beschränkt. Wir in Europa müssen uns keine Sorgen machen, an Malaria zu erkranken – wenn wir nicht nach Afrika oder in manche Teile Asiens reisen. Wenn wir solche Reisen unternehmen, gibt es Medikamente, um sich in Hochrisikogebieten zu schützen. Und selbst im schlimmsten Fall der Fälle gibt es Behandlungsmöglichkeiten, sodass die allermeisten überleben können.

Jedes Jahr findet also weltweit eine menschliche Tragödie in der Größenordnung einer Corona-Krise statt. Nur betrifft sie Menschen, die keine Stimme haben, die unsichtbar sind und die den meisten Europäern nicht wichtig genug sind, um ihnen Schutz und Hilfe zukommen zu lassen. Beim Wettlauf um einen Impfstoff gegen Covid-19 scheuen Pharma-Unternehmen und Regierungen keine Kosten, denn der wirtschaftliche und politische Nutzen eines solchen Impfstoffes ist enorm. Was wären Sie als Leserin oder Leser für eine Impfung gewillt zu zahlen – wenn der Staat die Kosten durch das Gesundheitssystem nicht tragen würde?

Die Summe wäre sicherlich nicht gering. Die allermeisten wären wohl bereit, auf eine Urlaubsreise oder größere Anschaffungen zu verzichten. Aber gleichzeitig sind wir nicht gewillt, dies für Menschen zu tun, die weit weg sind, die wir nicht sehen und von deren Leiden wir auch nichts wissen wollen. Dabei gäbe es durch Medikamente und Moskitonetze durchaus einen partiellen Schutz für viele der Opfer von Malaria, deren Kosten für uns in Europa, aber nicht in den betroffenen Ländern, verschwindend gering sind. Zwar gibt es beispielsweise die Bill & Melinda Gates Stiftung, die massiv in die Behandlung von Malaria und anderen Krankheiten in Afrika investiert, aber viele Regierungen tun noch zu wenig.

Man muss aber nicht erst nach Afrika oder Asien gehen, um diese moralisch »blinden Flecken« in unserem Verhalten festzustellen. Jedes Jahr sterben auf Deutschlands Straßen knapp 3000 Menschen durch Verkehrsunfälle. Anfang der 1970er-Jahre waren es noch mehr als 20 000 Opfer. Als Gesellschaft sind wir implizit bereit, diese Opfer zu akzeptieren, weil wir einen hohen Wert auf das Grundrecht der Bewegungsfreiheit und die Eigenverantwortung jedes einzelnen Verkehrsteilnehmers legen. Diese Freiheiten sind wichtig, denn nur durch hohe Mobilität können auch Güter und Leistungen über größere Strecken transportiert werden, kann ein Austausch und ein gegenseitiges Lernen stattfinden, was letztlich zu wirtschaftlichem Wohlstand führt. Dieser ist die Grundlage für ein besseres Gesundheitssystem und ein gesünderes und längeres Leben für die Bevölkerung. Kurzum, auch bei der Frage der Mobilität zeigt sich, dass das Grundrecht auf Leben nicht immer und überall über allen Grundrechten stehen sollte, denn was kurzfristig wie eine Begrenzung dieses Grundrechts aussehen mag, kann langfristig das gleiche Grundrecht sichern und stärken.

Erstaunlich ist jedoch, dass die Gesellschaft mit relativ wenig Aufwand und Beschränkungen viele Menschenleben schützen könnte. So zeigen wissenschaftliche Studien, dass in den letzten zwanzig Jahren jedes Jahr hundert Menschenleben durch ein Tempolimit auf unseren Autobahnen hätten geschützt werden können.[14] Mit minimalen Einschränkungen dieser Grundrechte und keinerlei nennenswerten wirtschaftlichen Kosten hätten also über Jahre und Jahrzehnte Tausende von Menschenleben in Deutschland erhalten werden können. Zumal die Bundesrepublik das einzige Land weltweit ist, in dem es kein Tempolimit auf Autobahnen gibt. Es kann also auch niemand behaupten, ein Tempolimit würde – zumindest im internationalen Vergleich – die Grundrechte unverhältnismäßig beschneiden.

Diese Beispiele zeigen, dass wir als Gesellschaft zahlreiche und schwerwiegende moralische blinde Flecken haben. Mit geringen Eingriffen durch die Politik könnten Leben geschützt, Leiden verringert und andere Grundrechte von Bürgerinnen und Bürgern gestärkt werden. Aber wie kann es sein, dass es diese blinden Flecken in unserer Gesellschaft überhaupt gibt, und wie kann man sie bearbeiten?

Die Identifikation mit den Opfern und den Ursachen ist ein, wenn nicht sogar *der* Hauptgrund dafür, dass eine Gesellschaft in manchen Fällen – wie bei der Bekämpfung des Coronavirus –

enorme wirtschaftliche Kosten und Einschränkungen ihrer Grundrechte akzeptiert, während sie dies in anderen Fällen, wie zum Beispiel in Bezug auf den Straßenverkehr, nicht tut. Praktisch jede Bürgerin und jeder Bürger kann sich mit den Opfern der Corona-Krise identifizieren, da fast jeder Angehörige oder Bekannte hat, die zur Risikogruppe gehören. Und der *identified victim effect* besagt, dass wir höheren Aufwand und Kosten akzeptieren, wenn es sich bei den potenziellen oder tatsächlichen Opfern um Menschen handelt, die uns nahestehen oder nahestehen könnten. Ähnlich verhält es sich bei der Identifikation mit den Ursachen (*identified cause effect*). Wir nehmen ein Problem sehr viel ernster, wenn wir die Ursache klar und eindeutig identifizieren können. Das Coronavirus ist klar zu identifizieren, die Ursache für die Verkehrstoten auf der Autobahn dagegen kaum. Denn es ist ja nicht per se eine zu hohe Geschwindigkeit, die in den meisten Fällen die Ursache für die Verkehrstoten ist, sondern es sind häufig individuelle und persönliche Fehler. Allerdings führen diese Fehler bei einem Tempolimit auch seltener zum Unfalltod.

Hinzu kommt, dass die allermeisten Menschen sehr risikoscheu sind. Gerade in der ersten Phase der Corona-Krise gab es keine verlässlichen Informationen, wie ansteckend das Virus ist, über welche Übertragungskanäle es sich verbreitet, wer besonders bedroht ist und wie hoch die Wahrscheinlichkeit eines tödlichen Verlaufs ist. Bei einer so dramatisch hohen Unsicherheit ist es durchaus verständlich, dass Menschen sich auch den schlimmsten möglichen Fall vorstellen.

Dieser bestand, zumindest in den ersten Monaten, in dem Szenario einer »Durchseuchung« von 70 Prozent der Bevölkerung in Deutschland und mindestens 500 000 Toten. Einige Experten gingen sogar von noch deutlich höheren Opferzahlen aus. Darüber verblassten die optimistischen Szenarien, in denen Mediziner die Auswirkungen mit denen der Grippe (Influenza) 2017/2018 verglichen, bei der, wie bereits erwähnt, immerhin 25 000 Menschen starben.

In der Ethik, der Psychologie und der Verhaltensökonomie sind diese Effekte hinlänglich bekannt und analysiert. Das heißt aber nicht, dass Politik und Gesellschaft sie akzeptieren und tolerieren sollten. Der Fehler von Politik und Gesellschaft ist nicht, dass sie zumindest in der ersten Phase der Pandemie ein so großes Gewicht auf den Schutz von Menschenleben und Gesundheit gelegt haben. Denn diese Abwägung wurde bewusst und unter breiter und intensiver Einbeziehung der Bürgerinnen und Bürger stetig und wiederholt vorgenommen. Der Fehler ist vielmehr, dass in so vielen anderen Fällen Politik und Gesellschaft nicht gewillt sind, auch nur minimal Ressourcen zu mobilisieren, um in der Summe und über die Zeit genauso viele Menschenleben zu retten und Wohlstand, Zufriedenheit, Sicherheit und viele andere gesellschaftliche Ziele zu schützen.

Eine zentrale Lehre aus der Corona-Krise ist daher, dass wir auch in Zukunft viel stärker Probleme identifizieren und thematisieren müssen, um die gesellschaftlichen Ressourcen klüger zu nutzen und dem Anspruch einer humanen Gesellschaft gerecht zu werden. Denn es gibt nach wie vor zu viele moralisch blinde Flecken in unserer Gesellschaft. Die Hoffnung ist, dass die Pandemie uns dazu anregt, ein Opfer für unsere Gemeinschaft und andere Menschen zu bringen und auch in vermeintlich normalen Zeiten offener und großzügiger zu sein.

EINE ERNEUERUNG DES GESELLSCHAFTSVERTRAGS

Die Erfahrung mit der Pandemie hat die Zyniker widerlegt, die behaupten, eine Krise bringe vor allem das Schlechte im Menschen hervor. Wir haben Solidarität und Empathie mit den Mitmenschen erlebt, eine Stärkung des Wir-Gefühls und eine hohe Opferbereitschaft jedes Einzelnen.

Gleichzeitig zeigen sich erhebliche Unterschiede in der Fähigkeit und letztlich im Erfolg, wie Länder und Gesellschaften mit der Pandemie umgegangen sind. Dabei sind wirtschaftlicher

Wohlstand und eine funktionierende Demokratie unzureichend, um zu erklären, warum einige Länder die Krise besser bewältigen konnten als andere. Einige der reichsten und erfolgreichsten Länder wie die USA, Großbritannien oder Italien gehören sogar zu den am stärksten betroffenen. Hier gibt es mit die größte Unzufriedenheit der Bürgerinnen und Bürger mit der Strategie und den Maßnahmen zur Pandemie-Bekämpfung.

Die Wertevorstellungen einer Gesellschaft sind essenziell für eine erfolgreiche Bewältigung der Krise. Gesellschaftsformen, die einen hohen Wert auf Gemeinschaft und den Schutz der Schwächsten legen, konnten die Krise bisher deutlich besser bewältigen. Gesellschaften, die einen sehr hohen Wert auf Individualismus legen, haben in fast jeglicher Hinsicht deutlich stärker unter der Krise gelitten. Das Gleiche gilt für solche, die schwache staatliche Institutionen haben, wie eine Reihe von Entwicklungsländern in Afrika oder Südamerika.

Dies heißt nicht, dass die Betonung von individuellen Freiheiten und Eigenverantwortung nicht wichtig wäre. Gerade während der Öffnungsphase nach dem anfänglichen *Lockdown* waren Länder mit einer hohen Eigenverantwortung des Einzelnen deutlich erfolgreicher. Denn autokratische Regime, die hauptsächlich durch Verbote und die Einschränkungen wichtiger Bürgerrechte reagiert haben, können auf Dauer kaum erfolgreich sein.[15] Auch dies zeigt die Krise: Eine hohe gesellschaftliche Akzeptanz und ein starkes Maß an Legitimierung der politischen Führung sind essenzielle Voraussetzungen für einen dauerhaften Erfolg bei der Krisenbewältigung sowie bei einem Neustart und Wiederaufbau.

Eine starke Demokratie mit einem transparenten und ehrlichen Dialog unter Einbeziehung aller Gesellschaftsgruppen hat sich in der Krise als unerlässlich erwiesen. Zusammen mit der großen gesellschaftlichen Solidarität gehörte und gehört sie zu den wichtigsten Gründen für Deutschlands erfolgreiche Krisenbewältigung bisher. Die Pandemie zeigt also, dass gerade das paneuropäische Gesellschaftsmodell, das einen hohen Wert auf

Gemeinschaft und den Schutz der Schwächsten in einer demokratischen Werteordnung legt, erfolgreicher war als andere Modelle. Es ist Vorsicht geboten, um diese Aussage nicht falsch zu interpretieren. Denn viele andere Elemente in Europa, wie zum Beispiel die Wirtschaftsstruktur und auch Glück, spielen eine ganz entscheidende Rolle bei der Frage, wie gut unterschiedliche Länder bisher durch die Krise gekommen sind. Die wirtschaftlichen, sozialen und wissenschaftlichen Aspekte und deren Rolle in der Krise werden in den kommenden Kapiteln im Detail besprochen.

Die Pandemie ist daher auch eine Chance für einen überfälligen Dialog über unseren Gesellschaftsvertrag, über die Frage, wie wir als Gemeinschaft miteinander und mit anderen leben wollen. Denn es gibt unzählige moralisch blinde Flecken – von Kinderarmut und Diskriminierung von Minderheiten bis hin zu Ignoranz beim Klimaschutz und dem Schutz künftiger Generationen –, die in unserer Gesellschaft ignoriert werden.

TEIL 2: STAAT VERSUS MARKT

»Das Volk versteht das meiste falsch, es fühlt aber das meiste richtig.«

Kurt Tucholsky

Selten zuvor mussten Politik und Staat so plötzlich und so massiv reagieren und eingreifen wie während der Corona-Pandemie. Innerhalb weniger Wochen mussten ganze Gesundheitssysteme gestärkt und zum Teil komplett neu organisiert werden, um die Gesundheitsvorsorge vor dem Kollabieren zu bewahren und eine noch größere menschliche Tragödie zu verhindern. Der *Shutdown* großer Teile der Wirtschaft hat den Staat gezwungen, fast unvorstellbare Summen für Konjunkturprogramme auszugeben, um eine Welle von Unternehmensinsolvenzen, Bankenpleiten und Arbeitslosigkeit zu verhindern. Und die Sozialsysteme konnten vielerorts kaum hinterherkommen, um eine halbwegs ausreichende Grundabsicherung sicherstellen zu können.

Eine zentrale Lehre der Pandemie ist, dass der Staat in Krisenzeiten die einzige Instanz ist, die ein wirtschaftliches, soziales und politisches Chaos verhindern kann und Stabilität und Sicherheit gewährleistet. Selbst viele der größten, stärksten Unternehmen wurden durch die Krise in die Knie gezwungen und mussten nicht selten den Staat um Rettung bitten. Länder wie die USA, deren Gesellschaftsvertrag auf einem dominanten Markt und einem möglichst wenig eingreifenden Staat beruht, haben die Krise, wie wir gesehen haben, sehr viel schlechter gemeistert

als solche mit einem starken Sozialstaat beziehungsweise einem
flexiblen und effizienten Staat mit einem hohen Maß an gesellschaftlicher Verantwortung. Zugleich zeigt sich, dass eine nachhaltige Erholung nur mit
einer gut funktionierenden Marktwirtschaft bewältigt werden
kann. Die Krise hat in allen Ländern einen dauerhaften wirtschaftlichen und sozialen Schaden angerichtet, der nur langsam
wird behoben werden können. Zudem hat sie wichtige, bisher
häufig vergessene Herausforderungen offenbart – von einem
Versagen beim Klimaschutz bis hin zur Notwendigkeit einer
digitalen Transformation – sowie eine mangelnde Funktions-
fähigkeit der sozialen Marktwirtschaft. Letztere manifestiert sich
in fehlendem Vertrauen in staatliche Institutionen und einem
zunehmenden Gefühl der Ungerechtigkeit. Hier gibt es dringender denn je Handlungsbedarf.

Das oben zitierte Aperçu schrieb Kurt Tucholsky vor fast hundert Jahren. In nahezu allen westlichen Gesellschaften haben in
den vergangenen drei Jahrzehnten immer mehr Menschen einen
Teil ihres Vertrauens in den Staat und die Marktwirtschaft verloren. Sie zweifeln, dass der gelebte Gesellschaftsvertrag für sie
funktioniert und in ihrem Interesse ist. Viele Eliten sehen diese
Entwicklungen als Klagen auf hohem Niveau. Denn gerade
Deutschland hat in den letzten zehn Jahren einen Wirtschaftsboom erlebt. Wie können die Menschen da ihr Vertrauen in
Staat und Markt verlieren?

Die Antwort ist, dass viele nicht nur ein Ungerechtigkeits-
empfinden haben, sondern auch die Fakten eine zunehmende
wirtschaftliche und soziale Polarisierung zeigen. Gerade die
Corona-Krise hat Ungleichheiten deutlich verschärft, denn die
schwächsten und verletzlichsten Menschen werden von ihr besonders hart getroffen. Daher ist es vielleicht gar nicht das Volk,
das das meiste falsch versteht, sondern es sind eher die Eliten, die
vor der Realität vieler Bürgerinnen und Bürger ihre Augen verschließen.

Im Sommer 2020 kam es nach dem gewaltsamen Tod des

schwarzen US-Amerikaners George Floyd durch die Polizei in Minneapolis, USA, zu einer Welle von Ausschreitungen und Demonstrationen in der westlichen Welt. Auch in Europa und in Deutschland gab es zahlreiche Demonstrationen, die die *Black Lives Matter*-Bewegung unterstützten und Rassismus und Diskriminierung anprangerten. Die Versuchung ist groß, die Explosion dieses Widerstands und der Empörung als unabhängig von der Corona-Krise zu sehen.

Die Tatsache, dass dieser eine gewaltsame Tod für viele Menschen das Fass zum Überlaufen gebracht hat, könnte jedoch bedeuten, dass die Grenze in Bezug auf das Ertragbare erreicht ist und die Krise die für viele zu starke soziale Polarisierung noch bewusster und akuter gemacht hat. Politik und Gesellschaft sollten daher nicht den Fehler machen zu glauben, dass die Bewältigung der Corona-Pandemie und deren wirtschaftlicher Auswirkungen zu Harmonie und Ausgleich führen werden. Auch in Deutschland funktioniert der Gesellschaftsvertrag für viele Menschen nicht mehr, und sie fordern zunehmend vehement grundlegende Veränderungen im Zusammenwirken von Staat, Markt und Gesellschaft.

Eine zentrale Frage ist daher, wie die soziale Marktwirtschaft als Gesellschaftsvertrag und marktwirtschaftliche Ordnung so reformiert werden kann, dass sie in Zukunft wieder besser und möglichst für alle Bürgerinnen und Bürger funktioniert. Dies erfordert ein neues Rollenverständnis und eine andere Balance zwischen Staat und Markt. Dabei müssen die alten Ideologien des Neoliberalismus und des Neodirigismus gleichermaßen über Bord geworfen werden und Platz machen für eine moderne, inklusive soziale Marktwirtschaft.

KAPITEL 4: DIE ÜBERFORDERUNG
VON STAAT UND MARKT

Die Zahlen sind für viele unvorstellbar: Innerhalb von nur drei Wochen im März 2020 hat die Bundesregierung über 1000 Milliarden Euro oder 30 Prozent der jährlichen deutschen Wirtschaftsleistung oder mehr als das Dreifache des jährlichen Bundeshaushalts an Geldern zur Bekämpfung der Pandemie und dessen wirtschaftlicher Auswirkungen versprochen oder mobilisiert.[16] Während die Bundesregierung in den Jahren zuvor mit großem Stolz wiederholt eine schwarze Null, also Ersparnisse im Bundeshaushalt verkündet hatte, war man nun bereit, in wenigen Monaten so viele neue Schulden zu machen wie zusammengenommen nicht in den letzten drei Jahrzehnten davor. Hatte man noch jedes Jahr intensiv um jede Milliarde Euro für Bildung oder Forschung gefeilscht, so war man nun gewillt, 40 Milliarden Euro für Kurzarbeitergeld oder mehrere Hundert Milliarden für Kreditgarantien aufzubringen.

Wie erfolgreich war die Politik des deutschen Staates in Bezug auf Wirtschaft, Soziales und Gesundheit? Was waren Erfolge und was Fehler? Bei den Antworten ist Vorsicht aus zweierlei Perspektive geboten. Zum einen kann niemand auch nur annähernd verlässlich sagen, wie sich alternative Politikentscheidungen ausgewirkt hätten. Zum anderen mag sich das, was sich in der ersten Phase der Pandemie als effektiv erwiesen hat, in der zweiten Phase des Neustarts und in der dritten der langfristigen wirtschaftlichen Erholung als hinderlich erweisen.

Dabei zeigt sich, dass wir Gefahr laufen, zu optimistisch auf die Chancen einer schnellen wirtschaftlichen Erholung zu schauen, und einen großen blinden Fleck haben in Bezug auf drei zentrale Herausforderungen des Jahrzehnts: Erstens ist die Gefahr groß, dass die Auswirkungen der Krise die notwendige Transformation unserer Wirtschaft, vor allem in Bezug auf Nachhaltigkeit und Digitalisierung, um Jahre blockieren und zurückwerfen. Zweitens besteht ein enormes Risiko einer massiven Welle von Unternehmensinsolvenzen und Bankenpleiten, die den Staat zum größten Eigentümer von Unternehmen seit der Treuhand und der Wiedervereinigung machen könnten. Und drittens haben schon jetzt Ungleichheit und soziale Polarisierung durch die Krise stark zugenommen, was sich weiter verschärfen dürfte – wenn die Politik nicht entschieden gegensteuert.

DIE MACHT UND OHNMACHT DER WIRTSCHAFTSPOLITIK

Deutschland ist, wie gesagt, in vielerlei Hinsicht vergleichsweise gut durch die Krise gekommen, sowohl in Bezug auf Gesundheit und Solidarität als auch wirtschaftlich und sozial. Das liegt, wie wir gesehen haben, an einer Reihe von Faktoren, wie sehr guten und flexiblen staatlichen Institutionen, einem starken Sozialstaat, der eine hohe Absicherung gegen Risiken von Gesundheit oder Arbeitslosigkeit bietet, und einem starken gesellschaftlichen Zusammenhalt mit einem hohen Maß an Solidarität. Vor allem die Wirtschaftspolitik hat in der Krise schnell und massiv reagiert.

Nachdem in Deutschland Anfang März 2020 allen klar geworden war, dass die Pandemie innerhalb weniger Wochen Deutschland massiv treffen würde, hat die Politik in Bund, Ländern und Kommunen ungewöhnlich schnell und stark reagiert. Eine hohe Priorität lag auf der Stärkung des Gesundheitssystems, um die Infizierten in den Krankenhäusern bestmöglich versorgen und ausreichend testen zu können, damit Infektionsherde schnell identifiziert und eine Ausweitung begrenzt werden konnte. Wie im ersten Kapitel beschrieben, war Deutschlands Antwort in Bezug auf Gesundheit im Großen und Ganzen ein Erfolg, vor allem was die Mortalitätsrate derer betrifft, die infiziert wurden und behandelt werden mussten.

Außergewöhnlich war auch die Reaktion der Wirtschaftspolitik. Die Bundesregierung legte nicht nur sehr schnell im März ein umfassendes Paket – einen sogenannten Wirtschaftsstabilisierungsfonds – mit stabilisierenden Maßnahmen auf, auch viele Bundesländer versuchten im Rahmen ihrer Möglichkeiten die lokale Wirtschaft zu stützen. Außergewöhnlich waren sowohl die Schnelligkeit der Bekanntgabe und in vielen Fällen der Umsetzung als auch die Größe der Wirtschaftshilfen.

Im März 2020 beschloss der Bundestag, die Schuldenbremse – die der Bundesregierung lediglich ein kleines Defizit in jedem Haushaltsjahr ermöglicht – für das laufende Jahr außer Kraft zu setzen und einen Nachtragshaushalt von über 150 Milliarden Euro oder fast fünf Prozent der jährlichen Wirtschaftsleistung zu genehmigen. Dem folgte eine Reihe kleinerer Maßnahmen und Pakete, bis im Juni 2020 dann ein weiteres großes Konjunkturpaket mit 130 Milliarden Euro für 2020 und 2021 beschlossen wurde.[17]

Die Wirtschaftspolitik dieser ersten Phase konzentrierte sich vor allem auf drei Ziele: Unterstützung für Unternehmen, um Insolvenzen zu vermeiden, Hilfen für die Sicherung von Arbeitsplätzen und konkrete finanzielle Hilfe für einzelne gesellschaftliche Gruppen, die sie besonders stark benötigten. Vor allem Unternehmen erhielten in der ersten Phase der Pandemie starke und tatkräftige Unterstützung. Schwierig dabei war die Tatsache, dass unterschiedliche Unternehmen jeweils andere Bedürfnisse haben. Ein Geschäft für Sportartikel, das für mehrere Wochen schließen musste, steht vor anderen Herausforderungen als das mittelständische Maschinenbauunternehmen, das Probleme hat, Vorleistungen aus Asien und Exportgarantien zu erhalten. Eine erste Hilfe für Unternehmen waren steuerliche Entlastungen. Dazu zählte die Möglichkeit, anfallende Steuern erst später entrichten zu müssen. Hinzu kam dann recht bald die Möglichkeit von sogenannten »Verlustrückträgen«, bei denen Unternehmen zum Teil die aufgelaufenen Verluste gegen Gewinne und entrichtete Unternehmenssteuern aus den vergangenen Jahren gegenrechnen konnten. Dies ist ein sehr kluges Instrument, da es vielen Unternehmen ermöglichte, recht schnell an Liquidität zu kommen, um ihre Aktivität aufrechterhalten zu können. So konnten beispielsweise Gehälter, Mieten oder andere Kosten weiter entrichtet werden.

Ein zweites Instrument sind Kreditgarantien des deutschen Staates, für die er bis heute viele Hundert Milliarden Euro zur Verfügung stellte. Vor allem kleinere und mittlere Unternehmen in Deutschland finanzieren viele ihrer Ausgaben über Bankkredite. Mit der Pandemie hatten jedoch die Banken, wie bereits erwähnt, große Sorge, ob Kredite überhaupt noch zurückgezahlt werden können. Um Kreditausfälle zu vermeiden, kürzen Banken normalerweise entweder Kreditlinien oder nehmen deutlich höhere Zinsen, um einen Puffer zu haben. Weniger Kredite an Unternehmen können jedoch einen Teufelskreis auslösen: Eine geringere Kreditvergabe schwächt die schon angeschlagenen Unternehmen weiter, da sie Verbindlichkeiten nicht mehr bedienen und nur noch schwer Investitionen tätigen können. Die daraus resultierende wirtschaftliche Abschwächung macht es daher noch schwerer für sie, ihre Bankkredite zu bedienen.

Um diesen Teufelskreis zu durchbrechen, hat der deutsche Staat, zum größten Teil indirekt über die staatliche Förderbank KfW, Garantien für den Fall von Kreditausfällen gegeben. Das Ziel dabei ist es, den Banken zu versprechen, dass sie selbst bei einem Kreditausfall nicht oder nur geringfügig betroffen sind. In einem ersten Programm übernahm der deutsche Staat bis zu 70 Prozent von Kreditausfällen, in einem zweiten in vielen Fällen sogar das komplette Kreditrisiko.

Mit einem solchen Programm von Kreditgarantien werden ganz offensichtlich marktwirtschaftliche Mechanismen ausgehebelt, allerdings mit gutem Grund. Denn die Sorge um die eigene Solvenz aufgrund von Kreditausfällen hatte vielen Banken gar keine andere Wahl gelassen, als Kredite zu reduzieren. Dies zeigt, dass in solch extremen Krisen marktwirtschaftliche Mechanismen nicht mehr funktionieren, sondern der Staat eingreifen muss, wenn er zumindest kurzfristig Schlimmeres – wie in diesem Fall eine Verstärkung der Wirtschaftskrise – verhindern will. Es lässt sich sicherlich einiges an diesen Kreditgarantien kritisieren. Eine komplette Übernahme des Risikos durch den Staat öffnet Tür und Tor für Missbrauch durch Banken, die versuchen könnten, bereits riskante oder faule Kredite aus der Vergangenheit abdecken zu lassen. Und es könnte zumindest kurzfristig helfen, marode Unternehmen zu subventionieren, die eigentlich nicht mehr zu retten sind. All dies sind legitime Kritikpunkte, die im Weiteren besprochen werden sollen.

Als Teil der gigantischen Wirtschaftsprogramme beriet die Bundesregierung auch über die Möglichkeit für den Staat, sich direkt an Unternehmen zu beteiligen. Steuererleichterungen helfen ihnen kaum, wenn die Verluste zu groß sind. Und auch Kreditgarantien mögen nicht ausreichend sein, wenn der Bedarf an Liquidität so riesig ist, dass Banken ihn nicht zur Verfügung stellen können. Daher kann es Fälle geben, bei denen eine staatliche Beteiligung an einem Unternehmen sinnvoll sein kann, weil die anderen genannten Hilfsmechanismen nicht mehr funktionieren.

Trotzdem muss betont werden, dass staatliche Beteiligungen an Unternehmen der Logik einer Marktwirtschaft zunächst einmal zuwiderlaufen. Dabei ist die Unterscheidung zwischen Liquidität und Solvenz eines Unternehmens entscheidend. Wenn es an Liquidität fehlt, also der Finanzierung, um das Geschäft am Laufen zu halten, sollten prinzipiell Banken, Investoren oder andere Unternehmen diese Finanzierung übernehmen, nicht der Staat. Wenn ein Unternehmen ein Problem mit der Solvenz hat, es also auf absehbare Zeit nicht wirtschaftlich und gewinnbringend agieren kann, dann sollte es prinzipiell pleitegehen und schließen. Es kann aber trotzdem Fälle geben, bei denen es für den Staat sinnvoll ist, selbst zum Unternehmer zu werden.

Ein viertes Element zur Unterstützung von Unternehmen waren und sind direkte finanzielle Transfers, von denen vor allem kleinere Unternehmen und Solo-Selbstständige profitiert haben. Einige Bundesländer haben bereits im April 2020 bis zu 15 000 Euro an direkten Transfers ohne Bedingungen an Solo-Selbstständige und Unternehmen mit bis zu zehn Mitarbeiterinnen und Mitarbeitern geleistet. Für viele war dies zwar eine willkommene Hilfe, aber für die meisten auch nur ein Tropfen auf den heißen Stein. Denn auch eine kleine Bäckerei, eine selbstständige Architektin oder unzählige Künstlerinnen und Künstler haben laufende Kosten und müssen ihren eigenen Lebensunterhalt finanzieren. Zwar wurde wiederholt von der Politik nachgebessert, um den Zugang zu Leistungen zu verbessern, aber für viele war und ist es zu wenig, um dauerhaft überleben zu können.

Der zweite große Fokus der Wirtschafts- und Konjunkturprogramme lag auf der Stabilisierung der Beschäftigung und damit der Vermeidung eines starken Anstiegs der Arbeitslosigkeit. Dafür war die Möglichkeit von Kurzarbeitergeld essenziell, wobei Unternehmen die Arbeitszeit ihrer Beschäftigten reduzieren können und für den Ausfall staatliche Gelder erhalten. Für alleinstehende Beschäftigte beträgt dies anfänglich 60 Prozent und für Verheiratete 67 Prozent des Einkommensausfalls, was über die Zeit bis auf 80 Prozent steigen kann und bis zu 24 Monate möglich ist. Für viele Unternehmen war und ist dies eine wichtige Unterstützung, um Beschäftigte nicht entlassen zu müssen. Denn viele haben die Hoffnung, dass das eigene Geschäft bald wieder besser läuft und man die Beschäftigten dann selbst wieder voll finanzieren kann.

Während es in den USA ein solches Kurzarbeitergeld nicht gibt und 40 Millionen Amerikaner im März und April 2020 innerhalb weniger Wochen ihren Job verloren, stieg die beantragte Kurzarbeit in Deutschland innerhalb der ersten beiden

Monate der Pandemie auf über 7 Millionen. Die Arbeitslosigkeit dagegen stieg in den ersten sechs Monaten nach Beginn der Pandemie zwar mit 600 000 immer noch recht kräftig, jedoch deutlich geringer als in den USA und in den meisten anderen Ländern. Somit war auch dieses Element des Wirtschaftsprogramms durchaus erfolgreich bisher. Trotzdem könnte die Zahl der Arbeitslosen in den kommenden Jahren deutlich steigen, wenn Unternehmen realisieren, dass sie dauerhaft weniger Umsatz machen und entsprechend weniger Beschäftigte brauchen oder wenn es zu Unternehmensinsolvenzen kommt. Kurzum, es wäre deutlich zu früh, Entwarnung zu geben in Bezug auf einen starken und anhaltenden Anstieg der Arbeitslosigkeit.

Das dritte Element der Konjunkturprogramme ist die Unterstützung der Konsumentinnen und Konsumenten. Die Unterstützung von Unternehmen durch Kredite, Beteiligungen und Transfers ist nur dann dauerhaft sinnvoll, wenn sich die Konsumnachfrage schnell und nachhaltig erholt, sodass Unternehmen wieder Umsatz machen und gesunden können. Das Kurzarbeitergeld ist dabei nicht nur eine Unterstützung für Unternehmen, sondern auch für Beschäftigte, die dadurch ihren Job behalten und zumindest einen Teil der Verdienstausfälle kompensieren können.

Einige soziale Leistungen wurden in der Krise ausgeweitet und Bedingungen, beispielsweise für den Erhalt von Hartz-IV-Leistungen, erleichtert oder ausgesetzt. Vor allem Familien sollte zudem durch einen Kinderbonus von 300 Euro pro Kind ein wenig geholfen werden, um den Konsum zu stabilisieren. Viele Eltern merken zu Recht an, dass ein wenig mehr Geld kaum reicht als Ausgleich für geschlossene Kitas und Schulen, sodass die damit verbundenen Probleme bei der Vereinbarkeit von Familie und Beruf kaum kompensiert werden können. Aber die Erwartung der Politik war, dass ein solcher Bonus zumindest kurzfristig den Konsum ein wenig stützt.

Ein wichtiges Element zur Entlastung der Konsumenten und Konsumentinnen war die temporäre Absenkung der Mehrwertsteuer, zuerst für die gesamte Gastronomie von 19 Prozent auf 7 Prozent ab Mai 2020 und dann für alle Güter und Dienstleistungen von 19 Prozent auf 16 Prozent beziehungsweise von 7 Prozent auf 5 Prozent für das zweite Halbjahr 2020. Diese Maßnahme, die den deutschen Staat 20 Milliarden Euro kostet, wurde kontrovers diskutiert. Es wurde vermutet, dass viele Unternehmen diese Senkung der Mehrwertsteuer nicht an die Kunden weitergeben würden. Zudem profitierten absolut, in Euro, Menschen mit hohen Einkommen mehr davon. Relativ zum eigenen Einkommen entlastet eine solche Mehrwertsteuersenkung jedoch vor allem Menschen mit geringeren Einkommen.

Die Mehrwertsteuersenkung zeigt eine generelle Problematik in der Reaktion der Wirtschaftspolitik auf die Pandemie – nämlich zwischen Geschwindigkeit und Zielgenauigkeit. Eine Absenkung der Mehrwertsteuer kann sofort umgesetzt werden, und das Geld kommt somit sofort in den Wirtschaftskreislauf, ob es nun den Konsumentinnen und Konsumenten oder den Unternehmen zugutekommt. Aber es ist gleichzeitig ein sehr grobes Instrument, das eben nicht denen am stärksten hilft, die am meisten Hilfe benötigen.

Kaum ein Land hat so riesige Wirtschafts- und Konjunkturprogramme aufgelegt, wie Deutschland es in der Krise getan hat. Wir werden erst in vielen Jahren eine abschließende Bewertung dieser Programme vornehmen können. Das erste Fazit ist jedoch im Großen und Ganzen sehr positiv. Die Politik hat schnell und mutig reagiert, damit Vertrauen geschaffen, viele Unternehmen zumindest zeitweise vor der Insolvenz gerettet und einen starken Anstieg der Arbeitslosigkeit verhindert.

Natürlich lässt sich viel an den Konjunkturprogrammen kritisieren – drei spezifische Bereiche werden im Detail in den kommenden Teilen diskutiert werden –, die Bundesregierung war jedoch flexibel genug, um Probleme frühzeitig zu erkennen und Anpassungen vorzunehmen. Dafür erhielt sie großen internationalen Respekt, denn alle Regierungen weltweit haben mit ähnlichen Problemen zu kämpfen, und wenige haben zumindest in diesen ersten beiden Phasen der Krise so klug und effektiv agiert. Trotzdem dürfen wir keine zu hohen Erwartungen an eine Allmacht des Staates haben. Schätzungen des DIW Berlin zeigen, dass die Wirtschaftsprogramme der Bundesregierung um die zwei Prozent mehr Wirtschaftsleistung im Jahr 2020 und zwei Prozent im Jahr 2021 schaffen werden.[18] Angesichts des möglichen Schrumpfens von bis zu 10 Prozent allein im Jahr 2020 ist dies jedoch vergleichsweise wenig und viel zu gering, um eine tiefe wirtschaftliche Depression vermeiden zu können. Gleichzeitig hat der deutsche Staat eine sehr dominante Rolle in der Marktwirtschaft eingenommen, was viele Risiken birgt und die deutsche Volkswirtschaft in den kommenden Jahren vor große Herausforderungen stellen könnte.

DIE DEUTSCHE ANGST VOR INFLATION

Eine weitverbreitete Sorge in Deutschland bezüglich der massiven Wirtschaftshilfen und Konjunkturprogramme besteht darin, dass es zu hohen Schulden kommen könnte, die letztlich eine Inflation auslösen. Vielleicht auch historisch bedingt durch die Hyperinflation 1923 und die Geldentwertung und Währungsumstellung 1949, scheint sich die Angst vor Enteignung von Sparerinnen und Sparern gerade in der Psyche von uns Deutschen festgesetzt zu haben. Aber müssen wir uns wirklich Sorgen machen, dass uns in den kommenden Jahren eine hohe Inflation bevorsteht? Oder ist nicht vielmehr die Deflation, also fallende Preise, das ungleich größere Risiko?

Neben der Wirtschaftspolitik spielt die Geldpolitik eine ganz entscheidende Rolle in der wirtschaftlichen Dimension dieser Pandemie. Zentralbanken weltweit haben schnell und ungewöhnlich massiv auf die wirtschaftlichen und finanziellen Folgen der Krise reagiert. Sie haben dabei versucht, vor allem aus den Fehlern der globalen Finanzkrise zu lernen. Damals reagierten die meisten Notenbanken zunächst nur zögerlich, um dann von der Krise überrollt und später gezwungen zu werden, massive Maßnahmen zu ergreifen. Das wichtigste Ziel der Zentralbanken war und ist es, die oben beschriebene Ansteckung des Finanzsystems durch die realwirtschaftliche Krise möglichst zu verhindern und gleichzeitig sicherzustellen, dass das Finanzsystem weiterhin die Realwirtschaft finanzieren kann.

Vor allem die Europäische Zentralbank (EZB) hat neben der amerikanischen Notenbank Federal Reserve seit März 2020 eine Reihe von außergewöhnlichen Maßnahmen ergriffen. Zum einen wurden Anforderungen an das Eigenkapital für Banken gelockert und die Liquiditätsvergabe durch geringere Zinsen und großzügigere Zuteilungen erhöht. Damit sollte sichergestellt werden, dass neben den Kreditgarantien der Regierungen die Geschäftsbanken weiterhin Kredite zu günstigen Zinsen an Unternehmen und Konsumentinnen und Konsumenten vergeben konnten.

Zudem hat die EZB, wie auch zahlreiche andere Notenbanken weltweit, Staatsanleihen gekauft, um die Zinsen niedrig zu halten und damit letztlich zu verhindern, dass Unternehmen und Konsumenten deutlich höhere Zinsen auf ihre Kredite zahlen müssen und die Wirtschaft weiter geschwächt wird. Das primäre Mandat der EZB ist es, Preisstabilität in der Eurozone zu gewährleisten. Dies kann sie jedoch nur, wenn Wirtschaft und Finanzsystem stabil sind und die Realwirtschaft ausreichend unterstützt werden kann.

Nicht nur die Konjunkturprogramme der Regierungen, sondern auch die Kaufprogramme der Notenbanken waren in der Krise von bislang schwer vorstellbaren Größenordnungen. Die EZB beschloss im März 2020 ein Notfallprogramm, das sogenannte PEPP (*Pandemic Emergency Purchase Programme*), was bedeutet, dass sie bis zum Sommer 2021 1300 Milliarden Euro oder Staatsanleihen im Wert von mehr als 10 Prozent der gesamten Wirtschaftsleistung der Eurozone aufkauft.

Auch wenn die geldpolitischen Rettungsmaßnahmen der

Notenbanken erst in späteren Jahren abschließend bewertet werden können, deutet vieles darauf hin, dass die Zentralbanken zumindest in der ersten Phase der Pandemie sehr erfolgreich waren. Banken wurden stabilisiert und konnten weiterhin Kredite vergeben, es gab keine systemischen Probleme im Finanzsystem, und Zinsen für Unternehmen und Staaten blieben gering, selbst in den mit am stärksten betroffenen Ländern wie Italien oder Spanien. Ohne Zweifel hat diese Geldpolitik eine entscheidende Rolle gespielt, um eine sehr viel tiefere Wirtschaftskrise zu vermeiden.

Obwohl die Geldpolitik der EZB im internationalen Vergleich nicht ungewöhnlich war, hat sie in Deutschland bei vielen doch zu einer Schnappatmung geführt und eine Welle der Empörung ausgelöst. Die Sorge ist vielfältig: Die Geldpolitik schaffe sogenannte Zombie-Unternehmen und -Banken, verhindere also, dass sich die Wirtschaft in einen notwendigen Erneuerungsprozess begibt. Die Geldpolitik der EZB verleite Staaten dazu, sich zu sehr zu verschulden. Sie verursache niedrige Zinsen, was einer Enteignung der kleinen Sparerinnen und Sparer gleichkomme. Ferner würde die EZB implizit und explizit Risiken der schwächsten Länder der Eurozone auf starke Länder wie Deutschland übertragen. Und diese expansive Geldpolitik schaffe langfristig eine hohe Inflation.

Diese Vorwürfe der deutschen Gegner der EZB wurden durch die Entscheidung des Bundesverfassungsgerichts im Mai 2020 weiter befeuert. Das Gericht in Karlsruhe entschied zum vorherigen PSPP (Public Sector Purchase Programme)-Anleihenkaufprogramm, die EZB müsse die Verhältnismäßigkeit der Ankäufe von Staatsanleihen nachweisen, damit sich die Bundesbank, die Teil des Eurosystems ist, weiter an diesem Programm beteiligen könne. Hinter dieser Entscheidung steckt letztlich die Auffassung der Richterinnen und Richter, die genannten vermeintlichen Kosten der EZB-Geldpolitik seien gewichtiger als deren Nutzen. Kaum war die Entscheidung aus Karlsruhe bekannt geworden, verkündeten die EZB-Gegner die nächsten Klagen, diesmal wegen des PEPP der EZB zur Bekämpfung der Pandemie.

Dies sind fünf der zentralen Vorwürfe, mit denen die EZB in Deutschland zu kämpfen hat, auch gegen das Bundesverfassungsgericht. In den meisten der Vorwürfe steckt ein Funken Wahrheit, auch wenn sie in ihrer Gesamtheit falsch sind. Natürlich wird es in der Realität so sein, dass durch die expansive Geldpolitik eine Zeit lang auch Banken und Unternehmen gestützt werden, die eigentlich nicht überlebensfähig sind. Aber es wird auch einfacher für Regierungen, ihre Programme zur Stützung der Wirtschaft und Verhinderung von Arbeitslosigkeit durch niedrige Zinsen zu finanzieren. Es ist also richtig, dass die Geldpolitik der EZB dazu beiträgt, dass Sparerinnen und Sparer für viele weitere Jahre keine Zinsen auf ihrem Sparbuch bekommen werden.

Die Entscheidung des Bundesverfassungsgerichts und die Kritik der deutschen EZB-Gegner verkennen, dass die EZB ein klares Mandat der Preisstabilität hat, das sie mit ihren Programmen verfolgt und nach europäischen Regeln auch verfolgen muss. Die Gefahr ist groß, dass die ständigen Attacken aus Deutschland die Glaubwürdigkeit der EZB weiter beschädigen und somit ihre Fähigkeit begrenzen, die wirtschaftlichen Auswirkungen der Pandemie zu bekämpfen und den Neustart der Wirtschaft zu unterstützen.

Die geringste Sorge von uns Deutschen sollte eine Inflation infolge der expansiven Geldpolitik sein. Die ungleich größere Gefahr ist die einer Deflation, von fallenden Preisen also, die wirtschaftlich sehr viel schädlicher ist. Denn der starke Einbruch der Wirtschaft und die schwache Nachfrage werden dazu führen, dass Unternehmen ihre Preise werden senken müssen. Niedrigere Preise machen das Leben für Unternehmen jedoch ungleich schwerer, da sie weiterhin Schulden bedienen und Löhne zu festen Bedingungen zahlen müssen. Eine Deflation kann im Extremfall zu einer Überschuldung von Unternehmen beitragen, sie letztlich in die Insolvenz treiben und damit eine wirtschaftliche Erholung von der Pandemie verzögern.

DIE DEUTSCHE ANGST VOR SCHULDEN

Eine zweite deutsche Urangst ist die vor Schulden. Nicht wenige warnen angesichts der riesigen Wirtschaftshilfen der Bundesregierung vor einem starken Anstieg der Staatsschulden, die uns ruinieren könnten. Die Staatsverschuldung sollte für uns Deutsche jedoch die geringste Sorge sein. Ganz im Gegenteil, wir sollten die Fehler der Vergangenheit nicht wiederholen, sondern kluge Schlüsse aus überstandenen Krisen ziehen. So kontrovers dies auch klingen mag, ein durchdachter und kräftiger Anstieg der Staatsausgaben in der Krise ist essenziell auch für einen langfristig soliden Staatshaushalt und einen schnellen Schuldenabbau.

Die massiven Wirtschaftsprogramme werden die Staatsverschuldung Deutschlands von unter 60 Prozent des Bruttoinlandsprodukts (BIP) im Jahr 2019 auf über 70 Prozent im Jahr 2020 und weit darüber hinaus in den Jahren darauf führen. Einen solchen Anstieg der Staatsverschuldung hat es in der Geschichte der Bundesrepublik Deutschland noch nie gegeben – und historisch nur in Kriegszeiten.

Das klingt zuerst einmal besorgniserregend. Viele machen sich Sorgen, dass die höheren Staatsschulden zu höheren Steuern und Abgaben führen werden und der Staat seine Ausgaben für Bildung und viele soziale Leistungen streichen könnte. Das könnte dann vor allem künftige Generationen belasten, die die Schulden wieder abtragen müssten. Allerdings muss das nicht so kommen, wenn wir drei wichtige Lehren berücksichtigen und manchen Irrglauben in der Diskussion korrigieren.

Die erste Lehre ist, dass die relevante Zahl nicht die Staatsverschuldung in Euro oder relativ zur Wirtschaftsleistung ist, sondern was der deutsche Staat an Schuldendienst leisten muss, also was er an Zinsen zahlen muss, um diese Schulden zu bedienen. Japan lebt schon seit fast zwei Jahrzehnten mit einer Staatsverschuldung von mehr als 200 Prozent der Wirtschaftsleistung.

Und das Land tut dies recht gut – mit einem starken Sozialstaat, da der Staat praktisch keine Zinsen auf diese Schulden zahlen muss. Für manche Schwellen- und Entwicklungsländer wie Argentinien kann eine Staatsverschuldung von 30 Prozent relativ zur Wirtschaftsleistung dagegen schon zu einer Staatsinsolvenz und einem Schuldenschnitt führen, da Sparer und Investoren kein Vertrauen in die Regierung haben und somit hohe Zinsen fordern.

2019 hat die Bundesregierung 11,9 Milliarden Euro an Zinsen auf ihre Schulden bezahlt. Das sind 0,4 Prozent der Wirtschaftsleistung oder 0,9 Prozent der gesamten staatlichen Einnahmen. Unter Berücksichtigung der Länder und Kommunen macht diese Quote des Schuldendienstes wenig mehr als 1,3 Prozent der Einnahmen aus. Und diese Quote sinkt seit vielen Jahren, da der Staat auf seine Neuverschuldung mittlerweile negative Zinsen zahlt. Auch das große Wirtschaftsprogramm der Bundesregierung hat daran nichts geändert. Das bedeutet, dass die Investoren trotz oder vielleicht auch gerade wegen des Umfangs des Wirtschaftsprogramms starkes Vertrauen in den deutschen Staat haben, dass diese Schulden in der Zukunft voll und ganz bedient werden. Oder mit anderen Worten: Deutsche Staatsschulden sind mit der sicherste Hafen in einer Welt, die von Wirtschaftskrise und Unsicherheit geprägt ist.

Anders als eine Privatperson muss der Staat seine Schulden nicht irgendwann zurückzahlen, solange er am Ende der Laufzeit der Staatsanleihe die Schulden zu ähnlich niedrigen Zinsen wieder neu aufnehmen kann. Die Wahrscheinlichkeit von künftig stark steigenden Zinsen ist begrenzt, zumal vor allem wir Deutschen viel sparen und sich diese Neigung durch die Alterung unserer Gesellschaft nochmals verstärken dürfte.

Was jedoch dem deutschen Staat nützt, ist der Schaden für viele kleine Sparerinnen und Sparer, die indirekt oder direkt – durch die geringe Verzinsung von Spareinlagen oder Lebensversicherungen – diese Staatsschulden mitfinanzieren. Auch um Ersparnisse innerhalb der Wirtschaft effizienter verteilen zu können, wäre es in der Zukunft gut und wichtig, dass die Zinsen steigen und die Staatsverschuldung wieder sinkt. Die Frage ist, wie die Staatsschulden langfristig wieder fallen und die Zinsen wieder steigen können. Der Staat hat prinzipiell sechs Mechanismen, um seinen Haushalt langfristig zu sanieren: eine höhere Inflation, geringere Ausgaben und Austerität, einen Schuldenschnitt, höhere Steuern, die Monetarisierung der Schulden durch finanzielle Repression oder Wirtschaftswachstum. Der eindeutig beste Weg ist dieser sechste: Wenn mehr Menschen Arbeit finden und die Unternehmen produktiv wachsen, steigen die Steuereinnahmen des Staates. Die Ausgaben für Arbeitslosen-, Sozial- und andere Hilfen können gleichzeitig sinken.

Dies ist die zweite Lehre aus der Vergangenheit: Der deutsche Staat hat während der globalen Finanzkrise seine Ausgaben massiv erhöhen müssen, sodass die Staatsverschuldung von 65 Prozent auf fast 85 Prozent der Wirtschaftsleistung im Jahr 2010 stieg. Durch den Wirtschaftsboom in den 2010er-Jahren – mit Rekordbeschäftigung, mehreren Millionen neuer Jobs und hohen Gewinnen der Unternehmen – konnte Deutschland die Staatsschulden bis 2019 auf unter 60 Prozent drücken. Und dies konnte erreicht werden, ohne Steuern erhöhen oder Sozialausgaben senken zu müssen. Ganz im Gegenteil, die Sozialausgaben wurden in einigen Bereichen in den letzten Jahren deutlich erhöht.

Dieser Erfolg beim Abbau der Staatsschuldenquote ist jedoch nicht nur auf gute Politik, sondern vor allem auf Glück zurückzuführen. Die Deutsche Bundesbank hat berechnet, dass die niedrigeren Zinsen dem deutschen Staat jedes Jahr über 40 Milliarden Euro an Zinsausgaben ersparen. Und die schnelle Erholung der deutschen Wirtschaft von der globalen Finanzkrise war vor allem durch eine boomende Weltwirtschaft und starke deutsche Exporte möglich.

Die dritte Lehre aus der Vergangenheit ist, dass kluge Staatsausgaben entscheidend zu einem Wirtschaftsaufschwung beitragen können. Sie helfen, neue Jobs und Investitionen zu schaffen, und generieren somit letztlich Steuereinnahmen. Höhere Staatsausgaben können sich also langfristig mehr als selbst finanzieren, wenn sie richtig gestaltet werden und die Leistungsfähigkeit von Wirtschaft und Gesellschaft erhöhen. Die massiven Wirtschaftsprogramme der Bundesregierung in der Corona-Krise enthalten kluge Ausgaben, die kurzfristig den Schaden für die deutsche Wirtschaft reduzieren, mittelfristig die wirtschaftliche Leistungsfähigkeit erhöhen und somit langfristig auch einen schnelleren Abbau der Staatsverschuldung ermöglichen.

Diese Argumente zeigen auch, warum die gegenwärtige Diskussion über Steuererhöhungen zur Finanzierung der höheren Staatsschulden nicht nur unsinnig, sondern kontraproduktiv ist. Denn mitten in einer solchen Krise Bevölkerung und Unternehmen höhere Abgaben und Steuern anzudrohen, stärkt nicht das Vertrauen und die Zuversicht in die Zukunft, sondern bremst eher die wirtschaftliche Erholung.

Die Argumente widerlegen auch die Klagen derer, die in der hohen Staatsverschuldung heute eine fehlende Generationengerechtigkeit sehen, also eine Ungerechtigkeit für künftige Generationen. Denn für künftige Generationen dürfte es sekundär sein, ob der Staat 0,5, ein oder gar zwei Prozent an Zinsen auf die Staatsschulden zahlt. Viel wichtiger dürfte es sein, gute Arbeitsplätze, eine intakte Umwelt, eine starke soziale Absicherung zu haben und in einer friedlichen Welt und einer gut funktionierenden Gesellschaft leben zu können.

Manchmal ist Angriff die beste Verteidigung. Und manchmal ist ein starker Anstieg der Staatsausgaben der beste Weg, solide zu haushalten. Die Corona-Krise ist ein solcher Fall. Der deutsche Staat könnte auch in den kommenden Jahren gezwungen sein, weiterhin Geld zur Stabilisierung und zum Wiederaufbau Deutschlands und auch Europas ausgeben zu müssen. Dies ist notwendig, um eine noch größere wirtschaftliche Katastrophe zu verhindern und eine wirtschaftliche Erholung in Deutschland und Europa zu ermöglichen. Dies ist auch der beste Weg, um die Staatsverschuldung in der Zukunft zügig abzubauen und künftige Generationen zu schützen.

TRANSFORMATION UND INVESTITIONEN

Was in den Stabilisierungsprogrammen jedoch vernachlässigt wurde, ist die Perspektive der notwendigen Transformation der deutschen Wirtschaft in Bezug auf Nachhaltigkeit, Klimaschutz und Digitalisierung. Eines der zentralen Risiken der Wirtschaftshilfen in der Krise lautet: Je größer diese Hilfen sind, desto stärker zementieren sie bestehende und überholte Wirtschaftsstrukturen und machen damit eine Transformation schwieriger oder gar unmöglich.

Ein im Jahr 2020 hitzig debattierter Fall ist die Unterstützung für deutsche Automobilhersteller. Die Automobilbranche ist fraglos eine der größten Stützen der deutschen Wirtschaft, die viele gute Jobs in Deutschland sichert und riesige Exporterträge ermöglicht. Die Branche war lange Zeit durch Innovationen gekennzeichnet und hat viele neue Technologien geschaffen. Es ist daher richtig und gut, dass der Staat diese Branche in der Krise unterstützt, um diese Stütze zu bewahren. Zwar gab es in den Konjunkturprogrammen keine Abwrackprämie wie nach der globalen Finanzkrise ab 2009, aber die Mehrwertsteuersenkung und andere Anreize haben vor allem auch den Automobilherstellern geholfen. Allein die zunächst befristete Senkung der Mehrwertsteuer vom 1. Juli 2020 an bedeutet, dass Käuferinnen und Käufer 1500 Euro einsparen können für einen Neuwagen im Wert von 50 000 Euro.

Da die meisten Neuwagen noch immer einen Verbrennungsmotor haben, wird diese Technologie damit in gewisser Weise weiter zementiert. Denn ein Auto, das im Jahr 2020 gekauft wird, wird wahrscheinlich auch 2030 noch auf Deutschlands Straßen fahren, mit allen negativen Konsequenzen für das Erreichen der

Klimaziele und die Gesundheit von Bürgerinnen und Bürgern. Ein solches Konjunkturpaket mag daher kurzfristig die deutsche Wirtschaft stabilisieren helfen, hat aber langfristig möglicherweise auch negative Konsequenzen, wie dieses Beispiel zeigt. Dabei geht es nicht um eine Verteufelung von Autos mit Verbrennungsmotoren, sondern um die Frage, wie eine notwendige Transformation der deutschen Automobilbranche gelingen kann, sodass Arbeitsplätze und Wohlstand nicht zerstört, sondern idealerweise gestärkt werden. Denn wenn es den deutschen Autoherstellern gelingt, als Erste klimafreundliche und autonom fahrende Autos erfolgreich auf die Straße zu bringen, wird diese Branche weltweit ihren Wettbewerbsvorteil und Marktanteil ausbauen können. Wenn sie diese Transformation jedoch verschläft und andere Hersteller sich als am innovativsten und erfolgreichsten erweisen, wird die Branche in Deutschland leiden oder im Extremfall gar zugrunde gehen.

Klimaschutz und Wettbewerbsfähigkeit sind daher keine Widersprüche, sondern langfristig zwei Seiten derselben Medaille. Dies zeigt auch, dass sich ein kluges Wirtschaftsprogramm in dieser Krise nicht nur auf die kurzfristige Stabilisierung und Bewahrung des Status quo beschränken darf. Die beiden Konjunkturprogramme der Bundesregierung im Jahr 2020 sind deshalb zwar durchaus gut und richtig, aber sie sind nicht ausreichend und könnten sich sogar als kontraproduktiv erweisen, wenn sie nicht durch kluge Programme zur Stärkung von Zukunftsinvestitionen und der Transformation der deutschen Wirtschaft in Bezug auf Digitalisierung und Nachhaltigkeit ergänzt werden. Stabilisierung und Strukturpolitik dürfen also nicht separat betrachtet, sondern müssen von der Politik zusammen gedacht werden.

Die vielleicht größte Schwäche der deutschen Wirtschaftspolitik heute ist, dass wir die Wettbewerbsfähigkeit und Zukunftschancen überschätzen und zu lange die Schwächen ignoriert haben. Deutschland hat wirtschaftlich ein goldenes Jahrzehnt der 2010er-Jahre erlebt. Die Wirtschaft konnte sich dank eines

Exportbooms recht schnell von der globalen Finanzkrise 2008/2009 erholen und hat in dem Jahrzehnt einen wahren Beschäftigungsboom erlebt mit mehr als 4 Millionen neuer Arbeitsplätze, einem recht starken Wirtschaftswachstum und der Bewahrung oder gar Stärkung von Marktanteilen im globalen Wettbewerb. Dank des Wirtschaftsbooms, steigender Steuereinnahmen und geringer Zinsen konnte der deutsche Staat nicht nur seine Schulden abbauen, sondern zugleich auch die Sozialausgaben deutlich erhöhen.

Der blinde Fleck der deutschen Wirtschaftspolitik ist und bleibt die große Investitionsschwäche. Sowohl öffentliche als auch private Investitionen sind trotz des Booms auf einem niedrigen Niveau verblieben und nur geringfügig gewachsen. Jeder sieht dies im tagtäglichen Leben: eine marode Verkehrsinfrastruktur, verfallene Schulen und öffentliche Einrichtungen. In Bezug auf Glasfaser und Breitbandausbau verfügt Deutschland über eine der schlechtesten digitalen Infrastrukturen in ganz Europa, und trotz zahlreicher Versprechen und großer Ankündigungen hat sich daran bisher wenig geändert.

Dabei lenkt die deutsche Obsession bezüglich einer Schuldenaufnahme vom wirklichen Problem ab, nämlich den schrumpfenden öffentlichen Vermögen. Ein Schuldenabbau ist kein Erfolg, wenn er durch einen systematischen Verfall öffentlicher Vermögen und Infrastrukturen erkauft wird. Die Nettoinvestitionen des deutschen Staates sind in den letzten zwanzig Jahren jedoch zumeist negativ gewesen. Das bedeutet, dass die Neuinvestitionen noch nicht einmal den Wertverfall der öffentlichen Infrastruktur und anderer Vermögen kompensieren können. Mit anderen Worten: Der deutsche Staat lebt seit zwanzig Jahren von seiner Substanz.

Der Wert des öffentlichen Kapitalstocks schrumpft und steht somit weder der Wirtschaft noch künftigen Generationen zur Verfügung. Das ist ein zunehmendes Problem für die private Wirtschaft in Deutschland. Denn eine gute Verkehrsinfrastruktur, leistungsfähige digitale Netze, ein exzellentes Bildungssystem und hervorragende Rahmenbedingungen für Innovation sind essenziell, damit Unternehmen in Deutschland produktiv sein, gute Jobs schaffen oder erhalten und im globalen Wettbewerb bestehen können.

Der Verfall des öffentlichen Kapitalstocks ist zudem ein Problem für Daseinsfürsorge und Zukunftschancen künftiger Generationen, wie Mariana Mazzucato und die Expertenkommission zur Stärkung von Investitionen Deutschland immer wieder gezeigt haben. Nicht nur höhere Staatsschulden, sondern auch ein schlechterer öffentlicher Kapitalstock sind Belastungen für künftige Generationen.

Das zweite Element der Investitionsschwäche in Deutschland sind die niedrigen privaten Investitionen. Nicht nur die geringen öffentlichen Investitionen und Schwierigkeiten mit der öffentlichen Infrastruktur sind dabei ein Problem für Unternehmen, sondern auch die Rahmenbedingungen. Regulierung, die Qualität der Bürokratie, der Zugang zu Finanzierung und die politische Unterstützung im globalen Wettbewerb sind essenzielle Voraussetzungen, damit Unternehmen investieren und erfolgreich sein können.

Wissenschaftliche Studien zeigen, dass vor allem aus diesen Gründen in Deutschland um die 100 Milliarden Euro oder drei Prozent der Wirtschaftsleistung jährlich an privaten Investitionen fehlen. Das klingt nach einer riesigen Summe, ist aber eine verhältnismäßig kleine im Vergleich zu den riesigen Nettoersparnissen, die deutsche Unternehmen und Sparerinnen und Sparer jedes Jahr anhäufen, betrugen diese in den meisten Jahren doch um die 250 Milliarden Euro oder mehr als sieben Prozent der Wirtschaftsleistung. Das bedeutet, dass viele Unternehmen nicht in Deutschland investieren wollen, sondern lieber im Ausland oder ihr Geld an ausländische Unternehmen oder Staaten verleihen. Geringe Investitionen in Deutschland führen dazu, dass Innovation und Produktivitätswachstum nur gering sein können und die deutsche Wirtschaft damit Gefahr läuft, im internationalen Wettbewerb ins Hintertreffen zu geraten.

Wenn die Transformation der deutschen Wirtschaft im Hinblick auf Digitalisierung und Nachhaltigkeit also gelingen soll, müssen die öffentliche und die private Investitionsschwäche behoben werden. Daher ist es wichtig, dass die Konjunkturprogramme durch ein Investitionsprogramm für Zukunftstechnologien und Nachhaltigkeit ergänzt werden. Ansonsten laufen sie Gefahr, sehr bald zu verpuffen und die Transformation der deutschen Wirtschaft eher zu erschweren.

Die dringendste Herausforderung ist die Transformation in Bezug auf Nachhaltigkeit und Klimaschutz. Deutschland ist in den vergangenen Jahren hinter seinen Verpflichtungen und Ansprüchen zurückgeblieben und hat wichtige Klimaziele verfehlt. Die katastrophalen wirtschaftlichen, sozialen und politischen Auswirkungen des durch Menschen verursachten Klimawandels sind offensichtlich und von niemandem mehr zu leugnen. Gegner von stringenteren Maßnahmen zum Klima- und Umweltschutz sind der Auffassung, dass dem Land dadurch ein hoher wirtschaftlicher Schaden zugefügt würde. Denn wenn deutsche Unternehmen für die vollen Kosten ihrer Produktion aufkommen und sich stärkeren Auflagen unterziehen müssten, würden diese Unternehmen im globalen Wettbewerb nicht Schritt halten können und ultimativ scheitern.

Dies ist nicht nur eine kurzsichtige, sondern eine grundlegend falsche Behauptung. Auch vergleichsweise ärmere Länder wie China haben die Zeichen der Zeit erkannt und investieren massiv in Technologien und Wirtschaftsmodelle, die umweltschonend und klimaneutral sind. Die Frage ist daher nicht, ob diese Transformation stattfinden wird, sondern lediglich, ob deutsche Unternehmen sie erfolgreich meistern und sich im globalen Wettbewerb behaupten. Die Politik schadet also nicht der deutschen Wirtschaft, wenn sie den Unternehmen härtere Auflagen in Bezug auf den Klimaschutz macht; eine solche Regulierung kann der deutschen Wirtschaft vielmehr helfen, sich im globalen Wettbewerb zu behaupten, wenn sie transparent, inklusiv und langfristig angelegt ist.

Ein Investitionsprogramm der Bundesregierung sollte zudem auch direkte finanzielle Unterstützung für den digitalen und klimaneutralen Umbau der Industrie enthalten. Allein für eine weitgehend CO_2-freie Industrieproduktion wird bis zum Jahr 2050 mit zusätzlichen Investitionen von 230 Milliarden Euro gerechnet. Auch bei der Energieeffizienz und der energetischen Gebäudesanierung, die private Haushalte und den Staat jährlich mehr als 10 Milliarden Euro kosten wird, kann die Politik diese Transformation durch finanzielle Anreize unterstützen.

Und auch bei der Technologieentwicklung, beispielsweise in Bezug auf erneuerbare Energien und eine effektive Produktion und Nutzung von »grünem« Wasserstoff, sind erhebliche öffentliche Investitionen notwendig und wünschenswert. Die Bundesregierung hat beispielsweise bereits begonnen, die Batterieproduktion für E-Mobilität zu unterstützen. Eine nachhaltige Verkehrswende für den Ausbau des öffentlichen Nah- und Fernverkehrs erfordert genauso Investitionen wie der Ausbau der Fahrradinfrastruktur.

Ein zweiter wichtiger Zukunftsbereich ist die Digitalisierung, die einerseits leistungsfähige digitale Netze und andererseits eine digitale Transformation vor allem bei kleinen und mittleren Unternehmen (KMU) erfordert. Vor allem der Mittelstand in Deutschland tut sich schwer, digitale Prozesse zu implementieren, um die Produktivität zu steigern und neue Märkte erschließen zu können. Aber auch in der Forschung und Entwicklung stehen mittelständische Unternehmen unter enormem Druck, haben jedoch auch große Chancen, neue Felder zu erschließen. Es ist nicht so, dass die Politik das Rad neu erfinden muss. Es gibt viele Fördermöglichkeiten, die gerade in dieser Krise deutlich gestärkt werden sollten, um einerseits Unternehmen zu stabilisieren und ihnen andererseits bei der Transformation aktiv zu helfen.

Die Gefahr ist groß, dass die Corona-Krise zu einer Transformationsbremse wird und den alten Status quo auf weitere Jahre hinaus zementiert. Die Krise ist jedoch auch eine Chance, den

Transformationsprozess zu beschleunigen, da zusätzliche öffentliche und private Investitionen erforderlich und möglich sind. Stabilisierung und Transformation sind auch in diesem Fall kein Widerspruch, sondern zwei Seiten einer Medaille.

EINE WELLE VON UNTERNEHMENSINSOLVENZEN

Das zweite große wirtschaftliche Risiko der kommenden Jahre ist ein Kollabieren vieler Unternehmen und ganzer Branchen, was den Staat noch stärker als bisher zwingen oder verleiten könnte, sich an privaten Unternehmen zu beteiligen oder diese gar zu übernehmen. Viele erinnern sich an die erste Zeit nach der Wiedervereinigung, als sich große Teile der ostdeutschen Wirtschaft in staatlicher Hand befanden und versucht wurde, sie über die Treuhand zu privatisieren. Es wurden damals zahlreiche Fehler begangen, die an dieser Stelle nicht besprochen werden können. Es besteht jedoch ein reales Risiko, dass der deutsche Staat sich in einigen Jahren in einer ähnlich schwierigen Situation befinden könnte, wenn er viele Unternehmensbeteiligungen hat.

In den ersten Monaten der Corona-Krise war die Anzahl der Unternehmensinsolvenzen geringer als im vergleichbaren Zeitraum der Vorjahre. Das mag auf den ersten Blick erstaunlich sein, ist jedoch das Resultat einer wichtigen rechtlichen Veränderung, die es Unternehmen anfänglich erlaubte, Bekanntgaben von Insolvenzen bis zum 30. September 2020 zu verzögern. In normalen Zeiten müssen Unternehmen umgehend eine Insolvenz anmelden, damit die Interessen der Gläubiger gewahrt bleiben und es zu keiner Insolvenzverschleppung kommt. In den ersten Monaten der Corona-Krise jedoch hatten viele Unternehmen kaum mehr Umsätze und wären damit praktisch insolvent gewesen. Die Verzögerung der Insolvenzmeldepflicht sollte ihnen beim Neustart eine zweite Chance geben. Eine Reihe von Finanzhilfen könnte aber auch das eine oder andere Unternehmen dazu verleitet haben, diese Transfers erst einmal mitzunehmen, auch wenn die Chancen auf ein Überleben gering sind.

Dies lässt befürchten, dass es im zweiten Halbjahr 2020 und im Jahr 2021 eine massive Welle von Unternehmensinsolvenzen geben wird. Das Schrumpfen der Wirtschaft um 20 Prozent im zweiten Quartal 2020 und eine nur schleppende Erholung, die zwei bis drei Jahre dauern könnte, bis die Wirtschaftsleistung wieder auf dem Niveau vor der Krise ist, bedeuten, dass viele Unternehmen auf Jahre hinaus weniger Umsätze haben und sich anpassen müssen. Einige Branchen mögen eine schnelle Erholung erleben, für andere könnte es auch auf fünf oder zehn Jahre hinaus schlecht aussehen. Denn viele Menschen werden ihr Verhalten und ihre Konsumnachfrage verändern. Viele werden nicht mehr so viel reisen oder größere Veranstaltungen meiden. Dies bedeutet für Fluglinien, Hotels, Gastronomie und Reiseveranstalter einen auf Jahre hinaus geringeren Umsatz.

Hinzu kommt, dass viele Unternehmen sich in der ersten Phase der Krise massiv verschulden mussten. Die oben genannten Kreditgarantien der Konjunkturprogramme halfen vielen Unternehmen in den ersten Monaten, weiterhin Gehälter zu zahlen und andere Kosten bestreiten zu können. Unternehmen können aber nicht dauerhaft von Krediten leben. Wenn Einnahmen langfristig wegfallen, werden viele Unternehmen früher oder später unweigerlich Insolvenz anmelden müssen. Selbst im günstigsten Fall, wenn es keine zweite Ansteckungswelle und eine zügige Erholung der Weltwirtschaft geben sollte, werden wir in den kommenden Jahren einen deutlichen Anstieg von Unternehmensinsolvenzen erleben.

Wie soll die Politik in Deutschland mit Unternehmensinsolvenzen umgehen? Wann soll sie Unternehmen retten und langfristig stützen? Es gibt hier keine generellen Antworten, sondern nur eine Reihe von Kriterien, anhand derer die Bundesregierung entscheiden kann, ob sie Unternehmen Geld aus ihrem bisher 100 Milliarden Euro schweren Beteiligungsfonds zukommen lässt oder nicht.

Ein erstes Kriterium ist die strategische Bedeutung eines Unternehmens oder einer Branche für Deutschland als Wirtschaftsstandort. Die Lufthansa-Rettung, die im Juni 2020 beschlossen wurde – mit einer 20-prozentigen Beteiligung des deutschen Staates und öffentlichen Krediten –, ist ein Beispiel dafür, warum es klug sein kann, sich an Unternehmen zu beteiligen. Denn durch die Lufthansa bleibt Deutschland ein wichtiger globaler Verkehrsknoten, was vielen anderen Branchen direkt oder indirekt hilft. Ein zweites Kriterium ist die Größe des Unternehmens. Die Schieflage von Lufthansa oder eines Autoherstellers würde Hunderttausende von Arbeitsplätzen gefährden und somit einen extrem großen wirtschaftlichen und sozialen Schaden verursachen. Der Schutz der Arbeitsplätze ist eine wichtige und auch legitime Motivation für den Staat, private Unternehmen zumindest temporär zu stützen.

Die Verhinderung von systemischen Krisen und Dominoeffekten ist ein dritter Grund für die Übernahme eines Unternehmens durch den Staat. Die Pleite eines großen Unternehmens kann zu Dominoeffekten bei Zulieferern führen. Das typische Beispiel für systemische Krisen ist die globale Finanzkrise, denn gerade Finanzinstitutionen kommt eine systemische Rolle in Volkswirtschaften zu. Die bereits erwähnte Pleite der Investmentbank Lehman Brothers im September 2008 war der Auslöser für eine bis dahin nie da gewesene Wirtschaftskrise, obwohl diese Bank von der Größe her nicht so bedeutsam war. Aber sie war ein wichtiger Partner im Finanzsystem, sodass die Pleite zu Panik und einem dysfunktionalen Finanzsystem weltweit geführt hat.

Wie oben beschrieben, ist die Gefahr groß, dass sich die realwirtschaftliche Krise der Pandemie früher oder später auf das Finanzsystem auswirken wird und im Extremfall zu einer Finanzkrise beitragen könnte. Viele Banken in Europa waren schon vor der Krise nicht gut aufgestellt und hatten die Auswirkungen der globalen Finanzkrise kaum verdaut. Auch wenn die Unter-

stützung der Bevölkerung für Bankenrettungen in Deutschland
gering sein mag, dürfte der Bundesregierung kaum eine andere
Wahl bleiben, als Banken zu stützen und sich an ihnen zu beteiligen, wenn es keine anderen Alternativen gibt. Sie hat dies zu
einem erheblichen Maße auch während der globalen Finanzkrise
getan.

Ein viertes Kriterium sind die Synergie-Effekte von Branchen
und Unternehmen. Unternehmen, die Schlüsseltechnologien entwickeln oder wichtige Zukunftsbranchen besetzen, sind für eine
gesamte Volkswirtschaft wichtig. Ein Beispiel dafür sind viele
Start-up-Unternehmen, die helfen sollen, die deutsche Volkswirtschaft in wichtigen Zukunftsbranchen wie den digitalen
Dienstleistungen oder den Informations- und Kommunikationstechnologien (IKT) fit zu machen.

Zu Beginn der Krise hat die Bundesregierung deshalb einen
sogenannten Matching-Fonds aufgelegt, bei dem der Staat bis zu
70 Prozent des erforderlichen Kapitals für junge Unternehmen
beisteuern kann, wenn sich ausreichend private Investoren finden. Der Hintergrund ist, dass Jungunternehmer häufig keinen
Zugang zur traditionellen Finanzierung über Bankkredite oder
Kapitalmärkte haben und somit auf Investitionen in Form von
Eigenkapital durch Privatinvestoren oder eben den Staat angewiesen sind.

Ein wichtiges Beispiel für Finanzhilfen in der Corona-Krise
sind die 80 Millionen Euro für *CureVac*, das als eines der wenigen europäischen Unternehmen aussichtsreich an einem Impfstoff gegen das Coronavirus forscht. Obwohl 80 Prozent des Unternehmens dem SAP-Gründer Hopp gehören und die Finanzierung per se kein Problem darstellt, wollte die Bundesregierung
durch ihre Beteiligung verhindern, dass sich ausländische Regierungen oder Unternehmen an einem deutschen Unternehmen
beteiligen oder dieses gar übernehmen, das für Deutschland als
systemisch wichtig angesehen wird.

Das fünfte Kriterium für staatliche Unterstützung oder Beteiligung an Privatunternehmen ist die Sicherung der Daseinsfürsorge. Dies kann den öffentlichen Nahverkehr betreffen oder die medizinische Versorgung, die gerade in dieser Krise von Bedeutung ist. Der Staat hat dabei verschiedene Instrumente, um Privatunternehmen zu unterstützen: Kredite oder Kreditgarantien, direkte finanzielle Transfers und Steuererleichterungen, eine direkte öffentliche Nachfrage, um für das Unternehmen neuen Umsatz zu generieren, regulatorische und rechtliche Erleichterungen oder eine direkte staatliche Beteiligung, wobei der Staat letztlich zum Eigentümer oder Miteigentümer des privaten Unternehmens wird.

Wenn man diese fünf Kriterien anlegt, stellt man schnell fest, dass viele deutsche Unternehmen – nicht nur Großunternehmen, sondern auch im Mittelstand – eines oder mehrere dieser Kriterien erfüllen. Wenn man berücksichtigt, mit wie viel Geld der Staat in der globalen Finanzkrise deutsche Banken gestützt hat und wie viel tiefer demgegenüber die Corona-Krise ist, dann ist es nicht unwahrscheinlich, dass der deutsche Staat in den kommenden Jahren Miteigentümer von zahlreichen Unternehmen werden wird. Auch wenn am Anfang der Krise die Summe für die Staatsbeteiligungen an Unternehmen auf 100 Milliarden Euro begrenzt war, könnte die Bundesregierung recht bald gezwungen sein, auch weit über diese Summe hinauszugehen. Allein die Lufthansa erhielt eine Beteiligung und Kredite in Höhe von knapp 9 Milliarden Euro, und viele andere Unternehmen werden genauso gute Gründe für ihre Forderung nach staatlicher Unterstützung haben.

Um eines klar zu betonen: Staatsbeteiligungen an Privatunternehmen hebeln in den allermeisten Fällen die Prinzipien einer Marktwirtschaft aus. In einigen Fällen sind sie aber durchaus sinnvoll, vor allem wenn es sich um natürliche Monopole bei der Daseinsfürsorge handelt. Der deutsche Staat wird in den kommenden Monaten und Jahren gar keine andere Wahl haben, als sich an zahlreichen privaten Unternehmen zu beteiligen, um eine noch tiefere wirtschaftliche Depression zu vermeiden.

Eine staatliche Beteiligung an privaten Unternehmen führt zu vielen potenziellen Problemen. Der Staat ist in den allermeisten Fällen eben nicht der bessere Unternehmer, der Innovation fördert oder erfolgreich wirtschaftet. So war es beispielsweise der Lufthansa wichtig, dass der Staat sich zwar finanziell beteiligt, aber die meisten Unternehmensentscheidungen nicht blockieren kann.

Die Corona-Krise zeigt auch, dass staatliche Hilfen für Privatunternehmen dem Missbrauch durch Eigentümerinnen und Eigentümer Tür und Tor öffnen. So haben zahlreiche Unternehmen von Kurzarbeitergeld und Kreditgarantien des Staates profitiert, sich aber gleichzeitig große Dividendenausschüttungen genehmigt und dem Management zum Teil hohe Boni für vergangene Leistungen zugestanden. Die Verlockung der privaten Eigentümer ist also groß, die Gewinne in guten Zeiten zu privatisieren, die Verluste in Krisenzeiten jedoch zu sozialisieren und letztlich die Steuerzahler daran zu beteiligen. Die Geschwindigkeit, mit der viele der Wirtschaftshilfen in den ersten Monaten der Krise geleistet wurden, hat viel Missbrauch möglich gemacht. Und wir werden wahrscheinlich noch viele Jahre mit zahllosen Rechtsstreitigkeiten erleben, bei denen versucht werden wird, die Unternehmen für einen solchen Missbrauch in Haftung zu nehmen.

Ein weiteres Problem von Staatsbeteiligungen an Unternehmen ist eine mögliche Verzerrung des Wettbewerbs. Finanzhilfen für die Lufthansa bedeuten, dass andere private Fluglinien, die keine Staatshilfen erhalten, im Nachteil sind und im Extremfall dadurch selbst in die Insolvenz getrieben werden könnten. Zumindest verringern staatliche Hilfen den Wettbewerb, was letztlich zu höheren Preisen und weniger Vielfalt im Markt führt. Die Konsumentinnen und Konsumenten – und nicht nur die Steuerzahlerinnen und Steuerzahler – können schnell zu den Leidtragenden von verzerrenden staatlichen Interventionen werden. Deshalb ist es verständlich und richtig, dass die EU-Kommission und die Wettbewerbskommissarin Margrethe Vestager die Staatshilfen für die Lufthansa und die 100-prozentigen staatlichen Kreditgarantien kritisiert und begrenzt haben.

Das vielleicht größte langfristige Risiko ist, dass Staatsbeteiligungen an privaten Unternehmen die Transformation der deutschen Wirtschaft in Bezug auf Klimaschutz, Nachhaltigkeit und Digitalisierung bremsen könnten. Denn nicht alle Unternehmen, die staatliche Unterstützung erhalten, werden langfristig überleben können. Die Gefahr ist daher groß, dass Staatsbeteiligungen zahlreiche sogenannte Zombie-Unternehmen und -Banken schaffen, die aus eigener Kraft langfristig im Markt nicht bestehen könnten. Diese Unterstützungen werden somit nicht nachhaltigen Unternehmen im Markt zugutekommen und die Entstehung neuer, innovativer Unternehmen verhindern oder zumindest bremsen. Das Resultat sind eine geringere wirtschaftliche Dynamik, eine langsamere Transformation und ein langfristiger Verlust der Wettbewerbsfähigkeit.

Wie kann dieser Konflikt zwischen dem legitimen Wunsch nach und der Notwendigkeit von Staatsbeteiligungen an Unternehmen vereinbart werden mit einer Begrenzung dieser Risiken und Kosten der massiven Marktverzerrungen? Eine sinnvolle Antwort wäre die Schaffung eines Deutschlandfonds, bei dem der Staat seine Beteiligungen und Forderungen gegenüber privaten Unternehmen zentralisiert und professionell managen lässt. Das Ziel sollte es dabei sein, eine ausgewogene Balance des Schutzes öffentlicher Interessen von Steuerzahlern und einer funktionierenden privaten Marktwirtschaft mit einem gesunden Wettbewerb zu ermöglichen.

Das mag bei einigen Leserinnen und Lesern die Erinnerung an die Treuhand in den 1990er-Jahren wecken, die vor allem für die Privatisierung ostdeutscher Unternehmen verantwortlich war. Dies war eine schwierige Phase in der deutschen Geschichte und vor allem für viele ostdeutsche Bürgerinnen und Bürger mit schmerzvollen Erfahrungen verbunden. Es wurden zweifelsohne viele Fehler begangen, die beim Ausstieg aus den staatlichen Beteiligungen nach der Corona-Krise nicht wiederholt werden dürfen.

Wie schwierig ein Ausstieg aus Staatsbeteiligungen sein kann, zeigt das Beispiel der Commerzbank, die im Zuge der globalen Finanzkrise massive staatliche Unterstützung erhielt, die der Staat bis heute allerdings nicht zurückfordern konnte, da die Sorge groß war, die Commerzbank könnte dadurch in Schieflage geraten.

Eine kluge Ausgestaltung eines Deutschlandfonds ist jedoch auch eine Chance, eine gesunde Balance zwischen Stabilisierung und Unterstützung der notwendigen Transformation der Wirtschaft zu gestalten. Die Bundesregierung sollte daher dringend Grundsätze und Bedingungen festlegen, die Unternehmen für staatliche Beteiligungen und Hilfen, die über das übliche Maß hinausgehen, erfüllen müssen.

Zu diesen Bedingungen sollte gehören, dass Unternehmen ihre Steuern in Deutschland zahlen und hierzulande erwirtschaftete Erträge nicht in Steueroasen oder Niedrigsteuerländern abrechnen. Es ist zum Teil verständlich, dass Unternehmen im globalen Wettbewerb versuchen, ihre Steuerlast zu minimieren. Im Gegenzug muss aber auch klar sein, dass ein Staat – und letztlich die Steuerzahlerinnen und Steuerzahler – keine Unternehmen rettet, die ihre gesellschaftliche Verantwortung nicht übernehmen. Dazu gehört, dass Gewinne nicht privatisiert und Kosten und Risiken nicht sozialisiert werden dürfen. Eine solche Asymmetrie ist mit einer funktionierenden Marktwirtschaft nicht vereinbar, sondern schlichtweg Missbrauch.

Ein zweites Kriterium für staatliche Hilfen und Beteiligungen muss darin bestehen, dass sich sowohl Eigentümer als auch das Management angemessen an der Rettung des Unternehmens beteiligen. Dividendenausschüttungen an die Eigentümer ab März 2020, als die wirtschaftlichen Kosten der Corona-Krise also bereits absehbar waren, sollten genauso verboten sein wie Boni für das Management.

Dänemark und Frankreich sind mit gutem Beispiel vorangegangen und haben staatliche Hilfen für Unternehmen verweigert, die ihre Steuerlast in Steueroasen verlagert oder sich Dividendenausschüttungen gegönnt hatten. Die Bundesregierung dagegen war viel zu lax und großzügig, indem sie kaum Bedingungen für Staatshilfen gestellt hat. Nachhaltigkeit und Klimaschutz sollten ein drittes Kriterium für staatliche Hilfen sein. Wie bereits analysiert, muss der Fortschritt eines Unternehmens in Bezug auf Nachhaltigkeit und Klimaschutz nicht zu weniger Wettbewerbsfähigkeit und Effizienz führen, sondern kann zu einer Stärkung der Wettbewerbsposition beitragen. Leider hat die Bundesregierung auch dies in ihren Staatshilfen und Unternehmensbeteiligungen vernachlässigt. Frankreich hingegen hat beispielsweise Hilfen für Air France und den Automobilsektor an Verbesserungen im Klimaschutz gekoppelt. So müssen französische Anbieter bis 2025 eine Million emissionsfreie Autos produzieren und sich an der Entwicklung der Batterietechnik aktiv beteiligen.

Mit ihrem Konzept der Industriepolitik hat die Bundesregierung wiederholt signalisiert, dass sie die Transformation in Bezug auf Digitalisierung, Klimaschutz und Innovation als eine hohe Priorität ansieht. Daher ist es höchste Zeit, ihre Strategie anzupassen und ihre Beteiligungen an Unternehmen strategisch und mit einer langfristigen Perspektive auszurichten. Damit könnte eine Insolvenzwelle nicht nur abgemildert werden, eine kluge Ausgestaltung und ein effizientes Management eines Deutschlandfonds würden vielmehr auch die wirtschaftliche Transformation nachhaltig unterstützen.

Als Fazit lässt sich feststellen, dass die Corona-Krise zu einer massiven Verschiebung der Balance zwischen Staat und Markt geführt hat. Diese Unwucht könnte sich in den kommenden Jahren nochmals deutlich verschärfen. In einer so tiefen Wirtschaftskrise ist der Staat die letzte Instanz, und selbst die größten und stärksten Unternehmen sind auf seine Unterstützung angewiesen. Es ist gut und richtig, wenn der Staat seiner Rolle als Stabilisator und Regulator des Marktes wieder besser nachkommt, auch um eine besser funktionierende Marktwirtschaft gewährleisten zu können. Gleichzeitig muss er jedoch aufpassen, nicht über das Ziel hinauszuschießen, denn der Staat ist ganz sicher nicht der bessere Unternehmer.

Die wichtigste wirtschaftspolitische Priorität in der Pandemie sollte es sein, die Konjunkturprogramme durch ein Investitionsprogramm zu ergänzen. Denn Erstere sind bisher zu stark auf die Stabilisierung und Stärkung des Konsums ausgerichtet gewesen und vernachlässigen die Investitionen und die Unterstützung der Transformation der deutschen Wirtschaft in Bezug auf Nachhaltigkeit und Digitalisierung.

KAPITEL 5: VERTRAUEN UND GERECHTIGKEIT

Wie viel Vertrauen haben Sie in Politiker, Unternehmer und Medien? Wie kompetent sind sie, und wie ist ihr Verhalten aus ethischer Perspektive einzuschätzen? Das sind die Fragen, die durch den Edelman-Vertrauensindex[19] aufgeworfen und in vielen anderen Studien immer wieder kontrovers diskutiert werden. Trotz eines vermeintlichen Wirtschaftsbooms der 2010er-Jahre schneidet Deutschland in einigen Kategorien vergleichsweise schlecht ab. Auch wenn man Umfragen mit Vorsicht genießen muss, deutet doch vieles darauf hin, dass die westliche Welt eine zunehmende Vertrauenskrise des Staates erlebt und immer weniger Menschen ihren staatlichen Institutionen zutrauen, die Probleme unserer Zeit zu lösen.

Die Corona-Krise mag in vielerlei Hinsicht das Vertrauen in die Politik und die staatlichen Institutionen in vielen Ländern, gerade auch in Deutschland, gestärkt haben. Trotzdem ist die Gefahr groß, dass dieses Vertrauen enttäuscht wird, denn die Ungleichheit und soziale Polarisierung nehmen infolge der Pandemie weiter zu, wovon, wie schon erwähnt, vor allem die Verletzlichen und Schwächsten unserer Gesellschaft am stärksten betroffen sind. Diese soziale Polarisierung und die Wahrnehmung der mangelnden Gerechtigkeit innerhalb der Gesellschaften in den Blick zu nehmen, sind zwei zentrale Herausforderungen einer neuen Aufklärung und einer Erneuerung des Gesellschaftsvertrags.

DER VERTRAUENSVERLUST VON STAAT UND MARKT

Das Vertrauen der Menschen in ihre staatlichen Institutionen war vor der Pandemie erschreckend niedrig – es hat in den vorangegangenen Jahren deutlich und kontinuierlich abgenommen. Das ist die Kernbotschaft der Umfrage von Edelman. Dabei ist das Vertrauen nicht per se niedrig, sondern besonders gegenüber Politikern und Vermögenden, nicht aber gegenüber den Menschen im eigenen gesellschaftlichen Umfeld und den Wissenschaftlern. Besorgniserregend sind vor allem der große Verlust an Vertrauen in die Politik und das tiefe Misstrauen sowohl gegenüber der Kompetenz als auch dem ethischen Verhalten der Politiker. Auch Deutschland schneidet hier schlecht ab. Wir Deutschen nehmen das Handeln unserer staatlichen Institutionen zwar als etwas weniger unethisch wahr, allerdings auch als weniger kompetent, als dies in vergleichbaren westlichen Ländern der Fall ist.

Woher kommt dieser Vertrauensverlust? Mehr als die Hälfte der Menschen in Deutschland sagen, dass sie ein Problem haben mit dem Wirtschafts- und Gesellschaftssystem.[20] Sie sehen vor allem im Kapitalismus eine Gesellschaftsform, die dysfunktional ist und die Interessen der Mehrheit der Gesellschaft nicht vertrete. Eine andere Umfrage des Forums *New Economy* von *Prognos* spezifisch zu Deutschland hat im letzten Jahr gezeigt, dass 87 Prozent der Deutschen die Ungleichheit von Einkommen und Vermögen als zu hoch und ungerecht empfinden.[21] Die Mehrheit der Deutschen ist der Auffassung, dass es der Marktwirtschaft nicht gelingt, einen ausreichenden sozialen Ausgleich zu schaffen.

Mehr noch, es gibt kaum ein Land, in dem sich die Menschen größere Sorgen um ihre wirtschaftliche Zukunft machen. Nur noch 23 Prozent der Deutschen glauben, dass es ihnen und ihrer Familie in fünf Jahren besser gehen wird als heute. Dies war vor der Corona-Pandemie weniger als die Hälfte des globalen Durchschnitts, der bei 47 Prozent lag, und lediglich in zwei anderen Ländern waren die Menschen noch besorgter um ihre Zukunft.[22] Nun werden Kritiker monieren, dass dies lediglich Umfragen sind und Menschen gern auf hohem Niveau klagen, vor allem wir Deutschen. Diese Kritiker verweisen völlig zu Recht darauf, dass es Deutschland vor der Krise in wirtschaftlicher Hinsicht vergleichsweise gut ging, mit Rekordbeschäftigung, einer niedrigen Arbeitslosenquote und ordentlichen Lohnzuwächsen auch für Geringverdiener. Sie werden auch darauf verweisen, dass die meisten anderen Länder weniger Wohlstand haben und zudem auch weniger gut durch die Corona-Pandemie gekommen sind.

Wer sich jedoch angesichts der vermeintlich besseren wirtschaftlichen Lage ausruht und diese Kritik als unbegründet abtut, macht es sich zu leicht. Ein Mensch in Hamburg oder Nürnberg vergleicht sich nicht mit jemandem in Athen oder Bukarest; sondern er oder sie hat eine Erwartung an Staat und Gesellschaft, die Teil unseres Gesellschaftsvertrags der sozialen Marktwirtschaft ist. Und diese Erwartung wird für viele Deutsche nicht erfüllt.

Zudem zeigt die Edelman-Umfrage auch, dass es fast nirgends auf der Welt einen größeren Unterschied im Vertrauen in den Staat gibt als in Deutschland: Die sogenannte Elite von gut ausgebildeten und einkommensstarken Menschen hat in Deutschland ein fast 50 Prozent höheres Vertrauen in den Staat und seine Institutionen als die Gesamtbevölkerung. Oder anders ausgedrückt: Der Staat mag für die Elite funktionieren, für die Mehrheit der Bürgerinnen und Bürger tut er dies in Deutschland nicht.

Und vieles spricht dafür, dass es nicht der kleine Mann oder die kleine Frau sind, die eine verzerrte Wahrnehmung der Realität haben, sondern eher die Privilegierten, die zu den Gewinnern von Globalisierung und technologischem Wandel gehören. Denn kaum ein Industrieland hat eine höhere Ungleichheit bei den Vermögen und geringere Aufstiegschancen durch Bildung und Arbeit als Deutschland. Dem entgegen steht sicherlich ein starker Sozialstaat, der eine hohe soziale Absicherung ermöglicht, aber auch keine fehlenden Chancen und Eigenverantwortung kompensieren kann.

Fast überall in der westlichen Welt erleben wir eine Vertrauenskrise mit einem massiven Vertrauensverlust der Bürgerinnen und Bürger in ihre staatlichen Institutionen. Die großen Herausforderungen unserer Zeit sind fast alle von Menschen gemacht und bleiben von staatlichen Institutionen ungelöst – vom Klimawandel über Finanzkrisen bis hin zu einer zunehmenden sozialen Polarisierung und einem rapiden technologischen Wandel. Umfragen mögen ihre Schwächen haben, aber sie enthalten meist mehr Wahrheit, als viele eingestehen mögen. Der Verlust von Vertrauen in den Staat und seine Institutionen sollte ein Weckruf an die Politik sein, die dringenden Reformen endlich anzustoßen und sich das Vertrauen der Menschen wieder zu erarbeiten.

Die Corona-Krise scheint das Vertrauen in den Staat in Deutschland zumindest zeitweise gestärkt haben. Dies ändert jedoch wenig an einem langfristigen und grundlegenden Vertrauensverlust in Politik und Staat. Diese Vertrauenskrise könnte sich sogar weiter verstärken, denn die Pandemie hat die Ungleichheit erhöht und die soziale Polarisierung nochmals verstärkt.

DIE ZUNAHME VON UNGLEICHHEIT UND SOZIALER POLARISIERUNG

Vor allem ältere Menschen und solche mit Vorerkrankungen sind besonders stark durch das Coronavirus gefährdet. Dies ist jedoch nur die halbe Wahrheit. Denn ob sich jemand ansteckt und wie stark diese Person unter dem Virus und dessen Auswirkungen leidet, hängt sehr stark von sozioökonomischen Faktoren ab wie der Art der Arbeit, dem Einkommen, dem Bildungsgrad, dem Familienstand, der Zugehörigkeit zu einer ethnischen Minderheit oder einem Migrationshintergrund. Die Pandemie verschärft die an sich schon massiven Ungleichheiten bezüglich der Gesundheit innerhalb jeder Gesellschaft.

Viele Menschen stecken sich nicht beim Vergnügen in der Bar, im Fußballstadion, beim Skifahren oder auf der Karnevalsfeier an, sondern sie infizieren sich am Arbeitsplatz. Die Homeoffice-Regelung vieler Unternehmen hat vor allem Personen mit höherem Bildungsgrad und höheren Einkommen geschützt, da sie ihre Arbeit sehr viel leichter virtuell verrichten können. Viele arbeiten jedoch in systemrelevanten Berufen – im Gesundheitssektor, in der Pflege, als Kassiererin und Kassierer im Einzelhandel, bei der Polizei, bei Reinigungsdiensten oder in anderen Berufen der Grundversorgung –, die nur in physischer Anwesenheit ausgeübt werden können. Wie wir im Folgenden noch sehen werden, gehören besonders viele Menschen in solchen systemrelevanten Berufen zu denen, die relativ wenig verdienen, einen geringen Bildungsgrad und wenig soziale Absicherung haben.

Aber nicht nur die Frage der Systemrelevanz bestimmt, wie stark Menschen am Arbeitsplatz dem Ansteckungsrisiko ausgesetzt sind. Auch die Verhandlungsmacht und die Stellung im Arbeitsmarkt sind häufig entscheidend. So gab es im Sommer 2020 immer wieder Fälle von Gruppen-Ansteckungen in und um Schlachthöfe in Deutschland. Zwar arbeiten die Beschäftigten – häufig Migrantinnen und Migranten – hier in einem systemrelevanten Beruf, Schuld an der Ansteckung war jedoch ihre Unterbringung in Sammelunterkünften sowie die fehlende Vorsorge und Hygiene am Arbeitsplatz. Die allermeisten Beschäftigten in Deutschland würden sich derartige Arbeitsbedingungen nicht bieten lassen, die Betroffenen hatten jedoch kaum eine Wahl.

Zudem hängen die Vorerkrankung und die gesundheitliche Absicherung sehr stark von einer Reihe von sozioökonomischen Faktoren ab. So haben Menschen mit niedrigem Einkommen in Deutschland eine bis zu zehn Jahre geringere Lebenserwartung und eine zwei- bis dreimal höhere Wahrscheinlichkeit, Diabetes oder eine andere relevante Vorerkrankung zu haben. Eine ähnlich starke Korrelation (aber nicht zwingendermaßen Kausalität) gibt es hinsichtlich Gesundheit und Bildung, Gesundheit und Migrationshintergrund und Gesundheit und Familienstand. Die Ungleichheit in Bezug auf Gesundheit hat zum Teil mit dem unterschiedlichen Verhalten zu tun. Menschen mit geringerer Bildung, niedrigerem Einkommen und sozialem Status rauchen im Durchschnitt öfter und trinken mehr Alkohol, ernähren sich ungesünder und betreiben weniger Sport als andere Gruppen. Ein erheblicher Teil der schlechteren Gesundheit dieser Gruppe liegt jedoch außerhalb ihrer Kontrolle. Zum einen spielt die höhere Exponiertheit in Beruf und Alltag eine Rolle, wie oben erklärt. Zum anderen ist auch die gesundheitliche Vorsorge für sozial schwächere Gruppen in fast allen westlichen Ländern sehr viel schlechter. In den USA haben noch immer viele Millionen Menschen keine oder kaum eine Krankenversicherung. Schwarze und lateinamerikanische Menschen haben ein vielfach höheres Risiko, am Coronavirus zu sterben. Aber auch in Deutschland gibt es Unterschiede, und sozial schwächere Gruppen klagen sehr viel häufiger über nicht erfolgte Behandlungen und einen schlechteren Gesundheitszustand.

Die Corona-Krise betrifft die sozial Schwächsten jedoch auch indirekt über andere Mechanismen. Unter den vielfältigen Restriktionen während der Pandemie leiden vor allem alleinlebende Menschen, solche, die auf Pflege angewiesen sind, und Personen, die psychischem Stress ausgesetzt sind. Auch die häusliche Gewalt hat in der Pandemie deutlich zugenommen, was vor allem Frauen und Kinder in sozial schwächeren Gruppen trifft.[23]

Besonders die Bedeutung von psychischem Stress und Krankheiten wird noch immer häufig unterschätzt und zu wenig ernst genommen. Dies zeigt sich an den *deaths of despair*, den vielen »Toden aus Verzweiflung« – durch Suizid, Alkohol und Drogen – bei Menschen im mittleren Alter, die meist eher der Mittelschicht angehören. Dieses Phänomen, das vor allem auf eine steigende Unzufriedenheit und ein Gefühl des Abgehängtseins zurückzuführen ist, wurde von dem Nobelpreisträger Angus Deaton und seiner Kollegin Anne Case zuerst für die USA erforscht.

Eine Studie des DIW Berlin zeigt, dass vor allem ostdeutsche Männer mittleren Alters noch immer besonders stark vom Tod aus Verzweiflung betroffen sind. Bei ihnen lag die Rate Anfang der 1990er-Jahre mit fast 200 Todesfällen pro 100 000 Menschen vier- bis fünfmal höher als in Westdeutschland. Diese hohe Anzahl hängt zum Teil mit dem geringeren Lebensstandard und der schlechteren Gesundheitsvorsorge in DDR-Zeiten zusammen. Aber auch die Jahre nach der Wiedervereinigung waren für viele Menschen in Ostdeutschland eine starke Belastung, die mit vielen Arbeitsplatzverlusten, hoher Unsicherheit, sozialen Verwerfungen, vielen geschiedenen Ehen und auch sonst großen sozialen und wirtschaftlichen Umwälzungen einherging.

Zwar ist die Zahl der Tode aus Verzweiflung gerade bei ostdeutschen Männern deutlich kleiner geworden, aber auch heute noch ist sie fast doppelt so hoch ist wie bei westdeutschen Männern und mehr als dreimal so hoch wie bei ostdeutschen Frauen. Bisher sind noch keine verlässlichen Zahlen und Analysen zu den psychischen Belastungen und Auswirkungen – wie Suizide – durch die Corona-Krise bekannt. Die Befürchtung ist jedoch, dass das Virus nicht nur direkt durch Ansteckung viele Opfer und Leiden verursacht, sondern sich auch indirekt negativ auf die psychische Gesundheit auswirkt, vor allem bei den schwächsten und verletzlichsten Gruppen der Gesellschaft.

Sozioökonomische Ungleichheiten verschärfen sich

Auch wenn das Virus nicht nach sozioökonomischen Merkmalen unterscheidet, hat die Pandemie derartige Ungleichheiten überall in der Welt massiv verschärft. Familien, Frauen und Kinder gehören sehr viel stärker zu den Leidtragenden, genauso wie ethnische Minderheiten, Menschen mit Migrationshintergrund oder geringer Bildung oder in strukturschwächeren Regionen. Viele Studien und Indikatoren weisen darauf hin, dass sich diese Ungleichheiten nicht nur temporär in der Pandemie verschärfen, sondern dass viele Fortschritte der vergangenen Jahre – wie etwa bei der Gleichstellung oder der Chancengleichheit in Bezug auf Bildung und Arbeitsmarkt – nun Gefahr laufen, durch die Krise zunichtegemacht zu werden.

Junge Familien hatten in der ersten Phase der Krise besonders zu leiden. Die Schließungen von Schulen und Kitas haben die meisten Eltern vor große Herausforderungen gestellt: Wie sollen beide Eltern arbeiten und sich gleichzeitig um Kinderbetreuung und *Homeschooling* kümmern? Besonders schwierig war es für Eltern, die nicht von zu Hause aus arbeiten konnten, da sie beispielsweise in systemrelevanten Berufen beschäftigt sind und ihre Präsenz benötigt wurde. Erschwerend kam hinzu, dass die typischen Unterstützungsnetzwerke für Eltern und Familien nicht mehr existierten, Großeltern und andere Familienangehörige konnten Betreuung und Unterstützung häufig nicht mehr wahrnehmen.

Noch viel schwieriger war diese Aufgabe für Alleinerziehende, fast 90 Prozent davon Mütter, die zwar teilweise durch Notbetreuungen in Kitas und Schulen ein wenig Entlastung erhielten, was jedoch die Unmöglichkeit des Spagats zwischen Familie und Beruf für die meisten kaum auflösen konnte. Hinzu kommt die Wohnsituation: Familien mit geringem Einkommen und einer kleinen Wohnung in der Stadt hatten in ihrem tagtäglichen Leben mit *Homeoffice* und *Homeschooling* große Hürden zu überwinden.

Allerdings spielen Geld und Einkommen in einer so schwierigen Situation nur eine untergeordnete Rolle. Im Juni 2020 versprach die Bundesregierung einen Kinderbonus von 300 Euro pro Kind, was für viele sicherlich eine willkommene Unterstützung war. Dennoch löst ein solcher Bonus keines der grundlegenden Probleme bei der Vereinbarkeit von Familie und Beruf in einer solchen Krise. Die graduelle Öffnung von Kitas und Schulen hat sich über einen langen Zeitraum hingezogen, sodass sich viele Familien noch nach einem halben Jahr und länger in dieser schwierigen Lage befanden.

Die Krise hat vor allem Frauen hart getroffen und teilweise zu einem Rückzug in traditionelle Geschlechterrollen geführt. In den meisten Familien wünschen sich heute beide Elternteile eine berufliche Karriere. Mehr noch, viele junge Familien sind auf beide Einkommen angewiesen, um sich hohe Wohnkosten vor allem in den Städten leisten und ihren Lebensstandard halten zu können. Eine Studie des DIW Berlin zeigt, dass in der Vergangenheit fast immer die Mütter – die ohnehin schon mehr Zeit als die Väter in Hausarbeit und Kinderbetreuung investieren – die zusätzliche Zeit für Kinderbetreuung aufbringen mussten, wenn ihre Kinder nicht in die Kita gehen konnten.

So haben Mütter im Durchschnitt 134 Minuten pro Tag zusätzlich die Kinder betreut, wenn ein Kind nicht in der Kita war. Die Väter dagegen investierten im Durchschnitt lediglich 19 Minuten mehr pro Tag. Gleichzeitig war die Arbeitszeit der Mütter geringer, wenn die Kinder nicht in die Kita gegangen sind. Denn es ist kaum möglich, sich um kleine Kinder zu kümmern und gleichzeitig berufstätig zu sein, es sei denn, man hat eine starke soziale Unterstützung durch die Großeltern oder andere Menschen im sozialen Umfeld.

Diese Studie beruht zwar auf den Erfahrungen der Vergangenheit, also vor der Corona-Krise, aber es deutet vieles darauf hin, dass sich die Lage für junge Eltern, und vor allem für Mütter, in dieser Krise nochmals verschärft hat, und es gibt Anzeichen, dass insbesondere Mütter ihre Arbeitszeit reduziert oder sich gar eine Auszeit genommen haben.

Dies könnte dazu führen, dass sich alte Geschlechterrollen wieder verstärken, also einige der Errungenschaften der Gleichstellung der vergangenen Jahrzehnte infrage gestellt werden könnten, zumindest temporär. Vielleicht sind diese Zeiten aber auch anders, und Väter engagieren sich stärker als in der Vergangenheit. Viele Umfragen deuten darauf hin, denn immer mehr Väter sagen, sie wünschten sich eine paritätische Aufteilung der Aufgaben in der Familie und wollten selbst gern mehr Zeit mit ihren Kindern verbringen. Inwiefern Väter auch danach handeln und ob sich dieser Wunsch in der Corona-Pandemie realisiert hat, bleibt abzuwarten.

Es gibt zudem Anzeichen dafür, dass die Krise die Ungleichheit im Bildungssystem verstärkt und sich in Bezug auf die Chancengleichheit in Bildung und Ausbildung ausgewirkt hat. Eltern mit einem höheren Einkommen können ihre Arbeitszeit häufig flexibler anpassen, um die Kinderbetreuung zu übernehmen oder zu organisieren, als Familien, die finanzielle Einbußen nicht verkraften können. Und für Eltern mit einem guten Bildungshintergrund ist es einfacher, das *Homeschooling* zu unterstützen. Somit ist die Gefahr groß, dass durch die Unterbrechung des Schulunterrichts über ein halbes Jahr und länger die Bildungsunterschiede zwischen sozioökonomischen Gruppen in unserer Gesellschaft noch einmal größer geworden sind.

Schon jetzt hängen die Bildungschancen in Deutschland extrem stark vom Einkommen und dem Bildungsgrad der Eltern ab, viel mehr als in fast jedem anderen europäischen Land. So sind die Chancen, Abitur zu machen und zu studieren, für Kinder aus bildungsfernen und einkommensschwachen Familien sehr viel geringer. Auch dieser Unterschied könnte sich durch die Pandemie nochmals vergrößern, und zwar nicht nur für einen oder zwei Schuljahrgänge, sondern für alle Kinder und Jugendlichen, wenn er in den kommenden Jahren nicht durch aktive Maßnahmen im Bildungssystem kompensiert wird.

STREIT UM GERECHTIGKEIT

Jeder kennt das Argument: In diesen wirtschaftlich guten Zeiten müsse man nun endlich einmal die Leistungsträgerinnen und Leistungsträger entlasten, damit ihr Beitrag angemessen gewürdigt wird. Klingt überzeugend. Nur: Wer sind denn die sogenannten Leistungsträger unserer Gesellschaft? Was bedeutet Gerechtigkeit? Und wie beeinflusst die Pandemie unser Verständnis von Leistung und Gerechtigkeit?

Bei der Frage nach der Gerechtigkeit geht es den einen um die Gleichheit von Einkommen und Vermögen (Gleichheitsprinzip), den anderen darum, dass die unterschiedlichen Ansprüche einzelner Gruppen und Individuen befriedigt werden (Anspruchsprinzip). Wieder andere verbinden Gerechtigkeit mit der Frage, ob Menschen für ihre gesellschaftliche Leistung belohnt werden (Leistungsprinzip) oder ob Menschen ihre Grundbedürfnisse decken können (Bedarfsprinzip).

Studien zeigen, dass wir Deutschen einen ungewöhnlich starken Konsens darüber haben, worum es beim Thema Gerechtigkeit gehen sollte: um Leistung und um Bedürfnisse. Eine gerechte Gesellschaft ist also eine, in der Leistung honoriert wird und gleichzeitig alle Menschen ihre Grundbedürfnisse befriedigen können. Dagegen spielen Gleichheit und Ansprüche eine deutlich untergeordnete Rolle für die Deutschen. Diese Präferenzen sind bei Wählerinnen und Wählern der verschiedenen Parteien ähnlich.

Schon vor der Krise empfand verschiedenen Umfragen zufolge eine Mehrheit die Verteilung von Einkommen, Vermögen und Chancen in unserer Gesellschaft als ungerecht. Die Mehrheit der Deutschen sagt jedoch auch, es gehe ihnen selbst wirtschaftlich gut.[24] Es ist jedoch kein Widerspruch, dass es einem persönlich gut geht, man die Gesellschaft aber gleichzeitig als ungerecht empfindet. Es zeigt vielmehr, dass Solidarität vielen Deutschen wichtig ist. Sie wollen in einer Gesellschaft leben, in der es allen einigermaßen gut geht und Leistung honoriert wird.

Um in der Debatte um Gerechtigkeit voranzukommen, brauchen wir daher ein Verständnis davon, wer denn die Leistungsträger unserer Gesellschaft sind. Sind es die Besserverdienenden, die in den vergangenen zwanzig Jahren hohe Einkommenssteigerungen hatten und daher einen immer höheren Anteil der Steuern zahlen? Oder sind es der Altenpfleger und die Kita-Erzieherin, die eine enorme Verantwortung für unsere Gesellschaft übernehmen, trotz eines vergleichsweise geringen Einkommens und erheblicher körperlicher und psychischer Belastung?

20 Prozent der Beschäftigten in Deutschland arbeiten im Niedriglohnbereich. Das sind fast doppelt so viele wie in Frankreich oder Skandinavien. Frauen erhalten in Deutschland 21 Prozent weniger Lohn für ihre Arbeit als Männer. Eine Lohnlücke, die deutlich größer ist als in den meisten europäischen Ländern. Heißt das folglich, dass Deutschland doppelt so viele Menschen hat, die wenig Leistung durch ihre Arbeit erbringen, und dass Frauen in Deutschland besonders wenig leisten? Oder ist es nicht vielmehr so, dass ihre Leistung nicht angemessen honoriert wird?

Ähnliches gilt für die Frage, ob Menschen in Deutschland die Grundbedürfnisse ihres Lebens decken können. Mehr als jede vierte Alleinerziehende – in den meisten Fällen sind es Mütter – ist von Armut bedroht – deutlich mehr als in vergleichbaren Ländern. Tendenz steigend. Es sind darüber hinaus vor allem alleinstehende Frauen, die im Alter von Armut bedroht sind. Das Armutsrisiko, gemessen an der sogenannten Armutsrisikoquote, ist in den letzten 15 Jahren des Wirtschaftsbooms deutlich angestiegen.

Diese Zahlen und Beispiele zeigen, dass uns die wahrgenommene Ungerechtigkeit in Deutschland nicht überraschen sollte. Dabei geht es den Menschen meist nicht um Neid, also darum, den sogenannten Leistungsträgern ihren Erfolg und ihr gutes Einkommen nicht zu gönnen. Es geht vielmehr darum, dass die Leistung vieler Menschen mit geringem Einkommen, Vermögen und Chancen nicht ausreichend honoriert und respektiert wird.

Die Wahrnehmung von Leistung und Gerechtigkeit scheint sich in der Krise zu verschieben. Fast jeder von uns kennt die Diskussion um die »wahren Heldinnen und Helden der Krise«. Menschen applaudierten ihnen in der ersten, akuten Phase der Krise von ihren Balkonen: dem Pflegepersonal, das durch seine Hilfe für andere die eigene Gesundheit riskiert; den Ärztinnen und Ärzten, die Tag und Nacht bereitstehen, um Leben zu retten; den Reinigungskräften, die Krankenhäuser, Büros und öffentliche Einrichtungen desinfizieren; den Polizistinnen und Polizisten, die auf den Straßen für Sicherheit sorgen; den Verkäuferinnen und Verkäufern im Supermarkt, die hinter Plexiglasscheiben hoffen, nicht selbst angesteckt zu werden, und sich zugleich die Klagen von Kunden über fehlendes Klopapier anhören müssen; und den Erzieherinnen und Erziehern, denn Eltern haben spätestens nach wenigen Wochen des *Homeschooling* realisiert, wie unersetzlich diese für die Erziehung und das Wohlbefinden der eigenen Kinder sind.

Allerdings erhalten diese Heldinnen und Helden der Krise in normalen Zeiten weniger Wertschätzung und im Durchschnitt weniger Einkommen und weniger Sicherheit als andere Berufsgruppen. Im Durchschnitt liegt der Bruttostundenlohn in systemrelevanten Berufen um 15 bis 20 Prozent niedriger als in nicht-systemrelevanten Berufen. Eine ganze Reihe systemrelevanter Berufe – wie Reinigungskräfte oder Beschäftigte im Lebensmitteleinzelhandel – erhält eine so geringe Bezahlung, dass diese in den Niedriglohnbereich fällt, die Betreffenden also einen geringeren Lohn als zwölf Euro brutto pro Stunde verdienen.

Zudem sind weit mehr als die Hälfte aller Beschäftigten in den systemrelevanten Berufen Frauen. Aber nicht nur das: Ihr Anteil ist noch einmal deutlich höher in den systemrelevanten Berufen, die wenig Ansehen haben und in denen niedrige Löhne gezahlt werden. Nun lässt sich trefflich darüber streiten, wie diese Korrelation von Systemrelevanz mit geringem Ansehen, niedrigen Löhnen und einem hohen Frauenanteil zu erklären ist. Sicherlich lässt sich anführen, dass in einigen systemrelevanten Berufen nur eine relativ geringe Qualifikation erforderlich ist. Es gibt jedoch auch Anzeichen dafür, dass andere Faktoren eine gewichtige Rolle spielen. So war es in der Vergangenheit häufig so, dass in Berufen, die durch den Anstieg der Erwerbsquote von Frauen zu typischen Frauenberufen wurden, die Löhne im Vergleich zu anderen Berufsgruppen weniger stark gestiegen oder sogar gesunken sind. Darüber hinaus sind viele der systemrelevanten Berufe nicht durch Tarifverträge abgedeckt, sodass die Beschäftigten eine schwache Verhandlungsposition gegenüber ihren Unternehmen haben.

Vieles deutet also darauf hin, dass die Corona-Krise diese Ungleichheiten für Beschäftigte in systemrelevanten Berufen, für Familien, Frauen und Kinder, für Menschen mit weniger Bildung und Chancen am Arbeitsmarkt eher erhöhen wird. Es sind diese Gruppen in unserer Gesellschaft, die nicht nur stärker direkt von der Krise betroffen sind, sondern auch weniger Ressourcen haben, um sich aus eigener Kraft zu schützen oder selbst Lösungen zu finden. Die Arbeit des französischen Ökonomen Thomas Piketty hat gezeigt, dass Ungleichheiten vor allem bezüglich des Vermögens nur während der großen Weltkriege und militärischer Konflikte abgenommen, ansonsten aber in den meisten westlichen Demokratien stetig zugenommen haben.

Die Corona-Krise ist anders als andere Krisen – beispielsweise die globale Finanzkrise. Die Solidarität mit den Schwächsten und die Wertschätzung der Leistung derer, die während der Pandemie viel für unsere Gesellschaft getan haben, sind grundlegend anders. Es besteht also durchaus die Chance, dass die Gesellschaft auch nach der Krise ein anderes Verständnis von Gerechtigkeit und der Verteilung von Ressourcen zwischen unterschiedlichen Gruppen haben wird. Seitens der Politik sehen wir bereits erste Anzeichen, sich für eine bessere Entlohnung systemrelevanter Berufe, eine stärkere soziale Absicherung und Sozialpartnerschaften einzusetzen. Es gibt zwar keine Garantie, dass dies auch nach Abklingen der Krise noch anhält, aber es ist immerhin ein Zeichen für einen veränderten gesellschaftlichen Diskurs, der dringend benötigt wird.

KAPITEL 6: NEOLIBERALISMUS UND NEODIRIGISMUS

»*Die soziale Marktwirtschaft braucht eine ausgewogene Balance zwischen einer wettbewerblichen Marktwirtschaft und einem starken Staat, der Markt und Marktteilnehmern klare und scharfe Grenzen setzt.*« – So beschrieb Ludwig Erhard 1964 die Philosophie der sozialen Marktwirtschaft, die über Jahrzehnte die Grundlage für Deutschlands Gesellschaftsvertrag und auch wirtschaftlichen Erfolg war.

Nach turbulenten 15 Jahren mit einer zerstörerischen globalen Finanzkrise bis hin zum Aufstieg eines Donald Trump zum US-Präsidenten gibt es einen heftigen Richtungsstreit fast überall in der westlichen Welt. Gibt es in einer vom Neoliberalismus geprägten Weltordnung eine schädliche Dominanz von Märkten über den Staat, die korrigiert werden muss? Oder gibt es mittlerweile eine zu starke Rolle des Staates, oder Neodirigismus, wie einige monieren, mit schädlichen Folgen?

Dies ist jedoch zu kurz gedacht. Die Corona-Krise zeigt, dass nur mit einer ausgewogenen Balance und einem Zusammenspiel von einem starken Staat und einer flexiblen Marktwirtschaft die Krise erfolgreich bewältigt werden kann. Das Ungleichgewicht zwischen Staat und Markt war bereits vor der Pandemie groß, sodass viele Länder große Schwierigkeiten haben, mit der Krise umzugehen. Die Krise zeigt, dass die soziale Marktwirtschaft ein hervorragendes Modell mit einer solchen Balance ist, jedoch auch in Deutschland in der Vergangenheit zu häufig unzureichend funktioniert hat. Die zentrale Herausforderung und Frage ist daher, wie eine progressive und inklusive soziale Marktwirtschaft geschaffen werden kann, die die richtigen Lehren aus der Krise zieht und die Bewältigung der großen Herausforderungen unserer Zeit ermöglicht.

STAATSVERSAGEN UND MARKTVERSAGEN

Viele Philosophen und auch Ökonomen, von Dani Rodrik bis Joseph Stiglitz, beklagen, dass der Aufstieg des Neoliberalismus in den vergangenen dreißig Jahren diese Balance zerstört und den Markt über den Staat gestellt hat. Es ist kaum zu bestreiten, dass Deregulierung und Liberalisierung von Märkten in vielen Fällen einen wirtschaftlichen, sozialen und politischen Schaden angerichtet haben. Die Liberalisierung der Finanzmärkte in den 1990er-Jahren war ultimativ der zentrale Grund für die globale Finanzkrise von 2008/2009, die viele Millionen Menschen ihrer Lebensgrundlage beraubt hat und von der sich zahlreiche Staaten bis heute wirtschaftlich nicht erholt haben. Die Deregulierung von Arbeits- und Produktmärkten hat die Macht von Arbeitnehmerinnen und Arbeitnehmern hin zu Unternehmen verschoben.

Die Globalisierung hat einiges an wirtschaftlichem Wachstum geschaffen, ist in vielen Bereichen aber auch zu weit gegangen – Dani Rodrik bezeichnet das als »Hyper-Globalisierung« –, sodass Arbeitsplätze, Arbeitsbedingungen und Löhne vor allem für die Schwächsten deutlich gelitten haben. Globalisierung und technologischer Wandel haben auch die Macht von staatlichen Institutionen hin zu großen Unternehmen verschoben, die durch ihre globale Mobilität Steuererleichterungen und Subventionen aushandeln konnten. So haben die meisten westlichen Länder die Unternehmenssteuer, Vermögenssteuer und Einkommensteuer für Besserverdienende gesenkt. Indirekte Steuern und Abgaben für die Mittelschicht und Geringverdiener dagegen sind meist gestiegen.

Das Versprechen dieses Neoliberalismus auf höheres Wachstum und mehr Wohlstand für alle wurde dagegen häufig nicht eingehalten. Die vergangenen 15 Jahre haben das niedrigste Wirtschaftswachstum in der westlichen Welt gezeigt, mit geringen Investitionen und einer enttäuschenden Produktivität. Die Ungleichheit von Einkommen und Vermögen ist meist gestiegen. Mehr noch, viele in der Mittelschicht und am unteren Ende der Verteilung haben heute keinen besseren Lebensstandard und keine größere soziale und wirtschaftliche Teilhabe als vor 15 oder zwanzig Jahren. Der US-Investor und Milliardär Warren Buffett beschrieb diesen Konflikt so: »Es gibt Krieg, der von den Reichen angezettelt wurde und von den Reichen gewonnen wird.«

Bei dieser starken Zunahme der Polarisierung sollte es nicht überraschen, dass bereits vor der Corona-Krise 56 Prozent der Menschen in westlichen Ländern der Meinung waren, die Marktwirtschaft und der Kapitalismus seien gescheitert – so der Vertrauensindex der Kommunikationsgesellschaft Edelman. Gerade in Deutschland beklagen über 80 Prozent der Bürgerinnen und Bürger, der soziale Ausgleich in der sozialen Marktwirtschaft funktioniere nicht mehr, 77 Prozent sind der Auffassung, dass die kommenden fünf Jahre für sie nicht besser werden, und eine Mehrheit klagt über fehlende Gerechtigkeit.

Die deutschen Kritiker dieser Argumente wenden gern ein, dies seien Klagen auf hohem Niveau. Denn Deutschland war vor der Pandemie wirtschaftlich erfolgreich. Die Löhne waren in den vergangenen Jahren auch für Geringverdiener gestiegen, und der deutsche Sozialstaat hat viele Leistungen ausgebaut. Nur sollten die Eliten diese Sorgen ernst nehmen. Denn sie haben reale wirtschaftliche, soziale und politische Konsequenzen. Das Scheitern des Neoliberalismus und der damit einhergehenden sozialen Polarisierung ist durch Nationalismus und Populismus ersetzt worden. Die Präsidentschaft eines Donald Trump, der *Brexit* und der Aufstieg der AfD sind direkte Konsequenzen.

Auch in Deutschland werden Stimmen lauter, die die primäre Verantwortung für die sozialen und wirtschaftlichen Probleme einem Staatsversagen geben. So wird ein zunehmender »Neo-dirigismus« kritisiert, bei dem der Einfluss des Staates zu groß und zu interventionistisch und dadurch für das Marktversagen mitverantwortlich sei. Solche Kritiker nennen eine Reihe von Beispielen, von der Klimapolitik bis hin zur Arbeitsmarktpolitik, in denen der Staat weniger interventionistisch sein und dem Markt mehr vertrauen sollte, die richtigen Lösungen zu finden. Und die Kritiker sehen den Staat als zu mächtig und ineffizient an, da er immer größere Teile der Wirtschaftsleistung vereinnahmt und damit die Privatwirtschaft und Marktmechanismen schwächt.

Ist jedoch ein starker Staat wirklich ein Anzeichen für »Neo-dirigismus«, also für ein Staatsversagen und einen Staat, der zulasten einer funktionierenden Marktwirtschaft geht? Eine alternative Interpretation eines wachsenden Sozialstaats mit viel Umverteilung ist die eines immer größer werdenden Marktversagens. Denn wenn der Staat immer mehr Wirtschaftsleistung umverteilt, die Ungleichheit von Vermögen, Einkommen und Chancen jedoch immer größer wird, dann stimmt etwas nicht. Die politische Linke fordert daher noch sehr viel mehr Umverteilung, um die wirtschaftliche und soziale Polarisierung zu stoppen. Die politische Rechte verlangt einen weniger eingreifenden Staat, mit niedrigeren Steuern für vermeintliche Leistungsträgerinnen und -träger und weniger Umverteilung.

Genauso wie es zahlreiche Belege für Marktversagen gibt, ist der deutsche Staat in den vergangenen Jahrzehnten vielen seiner wichtigen Aufgaben nicht gerecht geworden. Eine nicht nur wahrgenommene, sondern reale Unzuverlässigkeit und Ineffizienz des Staates hat zu einem starken Verlust von Vertrauen in staatliche Institutionen geführt. Unternehmen sehen die Unsicherheit der Politik häufig als die größte Hürde an und betrachten eine überbordende Bürokratie, sich ständig ändernde Regeln, lange Genehmigungsverfahren und deren hohe Kosten mit als die wichtigste Hürde für private Investitionen und Innovation.

Und dies nicht zu Unrecht. Viele westliche Regierungen, auch die Bundesregierung, haben in den letzten zwei Jahrzehnten eine

Politik der Besitzstandswahrung verfolgt, bei der die Interessen der Mächtigen bedient und der Status quo zementiert wurden. Einige monieren das Verfehlen der deutschen Klimaziele 2020, verschärfen zugleich aber die Regulierung für Windkraftanlagen und andere erneuerbare Energien so stark, dass deren Produktion einbricht und die Klimaziele in noch weitere Ferne rücken. Gleichzeitig bedient die Bundesregierung die Kohlelobby mit fast 50 Milliarden Euro für den Kohleausstieg. Die genauso großen Arbeitsplatzverluste bei erneuerbaren Energien werden jedoch ignoriert. Manche Bürgerinnen und Bürger klagen über explodierende Mietpreise in den Städten, lehnen Neubauprojekte jedoch ab, wie zum Beispiel auf dem Tempelhofer Feld in Berlin. Andere fordern zukunftsorientierte Technologien für Deutschland, bekämpfen dann jedoch die Ansiedlung von Tesla außerhalb Berlins auf das Schärfste.

International wird Deutschlands Wirtschaftsmodell nicht selten als *Stakeholder*-Kapitalismus bezeichnet, da die Verquickung zwischen Unternehmen und Staat häufig groß ist und der Staat nicht selten denkt, er selbst sei ein guter Unternehmer und müsse sich in unternehmerische Entscheidungen einmischen. Ein Beispiel ist die massive Beteiligung des deutschen Staates am Bankensystem. Die staatlichen Landesbanken nutzten ihre quasi-staatlichen Garantien in den 2000er-Jahren, um enorme Risiken einzugehen, und mussten dann in der globalen Finanzkrise mit vielen Milliarden Euro an Steuergeldern gerettet werden.

Mitten in der Corona-Pandemie im Juni 2020 schockierte Deutschland die Pleite des Vorzeige-Unternehmens *Wirecard*, bei dem die staatliche Aufsicht versagt hatte, da man sich zu lange darauf verlassen hatte, dass Unternehmen sich schon selbst an die Regeln halten werden. Dieses Modell des *Stakeholder*-Kapitalismus ist eine der größten Gefahren für die soziale Marktwirtschaft in Deutschland, da der Staat zu häufig nicht genug Distanz zu den Unternehmen wahrt.

Es ist daher nicht überraschend, dass die Elite, also Menschen mit gutem Einkommen und Bildung, dem Staat eher traut, wohingegen die anderen Bürgerinnen und Bürger ein tiefes Misstrauen in ihre staatlichen Institutionen haben. Und der Edelman-Vertrauensindex zeigt, dass dieser Abstand zwischen Elite und Normalbürger in fast keinem Land so groß ist wie in Deutschland.

Die gute Nachricht ist, dass kaum ein Staat einen so großen finanziellen Spielraum und so starke Strukturen hat wie Deutschland. Dies zeigt sich gerade jetzt in Zeiten der Corona-Krise, in denen Bürgerinnen und Bürger genauso wie Unternehmen stärker denn je auf einen funktionierenden Staat und auf staatliche Leistungen angewiesen sind. Zu den dringenden Reformen staatlicher Institutionen gehören eine höhere Effizienz und Geschwindigkeit bei Entscheidungen, eine Modernisierung der öffentlichen Verwaltung (beispielsweise durch E-Governance) und regulatorische Sicherheit, worauf sich Unternehmen und Bürgerinnen und Bürger verlassen können. Eine erfolgreiche wirtschaftliche Transformation erfordert starke, effiziente und gleichzeitig anpassungsfähige staatliche Institutionen genauso wie den politischen Willen, solche Institutionen zu schaffen. Daran hapert es zurzeit deutlich.

TEILHABE AM TECHNOLOGISCHEN WANDEL

Der technologische Wandel wird in den kommenden Jahrzehnten die treibende Kraft sein hinter den wirtschaftlichen und gesellschaftlichen Veränderungen in unserer Gesellschaft. Und er gehört bereits heute zu den wichtigsten Gründen für ein Scheitern des Zusammenspiels von Staat und Markt. Steuer- und Sozialsysteme sind genauso wenig in der Lage, technologische Veränderungen zu gestalten, wie Regulierung und Wirtschaftspolitik fähig sind, diese zu kontrollieren oder zu steuern.

Manche Experten malen ein Horrorszenario des technologischen Wandels, in dem immer mehr Menschen abgehängt werden und in Armut und Arbeitslosigkeit landen. Es ist ein Bild, in dem die Arbeitswelt von morgen von künstlicher Intelligenz und einigen wenigen hoch qualifizierten Menschen dominiert wird und gleichzeitig ein neues Prekariat der Zurückgebliebenen entsteht; ein Bild der wirtschaftlichen und sozialen Polarisierung, das ultimativ die liberale Demokratie gefährdet und zerstören könnte.

Die Lösung sehen manche – wie Facebook-Gründer Mark Zuckerberg oder Joe Kaeser von Siemens – in einer Ruhigstellung der Abgehängten durch einen größeren Sozialstaat und mehr Transferleistungen. Solche Lösungen sind letztlich nicht mehr als eine Kapitulation, ein Eingeständnis dessen, dass eine Mehrheit erzwungenermaßen Verlierer des technologischen Wandels sein wird. Eine neue Aufklärung, die einen neuen Gesellschaftsvertrag mit einer funktionierenden Marktwirtschaft beinhaltet, muss mit dieser Herausforderung umgehen und eine breite Teilhabe aller am technologischen Wandel sicherstellen.

Bereits heute ist Letzterer der wichtigste Grund für die Ungleichheit von Vermögen und Einkommen, wie eine Studie der OECD und auch anderer Forscher zeigt. Dagegen erklärt die Globalisierung durch Handel und Finanzmärkte nur einen sehr kleinen Teil des Anstiegs der Einkommensungleichheit der Industrieländer in den vergangenen dreißig Jahren.

Der technologische Wandel hat die Gesellschaft und Arbeitswelt in Europa bereits seit über zweihundert Jahren stetig und grundlegend verändert. Seit Beginn der industriellen Revolution bestand die berechtigte Sorge, dass die neuen Technologien viele Arbeitsplätze zerstören und Menschen zwingen, sich den veränderten Gegebenheiten anzupassen. Dabei gab es immer Verlierer, und es wird sie auch in Zukunft immer geben.

Trotzdem würde niemand bezweifeln, dass die Lebensqualität aller Menschen heute unvergleichlich besser ist als vor hundert oder selbst vor fünfzig oder dreißig Jahren. Technologischer Fortschritt in der Medizin hat die Gesundheit vieler Menschen deutlich verbessert und die Lebenserwartung massiv erhöht. Und er hat der großen Mehrheit humanere Arbeitsbedingungen verschafft.

Wir können aber sicher sein, dass sich der technologische Wandel, vor allem aufgrund der zunehmenden Digitalisierung der Arbeitsprozesse, in Zukunft beschleunigen wird. Eine der größten Herausforderungen in der Zukunft wird daher nicht der technologische Wandel per se sein, sondern dessen Geschwindigkeit. Anders als in der Vergangenheit werden die Auswirkungen der Digitalisierung jedoch nicht nur graduell sein, sondern zu großen Disruptionen führen. Menschen, Regionen und Wirtschaftszweige werden nicht wie bisher Jahrzehnte Zeit haben, um den Wandel zu gestalten, sondern häufig nur wenige Jahre.

EINE NEUE ARBEITSWELT

Der technologische Wandel ist nicht nur eine Bedrohung für eine kleine Minderheit, sondern für eine Mehrheit unserer westlichen Gesellschaften. So zeigt eine OECD-Studie, dass gerade in Deutschland – aufgrund der großen Bedeutung der Industrie, in der relativ viele Bereiche vergleichsweise leichter automatisiert werden können – verhältnismäßig viele Arbeitsplätze gefährdet sind. Es sind also gerade die Jobs der heutigen Mittelschicht, die in Zukunft noch viel stärker unter Druck geraten werden. Das wird unweigerlich den Trend der schrumpfenden Mittelschicht und der zunehmenden wirtschaftlichen und sozialen Polarisierung unserer Gesellschaft beschleunigen und vertiefen.

Dieses Bild blendet aber die vielen Chancen und positiven Entwicklungen aus, die durch den technologischen Wandel entstehen werden. Die größte und wichtigste Chance ist, dass er mehr Menschen ermöglichen wird, einer Tätigkeit nachzugehen, die das in den Mittelpunkt stellt, was uns als Menschen ausmacht: Empathie und Kreativität. Die Digitalisierung und Automatisierung können besonders gut körperliche und vergleichsweise mechanische Tätigkeiten ersetzen. Was sie kaum werden ersetzen können, sind menschliche Wärme und Empathie.

Dadurch werden viele heute schlecht bezahlte und wenig wertgeschätzte Tätigkeiten in Dienstleistungssektoren massiv an Bedeutung gewinnen. Viele typische Industriejobs der Mittelschicht, die heute gut bezahlt sind, werden zwar an Bedeutung verlieren; dafür werden viele Dienstleister den Aufstieg in die Mittelschicht schaffen. Fast jeder würde schon heute befürworten, dass die Tätigkeit einer Altenpflegerin oder eines Altenpflegers ideell und auch finanziell deutlich besser wertgeschätzt werden muss. Der technologische Wandel könnte also dazu führen, dass viele Tätigkeiten in Zukunft wirklich die zumindest ideelle Wertschätzung erfahren, die sie verdienen.

Damit einher geht eine grundlegende Veränderung der Definition von Arbeit. Bereits heute kämpfen viele Menschen mit der zeitlichen, räumlichen und mentalen Abgrenzung von Arbeit und Privatleben. Informationstechnologien wie Smartphone und Tablet haben zur Folge, dass jeder Mensch immer und überall erreichbar ist und somit zumindest potenziell jederzeit arbeiten kann. Die Dominanz der geistigen Arbeit über die körperliche führt bei vielen Menschen dazu, dass sie ständig arbeitsrelevanten Reizen und Informationen ausgesetzt sind.

Eine damit verbundene Sorge ist, dass Automatisierung und Digitalisierung zwar viele Jobs zerstören, aber nicht ausreichend neue Tätigkeiten schaffen, sodass ein Anstieg der Arbeitslosigkeit das unweigerliche Resultat sein könnte. Dieses Argument greift jedoch zu kurz, da es sich in der traditionellen Definition von Arbeit verfängt. Der technologische Wandel wird dazu führen, dass viele neue Jobs entstehen, in denen zwischenmenschliche Tätigkeiten und Dienstleistungen gefragt sind. Nicht nur pflegerische oder pädagogische Tätigkeiten, sondern auch kreative Berufe werden an Bedeutung gewinnen.

EIN STAATSFONDS ZUR DIGITALEN TEILHABE

Dem Horrorszenario – bei dem der technologische Wandel zu einem riesigen Arbeitsprekariat von Abgehängten führt – steht das positive Szenario gegenüber, bei dem die Digitalisierung der großen Mehrheit der Menschen ein menschenwürdiges Dasein und neue Chancen ermöglicht. Ein funktionierender Gesellschaftsvertrag muss daher sicherstellen, dass das positive Szenario erreicht werden kann und möglichst alle eine Teilhabe an diesem Wandel haben.

Allerdings nimmt der Anteil der gesamten Wirtschaftsleistung ab, der Arbeitnehmerinnen und Arbeitnehmern zugutekommt. Der Anteil des Faktors Kapital steigt hingegen. Diese Verlagerung ist nicht überraschend: Größe und Wert des gesamten Kapitalstocks nehmen stetig zu, die Zahl der Arbeitnehmerinnen und Arbeitnehmer dagegen bleibt gleich oder schrumpft. Der französische Ökonom Thomas Piketty erklärt das damit, dass Kapital eine höhere Rendite erzielt als Arbeit. Wenn die Vermögenseigentümer einen Teil dieser Rendite in den Aufbau von neuem Vermögen steckten, während die Arbeitnehmer die größten Teile ihres Einkommens zum Leben nutzen, nehme die Ungleichheit weiter zu.

Gerade die Bundesrepublik sticht dabei heraus: Betrachtet man die privaten Vermögen, weist sie die höchste Ungleichheit in der Eurozone und eine der höchsten aller Industrieländer weltweit auf. 40 Prozent der Haushalte haben hierzulande praktisch überhaupt kein Nettovermögen, weil sie ihr gesamtes Einkommen für das tägliche Leben benötigen.

Der technologische Wandel verschärft die Entwicklung, weil die Rendite für Kapital im Vergleich zum Arbeitseinkommen noch stärker steigen wird. Das Resultat wird eine noch deutlichere Polarisierung bei Einkommen und Vermögen sein. Vom digitalen Wandel werden nur diejenigen profitieren, die Vermögen besitzen.

Zum einen kann das Steuersystem Abhilfe schaffen, indem es Arbeitseinkommen steuerlich entlastet und Vermögen stärker belastet. Deutschland besteuert im internationalen Vergleich das Einkommen auf Vermögen verhältnismäßig gering, Arbeitseinkommen dagegen verhältnismäßig stark. Es ist aber zu bezweifeln, ob eine Steuer auf Vermögen allein langfristig die gewünschte Wirkung entfalten kann. Denn der Staat weiß viel zu wenig darüber, wer welche Vermögenswerte besitzt und was diese wert sind.

Ein Staatsfonds ist eine weitere Option. Norwegen, Singapur, China und einige Länder im Mittleren Osten bauen so Staatsvermögen auf und sichern es für künftige Generationen. Einige tun dies, um Erträge aus endlichen Rohstoffen zu sparen, wohl wissend, dass die Quelle ihres derzeitigen Wohlstands versiegen wird. Einige Staatsfonds investieren ihre Erträge so erfolgreich, dass diese hohe Renditen abwerfen. In Norwegen etwa fließen jedes Jahr Staatsfonds-Erträge in Höhe von knapp zwei Prozent der gesamten Wirtschaftsleistung in den öffentlichen Haushalt – und zugleich wird der Staatsfonds weiter ausgebaut. Zwei Prozent der gesamten Wirtschaftsleistung würden in Deutschland 60 Milliarden Euro entsprechen, die für Ausgaben in Bildung oder Innovation zur Verfügung stehen würden.

Ein deutscher Staatsfonds könnte sich aus zwei Quellen speisen: aus privaten Ersparnissen und einer reformierten Erbschaftsteuer, die alle Erben gleich besteuert. Jedes Jahr werden bis zu 400 Milliarden Euro vererbt, die lediglich sechs Milliarden Euro Steuereinnahmen einbringen. Menschen mit Erbschaften bis 400 000 Euro zahlen im Durchschnitt mehr als zehn Prozent Erbschaftsteuer, solche mit mehr als 20 Millionen Euro nur knapp zwei Prozent. Eine einheitliche Erbschaftsteuer, die alle Erben nach Grundfreibeträgen mit zehn Prozent besteuert, wäre nicht nur fair, sondern würde das Steueraufkommen auch mindestens verdoppeln.

Die bereits beschriebenen Staatsbeteiligungen an Unternehmen in der Corona-Pandemie könnten ein logischer Startpunkt für einen solchen Staatsfonds sein, gerade auch mit dem Ziel, Innovation zu fördern. So würden die Bürger zumindest teilweise vom technologischen Wandel profitieren. Das Ziel ist nicht, dass staatliche Stellen Entscheidungen für Privatunternehmen treffen. Aber eine Beteiligung an Schlüsselindustrien könnte dazu beitragen, dass etwa Firmen wie Google, die im Westen auf einen Marktanteil von mehr als 90 Prozent kommen, langfristig im strategischen Interesse aller handeln.

Als Drittes braucht es eine grundlegende Änderung der Eigentumsrechte im Bereich der Informations- und Kommunikationstechnologien. Das erfolgreiche Geschäftsmodell von Google zeigt: Die Suchfunktion ist zwar kostenlos für jeden Nutzer und jede Nutzerin, aber der Konzern wertet die Informationen über seine Nutzer aus, um individuell Werbung zu schalten und Informationen an andere Geschäftsbereiche und möglicherweise auch Unternehmen weiterzuleiten. Ohne diese Daten hätten Google und andere IT-Unternehmen kein Geschäftsmodell.

Folglich ist es im Sinne einer besseren Teilhabe nur logisch, die Eigentumsrechte an den individuellen Daten und Informationen an genau diese zurückzugeben – also an die Eigentümerinnen und Eigentümer im wahrsten Sinne des Wortes. Konkret bedeutet das: Google könnte die Daten weiterhin nutzen, müsste dem Einzelnen aber eine Nutzergebühr zahlen und dürfte auch nur zeitlich begrenzt darauf zurückgreifen.

In Europa dominiert aktuell weniger die Sorge um die Eigentumsrechte als vielmehr die Sorge um den Datenschutz. Ohne Zweifel ist der Datenschutz wichtig, aber die Debatte greift hier zu kurz. Die Rückgabe der Eigentumsrechte würde die Balance im Geschäftsverhältnis zwischen Unternehmen und Usern grundlegend verändern – und am Ende einer weiteren sozialen Spaltung entgegenwirken.

KLIMASCHUTZ

Einer der wichtigsten und gravierendsten blinden Flecken unserer Zeit ist die Ignoranz und verzerrte Wahrnehmung der Bedeutung des Klimaschutzes. Seit mindestens dreißig Jahren ist in der Wissenschaft unumstritten und allen bewusst, dass die Welt offenen Auges in eine Klimakatastrophe läuft, wenn es nicht gelingt, die durch Menschen verursachte Klimaerwärmung stark zu begrenzen. Das Scheitern eines effektiven Klimaschutzes (und auch des Schutzes von Umwelt und Biodiversität) stellt eines der schwerwiegendsten Staatsversagen und gleichzeitig Marktversagen dar.

Zwar hat die Bundesregierung, wie auch andere Regierungen, in den vergangenen Jahrzehnten immer wieder Maßnahmen beschlossen, um den Klimaschutz voranzubringen. Vieles davon blieb jedoch Stückwerk oder hat in der Praxis nur unzureichend funktioniert. Dafür gibt es unzählige Beispiele wie den Versuch, den CO_2-Ausstoß über Zertifikate zu beschränken und dabei wirtschaftlich effizient zu bleiben – häufig konnten die wirtschaftlichen Ziele und die Umweltziele dabei nicht erreicht werden.

Freiheit

Der frühere CDU-Fraktionsvorsitzende Friedrich Merz fasste die Forderungen der Klimaschutzaktivisten wie folgt zusammen: »Es geht gegen unsere freiheitliche Lebensweise, um die Zerstörung der marktwirtschaftlichen Ordnung.« Beim Streit um den Klimaschutz geht es trotz vieler Details letztlich gerade auch um Freiheit, dabei aber vor allem um die Frage, wessen Freiheit Vorrang haben soll.

Viele Gegner der *Fridays for Future*-Bewegung fühlen sich von deren Forderungen gegängelt und in ihrer individuellen Freiheit beschnitten. Die Initiative – wie auch das Klimapaket der Bundesregierung – verlangt eine grundlegende Verhaltensänderung von Konsumenten und Unternehmen: eine eingeschränkte Mobilität, die Fliegen und Autofahren sehr viel teurer machen würde, bis hin zu Fahrverboten. Aber wäre eine solche Politik wirklich eine Beschneidung unserer individuellen Freiheiten, und schadet sie unserer liberalen Demokratie? Oder schafft sie nicht vielmehr Freiheit dort, wo die Zerstörung von Umwelt, Klima und Biodiversität immer stärker Beschränkungen verursacht?

Bei der Diskussion um den Klimaschutz kommt ein Aspekt häufig viel zu kurz: Effektiver Klimaschutz verursacht im Ganzen keine zusätzlichen Kosten, sondern er reduziert Kosten und schützt das, was die große Mehrheit der Menschen als lebenswertes Leben bezeichnet. Unser Verhalten in unserer Industriegesellschaft hat in den vergangenen Jahrzehnten zu massiv steigenden wirtschaftlichen, sozialen und politischen Kosten geführt: Der Feinstaub der Verbrennungsmotoren verursacht jedes Jahr viele Erkrankungen und vorzeitigen Tod durch Atemwegserkrankungen. Hunderte Tier- und Pflanzenarten werden jedes Jahr durch den vom Menschen verursachten Klimawandel unwiderruflich ausgelöscht. Naturkatastrophen kosten viele Menschenleben und verursachen massiven wirtschaftlichen Schaden. Selbst die Stabilität des Finanzsystems steht zunehmend auf der Kippe, da sich viele Unternehmen auf diesen rapiden Wandel nicht vorbereiten können. Kurzum, der von Menschen verursachte Klimawandel reduziert Wohlstand, Glück, Lebenszufriedenheit, Gesundheit und viele Dinge, die für die überwältigende Mehrheit der Menschen zu einem guten Leben dazugehören.

»Freie Fahrt für freie Bürger« – so die Gegner einer Geschwindigkeitsbegrenzung auf Autobahnen. Dies wird jedoch in der Zukunft für immer weniger Bürgerinnen und Bürger gelten. Denn die Freiheit des Individuums gehört zwar in einer Demokratie zu den höchsten Gütern. Diese Freiheit hört jedoch dort auf, wo sie die Freiheit anderer Menschen beschneidet. Der britische Philosoph Isaiah Berlin beschrieb den Konflikt zwischen den beiden Konzepten als den der positiven und negativen Freiheit. Wenn mein Verhalten also einen Einfluss auf Umwelt und Klima hat, indem es die Gesundheit, Arbeitsbedingungen oder wirtschaftliche Zukunft anderer beschneidet, dann müssen Politik und Gesellschaft diesen Konflikt individueller Freiheiten auflösen.

Nun stellen viele Kritiker des Klimaschutzes zu Recht die Frage, warum so plötzlich so grundlegende Änderungen erforderlich sein sollen. Warum sollen wir Menschen unser Verhalten nun abrupt ändern? Wenn unser Konsumverhalten und letztlich unsere Freiheit, sei es beim Autofahren oder beim Energieverbrauch, jahrzehntelang toleriert und akzeptiert waren, warum soll dies nun auf einmal falsch sein?

Die Antwort liegt vor allem in der wissenschaftlichen Erkenntnis: Seit einigen Jahren besteht kein seriöser Zweifel mehr an der Tatsache, dass der Mensch für den größten Teil des Klimawandels verantwortlich ist, dass dieser schon heute hohe Kosten verursacht und dass diese Kosten in der Zukunft mit hoher Wahrscheinlichkeit katastrophale Ausmaße annehmen werden. Kluge Maßnahmen zum Klimaschutz vermeiden somit wirtschaftliche, soziale und politische Kosten. Sie schützen oder schaffen gar mehr Freiheit für Bürgerinnen und Bürger, indem sie das Verhalten anderer in Bezug auf Natur und Umwelt beschränken und regulieren.

»Wenn die Fakten sich verändern, dann ändere ich meine Meinung. Was tun Sie, Sir?«, fragte der britische Ökonom John Maynard Keynes vor fast hundert Jahren. Genau dies trifft heute auf die wissenschaftliche Evidenz zu Klima und Umwelt zu, und diese Tatsachen kann die Politik nicht länger ignorieren. In dieser Realität liegt die Macht der *Fridays for Future*-Bewegung. Anders als anderen Bewegungen geht es ihren Anhängern nicht um Widerstand, Protest und Blockade, sondern sie berufen sich auf die Wissenschaft und haben konkrete und meist auch konstruktive Forderungen, die man nicht als egoistisch und polarisierend abtun kann. Denn der Schutz von Klima und Umwelt betrifft alle, und vor allem künftige Generationen. Die Macht des Faktischen macht diese Bewegung so unwiderstehlich und überzeugend. Und es geht ihr um den Schutz der Freiheit auch künftiger Generationen.

Klimaschutz ist gute Wirtschaftspolitik

Das Klimaschutzpaket der Bundesregierung, das diese 2019 umsetzte, sei wirtschaftlich schädlich und zerstöre die Marktwirtschaft, so einer der Kritikpunkte. Einige werfen der *Fridays for Future*-Bewegung vor, ihre Forderungen bedeuteten die »Zerstörung der marktwirtschaftlichen Ordnung«. Ein erheblicher Teil dieser Kritik beruht auf einem falschen Verständnis von Marktwirtschaft. Bei aller gerechtfertigten Kritik am Klimaschutzpaket tut es jedoch genau das Gegenteil: Es schützt und repariert eine dysfunktionale Marktwirtschaft.

Studenten der Ökonomie lernen sehr früh das Paradox der »Tragödie der Gemeinschaftsgüter« kennen. Ein Unternehmer, der das Recht hat, einen Fluss mit seinen Abwässern zu verschmutzen, berücksichtigt häufig nicht die Kosten, die dadurch für den Fischer entstehen. Die Politik könnte die Eigentumsrechte am Fluss jedoch genauso gut auf den Fischer übertragen, der dem Unternehmen somit verbieten könnte, den Fluss zu verschmutzen. Die Frage, welches dieser beiden Eigentumsrechte für die Gesellschaft das bessere ist, hängt von vielen Faktoren ab, aber beide sind ökonomisch vertretbar.

Die Umverteilung von Eigentumsrechten an Umwelt und Natur ist genau das, worüber Politik und Gesellschaft im Augenblick heftig streiten. Gehört der Planet der heutigen Generation, die darüber entscheidet, wie sie ihn künftigen Generationen weitergibt? Oder liegt das Eigentumsrecht bei künftigen Generationen, die ein Anrecht darauf haben, einen intakten Planeten und eine Umwelt mit möglichst geringen Veränderungen zu erben?

Eine große Mehrheit würde wohl der zweiten Option zustimmen. Und auch ein strikter Schutz von Klima und Umwelt ist ökonomisch zu rechtfertigen.

Ein zweiter häufig geäußerter Kritikpunkt am Klimaschutz ist, er zerstöre Wirtschaftswachstum und ziehe hohe wirtschaftliche Kosten nach sich, da Arbeitsplätze verloren gehen und Unternehmensgewinne einbrechen können. Aber auch das ist falsch. Denn beim Wirtschaftswachstum geht es nicht um abstrakte Zahlen, sondern um Wohlstand, Glück, Lebenszufriedenheit und Stabilität für Menschen. Die Methoden zur Messung des Wirtschaftswachstums berücksichtigen diesen Wohlstand nicht ausreichend, denn Gesundheitsschäden durch Luftverschmutzung, Verlust von Biodiversität oder Naturkatastrophen gehen selten in solche Messungen ein. Kluger Klimaschutz verlangt Strukturwandel und damit auch eine Veränderung von Arbeitsplätzen und des Verhaltens von Konsumenten und Unternehmen. Dies mag Anpassungskosten mit sich bringen, trägt langfristig jedoch auch zum wirtschaftlichen Wohlstand einer Gesellschaft bei. Und somit ist ein kluger Klimaschutz kein Hindernis, sondern eine Grundvoraussetzung für nachhaltiges Wachstum.

Das Klimaschutzpaket der Bundesregierung enthält zudem eine Reihe von Anreizen, um das Verhalten von Unternehmen und Konsumenten zu verändern. Die Bepreisung von CO_2 soll dazu führen, dass Menschen beispielsweise weniger das Auto nutzen und Unternehmen auf andere Produktionsmethoden umsteigen.

Auch Verbote gehören zu einer funktionierenden Marktwirtschaft dazu. Wenn die *Fridays for Future*-Bewegung fordert, man möge Verbrennungsmotoren ab 2030 verbieten, dann mag man das für überzogen oder fehlgeleitet halten. Eine solche Forderung hat jedoch nichts mit einer »Zerstörung der marktwirtschaftlichen Ordnung« zu tun, sondern kann voll und ganz vereinbar mit einer funktionierenden Marktwirtschaft sein. Denn sie schafft Transparenz, Planbarkeit und gleiche Bedingungen für alle. In Deutschland gibt es viele Verbote und Gebote, und die Festlegung von deutlich erkennbaren Leitplanken ist genau der Markenkern unserer sozialen Marktwirtschaft.

Das Problem ist nicht, dass der Klimaschutz unsere Marktwirtschaft zerstören würde, sondern das Problem ist vielmehr, dass die soziale Marktwirtschaft schon jetzt nur unzureichend funktioniert. Wenn Unternehmen und Konsumenten die Umwelt schädigen können, ohne diesen Schaden kompensieren zu müssen, kann keine Rede von einer funktionierenden Marktwirtschaft sein. Kluger Klimaschutz stärkt das Verursacherprinzip, bei dem Unternehmen und Bürger für ihr Verhalten geradestehen müssen.

Wenn man dem Klimaschutzpaket der Bundesregierung etwas vorwerfen kann, dann nicht, dass es der Marktwirtschaft schadet – sondern dass es nicht weit genug geht, um eine zunehmend dysfunktionale Marktwirtschaft zu reparieren und das Verursacherprinzip zu stärken. So liegen die verursachten Kosten von einer Tonne CO_2 nicht bei zehn Euro, wie im Klimapaket für den Verkehr festgelegt, sondern bei einem Vielfachen davon.

Der Klimaschutz erfordert große Anpassungen von der Wirtschaft und den Bürgern. Solche Veränderungen sind schmerzvoll und schwierig. Aber die Forderungen der *Fridays for Future*-Bewegung, die weit über die Maßnahmen des Klimaschutzpakets der Bundesregierung hinausgehen, sind keine Zerstörung des Marktes oder eine Beschneidung individueller Freiheiten. Sie erfordern genau das Gegenteil: eine Rückkehr zu funktionierenden Märkten. Klimaschutz ist kein Gegner, sondern eine Grundvoraussetzung für eine funktionierende soziale Marktwirtschaft.

CHANCENGLEICHHEIT UND EIGENVERANTWORTUNG

Der technologische Wandel setzt Menschen bereits heute und mehr noch in der Zukunft massiv unter Druck, sich stetig fortzubilden und zu qualifizieren. Für gut ausgebildete Arbeitnehmerinnen und Arbeitnehmer bedeutet dies auch immer eine Chance, etwas Neues zu lernen und sich beruflich zu entwickeln. Viele gerade auch weniger qualifizierte Menschen verstehen diese Erwartung von Qualifizierung und lebenslangem Lernen jedoch nicht als Chance, sondern vielmehr als Bedrohung. Denn sie schafft Unsicherheit und das Risiko, in recht kurzer Zeit die wirtschaftlichen und sozialen Errungenschaften der eigenen Arbeit zu verlieren.

Die naheliegende Lösung wäre, die wirtschaftliche Teilhabe zu verbessern. Der technologische Wandel hat in den vergangenen drei Jahrzehnten zu einem Anstieg der Ungleichheit bei Einkommen und Vermögen und einer Polarisierung der Arbeitswelt beigetragen. Dies muss aber nicht so sein, sondern spiegelt eher die Folgen einer kurzsichtigen Politik wider.

Eine bessere Teilhabe am technologischen Wandel erfordert ein grundlegendes Umdenken im Bildungssystem, von einer stärkeren frühkindlichen Bildung bis hin zu einem Curriculum in der Schule, das mehr Kinder und Jugendliche auf technische und digitale Berufe vorbereitet. Deutschland hat vor allem eine Schwäche in den sogenannten MINT (Mathematik, Informatik, Naturwissenschaft, Technik)-Fächern.

Auch das Konzept des lebenslangen Lernens wird in Zukunft massiv an Bedeutung gewinnen. Vor vierzig Jahren konnte fast jeder junge Mensch sicher sein, mit seinem Berufsabschluss und ohne große weitere Qualifizierung den gleichen Job bis zur Pensionierung ausüben zu können. Das gilt heute wohl für keinen jungen Menschen mehr. Eine junge Frau mit Mechatroniker-Abschluss muss genauso wie ein junger Bürokaufmann damit rechnen, sich bis zur Pensionierung stetig fortzubilden und eventuell in ganz andere Berufszweige wechseln zu müssen.

Auch wenn das duale Ausbildungssystem heute noch ein großer Erfolgsgarant für eine hohe Beschäftigungsquote und niedrige Arbeitslosigkeit unter jungen Menschen ist, muss es sich in Zukunft erheblich verändern. Denn seine Schwäche ist, dass Menschen sich sehr früh spezialisieren. Das bedeutet konkret in der Praxis, dass ein Schweißer, der im Alter von 45 Jahren arbeitslos wird, heute enorme Schwierigkeiten hat, einen neuen Job zu finden, wenn er in seiner Branche keinen bekommen kann.

Die frühe Spezialisierung kann den Menschen die Flexibilität nehmen, sich in der stetig verändernden Arbeitswelt zurechtzufinden und Chancen wahrzunehmen. Es gibt Versuche in Deutschland, durch ein duales Abitur oder ein duales Studium das Beste beider Welten – das Erlangen einer spezifischen Fertigkeit und einer breiten Bildung – zu kombinieren. Solche Veränderungen sind wichtig und müssen in Bildungssystemen der Zukunft an Bedeutung gewinnen.

Die zweite Aufgabe besteht darin, nicht nur eine bessere Qualität, sondern eine größere Inklusion des Bildungssystems zu schaffen. In der heutigen Bundesrepublik hängen die Bildungs- und damit auch viele Berufschancen nur sehr begrenzt von den Talenten und Fähigkeiten der jungen Menschen ab, sondern vielmehr von Einkommen und Bildungsgrad der Eltern. 70 Prozent der Akademikerkinder besuchen die Universität, jedoch nur 20 Prozent der Kinder von Nicht-Akademikern. Dabei sind die ersten sechs Jahre im Leben eines Kindes häufig entscheidend für seinen weiteren Weg.

In der Zukunft wird es immer wichtiger werden, schon im ersten Lebensjahr des Kindes die Weichen für dessen Zukunft zu stellen. Wir sehen diesen Wettbewerb und die Entscheidungszwänge bereits heute in vielen Teilen der USA oder in China. In den USA sind die Unterschiede im Bildungssystem enorm. Eltern wählen ihren Wohnort nicht selten nach der Qualität des örtlichen Schulsystems. Kinder im Alter von fünf Jahren müssen anspruchsvolle Aufnahmeprüfungen absolvieren, um auf die besten Schulen zu kommen.

Jugendliche im Alter von 17 Jahren müssen dann wiederum einen harten Wettbewerb bei ihren Bewerbungen um die besten Universitäten bestehen. Die Aufnahme an eine der sogenannten Ivy-League-Universitäten garantiert den Jugendlichen praktisch einen guten Berufseinstieg mit einem hohen Gehalt. Junge Menschen mit guten Talenten, die schlechte Schulen besucht haben, haben kaum Chancen, eine gute Universität besuchen und somit einen ordentlichen Berufseinstieg erlangen zu können. Hinzu kommen die enorm hohen Studiengebühren, selbst an staatlichen Hochschulen, die die Chancen für Jugendliche aus einkommensschwachen Familien stark beschränken.

Deutschland ist zwar noch weit entfernt von einem derart polarisierenden Bildungssystem. Die Unterschiede in den Bildungschancen sind jedoch auch hierzulande erheblich. Der Bildungsabschluss der Jugendlichen hängt ebenfalls stark vom Bildungsgrad und Einkommen der Eltern ab. Die Unterschiede im Bildungssystem zwischen Regionen, Bundesländern und auch Bezirken sind riesig geworden. Bildungsinvestitionen werden zu häufig per Gießkannenprinzip bestimmt und nicht nach den Bedürfnissen einzelner Schulen und der Kinder und Jugendlichen.

Die dritte große Dimension, um den technologischen Wandel zu gestalten und soziale Teilhabe sicherzustellen, ist die Stärkung der Eigenverantwortung des Einzelnen. Die ständige Veränderung und Anpassung der Arbeitswelt bedeutet, dass nicht nur der Staat, sondern auch das Individuum stetig neue Entscheidungen für sich selbst treffen muss.

Kein Staat und kein Unternehmen wird in Zukunft auch nur annähernd diese Vielfalt von erforderlichen individuellen Entscheidungen für den Einzelnen treffen können. Daher ist es so wichtig, dass Menschen damit nicht alleingelassen werden, sondern Hilfe erhalten, um Eigenverantwortung übernehmen zu können. Dazu gehört mehr als eine gute und breite Ausbildung und Qualifizierung. Es erfordert auch, dem einzelnen Arbeitnehmer die Freiheit zu geben, über die eigene Qualifizierung oder auch einen beruflichen Wechsel zu entscheiden.

Dazu bedarf es vor allem auch einer finanziellen Autonomie, um individuelle berufliche Entscheidungen treffen zu können. Eine 35-jährige Bürokauffrau, die sich gern beruflich verändern würde, sich also neu qualifizieren oder vielleicht sogar selbstständig machen möchte, hat heutzutage kaum die Chance, dies zu tun. Meist fehlen die finanziellen Mittel dazu. Und innerhalb eines Unternehmens ist eine neue Qualifizierung oft nicht möglich.

Ein Lebenschancenkredit oder Lebenschancenbudget ist eine kluge Option, um Menschen mehr Freiheit und Eigenverantwortung für ihr Berufsleben zu geben. Die Idee ist dabei, jedem 18-jährigen Menschen ein Budget von 20 000 Euro zur Verfügung zu stellen, über das er oder sie frei verfügen darf – auch für bestimmte gesellschaftlich wünschenswerte Dinge, für Fortbildung und Qualifizierung, um sich selbstständig zu machen oder sich beispielsweise eine Auszeit für die Pflege von Angehörigen zu nehmen. Damit gewinnt jeder Mensch ein gewisses Maß an finanzieller Autonomie, um bestimmte Lebenswünsche zu verwirklichen oder auch einmal finanzielle Risiken einzugehen. Das ist nicht nur eine kluge Sozialpolitik für den Einzelnen, sondern auch für die Gesellschaft als Ganzes.

Abgesehen vom Bildungssystem müssen aber auch andere Elemente der Sozialsysteme grundlegend verändert werden, damit sie Menschen aktiv unterstützen und ihnen Chancen eröffnen. Neben der gesetzlichen Rente, der Gesundheits- und Pflegeversicherung gehört dazu auch die Reform von Hartz IV.

Solidarität und Eigenverantwortung sind zwei der zentralen Pfeiler der sozialen Marktwirtschaft im Sinne von Ludwig Erhard. Sie war jahrzehntelang die Grundlage des Gesellschaftsvertrags und entscheidend für das Wirtschaftswunder nach dem Zweiten Weltkrieg. Von diesem Ideal ist Deutschland heute jedoch weiter denn je entfernt. Chancengleichheit existiert für immer weniger Menschen. Immer mehr werden abgehängt oder befürchten dies. Die soziale Mobilität ist gering – wer heute in eine sozial schwache und bildungsferne Familie geboren wird, hat es ungleich schwerer als in der Vergangenheit oder auch als in vielen anderen westlichen Ländern, eine gute Bildung und Ausbildung zu erlangen und den sozialen und wirtschaftlichen Aufstieg zu schaffen.

Viele Frauen haben es nach wie vor schwer, auf dem Arbeitsmarkt die gleichen Chancen und im Job den gleichen Lohn und die gleiche Anerkennung zu erhalten wie Männer. Viele Migrantinnen und Migranten verzweifeln angesichts der Schwierigkeiten, sich die für eine Arbeitsaufnahme erforderlichen Qualifikationen anzueignen.

Die Pandemie hat ein neues Bewusstsein dafür geschaffen, dass wir als Gesellschaft nur dann funktionieren können, wenn jede und jeder Einzelne eine ausreichende wirtschaftliche und soziale Teilhabe hat und Eigenverantwortung ausüben kann. Natürlich ist es nicht unwahrscheinlich, dass sich nach Ende der Pandemie alte Muster wieder verfestigen werden und Eliten zum Status quo ante zurückkehren wollen. Aber die Krise ist auch eine Chance für eine Verstetigung dieses neuen Bewusstseins und für einen grundlegenden Wandel in der Wirtschafts- und Sozialpolitik mit dem Ziel, die Schaffung von Chancen und Teilhabe für alle Gesellschaftsgruppen zu einer der wichtigsten Prioritäten der kommenden Jahre und Jahrzehnte zu machen.

TEIL 3: MULTILATERALISMUS VERSUS NATIONALISMUS

In den vergangenen dreißig Jahren hat die Menschheit einen nie da gewesenen wirtschaftlichen Fortschritt gemacht. Mehr als eine Milliarde Menschen haben den Sprung aus der absoluten Armut geschafft und eine zumindest bescheidene Zukunftsperspektive erhalten. Die Lebenserwartung ist deutlich gestiegen, die Kindersterblichkeit hat abgenommen, der Zugang zu Bildung und lebensnotwendigen sozialen Leistungen wie zum Gesundheitssystem wird immer weniger Menschen verwehrt.

Gleichzeitig ist die Welt heute gespalten wie nie zuvor nach dem Ende des Kalten Krieges und der deutschen Wiedervereinigung. Sie ist geprägt von den drei P – Populismus, Protektionismus und Paralyse. Gesellschaften sind zunehmend polarisiert, und politische Kräfte versuchen immer häufiger, mit populistischer Politik gesellschaftliche Gruppen gegeneinander auszuspielen und demokratische Regeln zu manipulieren. In fast allen Ländern sehen wir einen erstarkenden Nationalismus und Protektionismus, wirtschaftlich wie politisch. Gleichzeitig bleiben die großen Herausforderungen ungelöst, und die Politik verharrt immer häufiger in einer Schockstarre ohne ausreichend Mut und Engagement, notwendige Veränderungen herbeizuführen.

Auch die Pandemie hat diese drei P zum Vorschein gebracht – US-Präsident Trump gibt China die Schuld an der Pandemie, weitet seinen Handelskonflikt mit dem Rest der Welt aus und weigert sich zunehmend, der Realität ins Auge zu schauen. China und viele andere Nationen verhalten sich ähnlich nationalistisch. Und auch in Deutschland war die erste Reaktion auf die Pandemie die Konzentration auf das eigene Land. Grenzen wurden geschlossen, Exportverbote für medizinische Produkte in Betracht gezogen und Ressourcen national mobilisiert. Dabei zeigt die Pandemie, wie bereits hinlänglich dargestellt, dass die neuen Herausforderungen nicht national, sondern nur gemeinsam, also global gelöst werden können. Das Virus macht genauso wenig halt an nationalen Grenzen wie technologischer Fortschritt, Klimawandel oder globale Migrationsströme und Konflikte.

Dieses Bewusstsein der Gemeinsamkeit hat sich infolge der Pandemie in vielen Ländern zunehmend durchgesetzt. Die Bundesregierung hat ihren Kurs in der Europapolitik grundlegend geändert und drängt auf gemeinsame europäische Lösungen, um die Pandemie zu bekämpfen und Europa wirtschaftlich, politisch und sozial nach der Krise neu aufzustellen. Auch wenn wir nicht wissen, ob diese Versuche Erfolg haben werden, zeigt sich doch ein neues europäisches Bewusstsein, das Europa in den kommenden Jahren und Jahrzehnten prägen könnte.

Nach drei Jahrzehnten – seit dem Zusammenbruch der UdSSR – der amerikanischen Hegemonie ist die Welt heute sehr viel komplexer. China macht den USA die Vorreiterrolle streitig. Europa gerät zunehmend in die Konfliktlinie zwischen den beiden Supermächten, ist sich aber noch immer nicht einig, welche Rolle es für sich in der Welt beanspruchen soll und wie es die eigenen Interessen am besten schützen kann.

Was sind die Ursachen dieser Dichotomie, dieses scheinbaren Widerspruchs zwischen Fortschritt und globaler Polarisierung? Warum wird der Multilateralismus so stark attackiert und geschwächt, obwohl er die Grundlage für viele Aspekte des wirtschaftlichen Wohlstands und des technologischen Erfolgs der vergangenen Jahrzehnte ist? Kann die Erfahrung der Pandemie die Weltgemeinschaft wachrütteln, dass sie begreift und akzeptiert, dass die globalen Herausforderungen nur gemeinsam gelöst werden können?

KAPITEL 7: HYPER-GLOBALISIERUNG UND POPULISMUS

Die letzten drei Jahrzehnte waren von der Globalisierung geprägt – nicht nur von einem wachsenden Welthandel, sondern auch von einem zunehmenden Austausch von Kapital, Dienstleistungen und Migration über Ländergrenzen hinweg. Diese Globalisierung hat viele Ursachen, vor allem ist sie jedoch auf den technologischen Wandel und den großen Fortschritt bei den Informations- und Kommunikationstechnologien zurückzuführen. Sie haben dazu geführt, dass die Welt virtuell vernetzt wurde, Ländergrenzen immer weniger bedeutsam und Menschen über immer größere Distanzen hinweg voneinander abhängig wurden. Auch der Neoliberalismus, eine systematische Verschiebung von Kontrolle, Regelsetzung und Steuerung von staatlichen Institutionen hin zu Märkten, hat hier eine entscheidende Rolle gespielt.

Die Globalisierung hat enormen Wohlstand geschaffen und war in vielerlei Hinsicht ein großer wirtschaftlicher und sozialer Erfolg. Aber sie hat auch eine Kehrseite, denn sie hat zwar Ungleichheiten zwischen Ländern verringert, die soziale Polarisierung innerhalb von Gesellschaften jedoch erhöht. Daher sollte es uns nicht überraschen, dass der Widerstand gegenüber der Globalisierung und die Unzufriedenheit gegenüber der Politik zunehmen. Die Corona-Pandemie ist jedoch auch eine Chance für einen Neustart und eine Korrektur vergangener Fehler.

Zwar ist die Gefahr groß, dass Populismus und Nationalismus sich noch verstärken und die Weltwirtschaft ein verlorenes Jahrzehnt erleben könnte. Aber die Corona-Krise eröffnet auch die Chance für eine Phase kluger Globalisierung mit einer größeren sozialen Teilhabe.

VIER PHASEN DER GLOBALISIERUNG

Globalisierung wird meist in erster Linie als freier Handel mit Gütern und Dienstleistungen über die Grenzen von souveränen Nationalstaaten hinweg verstanden. Sie ist jedoch sehr viel mehr als das. Neben Gütern und Dienstleistungen ist der freie, ungehinderte Verkehr von Kapital ein weiteres Element, wie beispielsweise die Tatsache, dass eine brasilianische Investorin heute fast ungehindert innerhalb weniger Sekunden per Knopfdruck aus São Paulo die Aktie eines deutschen Unternehmens oder eine chinesische Staatsanleihe kaufen kann. Ein weiteres Element der wirtschaftlichen Dimension der Globalisierung ist die Mobilität von Menschen, die immer häufiger in andere Regionen und Länder ziehen, um dort zu arbeiten und zu leben.

Diese vier Freiheiten – der freie Verkehr von Gütern, Dienstleistungen, Kapital und Menschen – sind essenzielle Bestandteile des Binnenmarktes der Europäischen Union seit Anfang der 1990er-Jahre. Vor allem Deutschland hat stark von diesen vier Freiheiten in der EU profitiert. In den letzten zehn Jahren konnten viele deutsche Unternehmen ihren Bedarf an Fachkräften nur durch eine starke Zuwanderung aus anderen europäischen Ländern decken. Vor allem junge, gut qualifizierte und hoch motivierte andere Europäer sind nach Deutschland gekommen, um hier zu arbeiten. Ohne diese Offenheit auch für Arbeitskräfte wäre der Wirtschaftsboom der 2010er-Jahre in Deutschland nicht möglich gewesen. Um sich für Arbeitskräfte von außerhalb Europas zu öffnen und attraktiv zu sein, hat die Bundesregierung im Jahr 2019 ein Fachkräftezuwanderungsgesetz verabschiedet, das Kriterien benennt, damit Menschen von außerhalb der EU in Deutschland eine Arbeit aufnehmen können.

Globalisierung geht jedoch weit über diese ökonomische Dimension der vier Freiheiten hinaus – sie hat zusätzlich eine wichtige kulturelle Dimension. Globalisierung bedeutet auch eine stärkere Kooperation und den Austausch von Ideen. Sehr schnell in der Pandemie kamen Dutzende von Kooperationen über Ländergrenzen und Kontinente hinweg zustande, um einen Impfstoff gegen das Covid-19-Virus zu finden. Der Austausch von Informationen hat zunehmend zu einer kulturellen Annäherung und zu Verbindungen geführt. Globalisierung schafft für manche Menschen eine gemeinsame Identität. Gut gebildete, kosmopolitische Menschen in Berlin mögen heute mehr an Werten und Lebenszielen mit ähnlichen Menschen in New York oder London teilen als mit Menschen in ihrer unmittelbaren Nachbarschaft in Brandenburg oder Sachsen. Globalisierung reduziert somit die Bedeutung von Geografie und Nationalität.

Die politische Dimension der Globalisierung bedeutet, dass immer häufiger Regeln des Zusammenlebens und des Wirtschaftens nicht national, sondern supranational bestimmt werden. So sind in den letzten siebzig Jahren viele internationale Organisationen entstanden – wie die Vereinten Nationen, die Weltbank, die Weltgesundheitsorganisation (WHO) oder die Welthandelsorganisation (WTO) –, deren Ziel es ist, gemeinsame Regeln aufzustellen und Entscheidungen über nationale Grenzen hinweg zu koordinieren. Auf europäischer Ebene hat die Europäische Union mit ihren Institutionen stark an Bedeutung gewonnen. Die Schaffung des Euro ist ein konkretes Beispiel, wie nationale Souveränität durch eine geteilte europäische Souveränität ersetzt wird.

Dieser Prozess der Globalisierung ist nicht neu, es gibt ihn schon seit der industriellen Revolution. Vor allem Ende des 19. und Anfang des 20. Jahrhunderts hat die Welt eine Hochphase der Globalisierung erlebt. Innerhalb weniger Jahrzehnte verdreifachte sich der Welthandel, Kapital floss nahezu ungehindert über Ländergrenzen hinweg. Viele Millionen Menschen migrierten, vor allem aus Europa und in die USA.[25]

Diese Phase kam mit dem Ersten Weltkrieg zu einem abrupten

Halt. Es folgte eine schmerzvolle Phase der De-Globalisierung, die bis nach dem Zweiten Weltkrieg und Ende der 1940er-Jahre andauerte. Diese dreißig Jahre waren geprägt von nationaler wirtschaftlicher Isolierung, Nationalismus, Protektionismus und Militarismus, und sie endete bekanntlich in der Katastrophe.

Darauf folgte eine dritte Phase der Globalisierung und der strikten und klaren Regeln, die auf einer Konferenz hauptsächlich der westlichen Siegermächte des Zweiten Weltkriegs im Sommer 1944 in *Bretton Woods*, einem kleinen Ort in New Hampshire, USA, ausgehandelt wurden. Die Bretton-Woods-Regeln beschränkten die Globalisierung sehr stark auf den freien Handel von Gütern und Dienstleistungen, erlaubten aber nicht den freien Verkehr von Kapital oder die Freizügigkeit für Menschen über Ländergrenzen hinweg. Eine der großen Errungenschaften dieser Konferenz war jedoch die Schaffung wichtiger multilateraler Institutionen wie Weltbank und Internationaler Währungsfonds (IWF), die einen ausgewogenen, fairen Fortschritt bei der Globalisierung sicherstellen sollten.

Die vierte Phase der Globalisierung begann Anfang der 1990er-Jahre mit dem Zusammenbruch der Sowjetunion und der Öffnung des Eisernen Vorhangs. Im Vergleich zur Bretton-Woods-Periode prägte diese vierte Phase der »Hyper-Globalisierung« die Öffnung für freien Kapitalverkehr und eine grundlegende Veränderung globaler Regeln, die die nationale Souveränität über wirtschaftliche und soziale Regeln stark beschränkte. Viele der multilateralen, internationalen Institutionen versuchten das Vakuum der geschwächten nationalen Regelsetzung zu füllen, konnten dies jedoch allzu häufig nicht leisten. So wurde zwar beispielsweise in den 1990er-Jahren die Welthandelsorganisation (WTO) geschaffen, sie verlor jedoch recht bald an Einfluss und wurde von nationalen Regierungen zunehmend umgangen oder ignoriert. Letztlich wurde dieses Vakuum von Souveränität und Regeln durch den Markt, durch multinationale Unternehmen gefüllt, die zunehmend selbst ihre eigenen Regeln setzten oder mit ihrem Verhalten bestehende Regeln umgingen oder irrelevant machten.

HYPER-GLOBALISIERUNG

Die Phase der Hyper-Globalisierung der vergangenen dreißig Jahre ist geprägt von großen Erfolgen, aber auch von großen Misserfolgen und Krisen. Selten zuvor gab es wirtschaftlich und sozial so großen Fortschritt wie seit 1990. Der Anteil der Weltbevölkerung, der in absoluter Armut lebt, konnte in dieser Phase von über 30 Prozent auf 15 Prozent gesenkt, also mehr als halbiert werden. Die Lebenserwartung stieg erheblich, und die Analphabetenrate ist in vielen der armen und ärmsten Länder der Welt gesunken. Der Zugang zu Ärzten, Schulen und Sozialsystemen ist in vielen Teilen der Welt deutlich gestiegen. Vor allem China ist einer der ganz großen Gewinner dieser Globalisierungsphase. Aber auch andere Länder wie Indien und andere Teile Asiens wie auch Lateinamerikas konnten dramatische wirtschaftliche und soziale Fortschritte erzielen.

Dieser Erfolg war nur möglich durch die Globalisierung, durch die viele der Länder Zugang zu den Weltmärkten bekamen, exportieren konnten, neue Technologien erhielten und von erfolgreicheren Ländern lernen konnten.

Diesem Erfolg steht jedoch eine Reihe von Problemen und Misserfolgen gegenüber. An vielen Teilen Afrikas ging diese vierte Phase der Globalisierung fast komplett vorbei. Viele wurden marginalisiert oder gar für die Bereitstellung von Rohstoffen missbraucht, sodass große Teile der Bevölkerung kaum profitieren konnten. Allzu häufig wurden Konflikte geschürt und Umweltzerstörung in Kauf genommen.

Wie bereits erwähnt, ist Deutschland zweifelsohne einer der großen Gewinner dieser Phase der Hyper-Globalisierung. Die Exporte deutscher Unternehmen haben sich mehr als verdoppelt. Es wurden viele neue und gute Jobs in Exportunternehmen geschaffen. Gerade in den 2010er-Jahren konnte die Bundesrepublik einen Wirtschaftsboom erleben, der ohne den starken Anstieg von Exporten nach China und in andere Schwellenländer nicht möglich gewesen wäre. Viele neue Arbeitsplätze konnten entstehen, sodass die Arbeitslosigkeit von über 5 Millionen im Jahr 2005 auf wenig mehr als 2 Millionen im Jahr 2019 sinken konnte. Das gesamte deutsche Wirtschaftsmodell ist stark auf den Export ausgerichtet – Exporte machen fast die Hälfte der Wirtschaftsleistung aus, und fast jeder zweite Job hängt direkt oder indirekt an den Ausfuhren von Gütern und Dienstleistungen.

Auch die meisten anderen westlichen Länder haben von der Globalisierung wirtschaftlich profitiert, aber in der Regel deutlich weniger als Deutschland. Vor allem in den USA sind Kosten und Nutzen sehr viel ausgewogener. Ein Drittel der US-Amerikanerinnen und -Amerikaner hat heute geringere Einkommen als noch vor vierzig Jahren, und auch in Europa hat die wirtschaftliche und soziale Polarisierung zugenommen. Zur Ehrlichkeit gehört die Erkenntnis, dass es auch in Deutschland nicht nur Gewinner, sondern auch Verlierer der Globalisierung gibt. Auch in Deutschland sind Arbeitsplätze verloren gegangen. In manchen Branchen sind Einkommen nicht gestiegen, sondern gesunken, während die Anforderungen an Arbeitnehmerinnen und Arbeitnehmer häufig größer geworden sind. Es sind die gut gebildeten, flexibleren Menschen, die stark von der Globalisierung profitieren. Und es sind die weniger flexiblen Menschen, die wenig profitieren und einen ungewollten Preis für den Erfolg der Globalisierung zahlen.

Zudem war die Art und Weise, wie sich die Globalisierung in den vergangenen dreißig Jahren entwickelte, eine entscheidende Ursache für eine Reihe von massiven und höchst schädlichen Krisen. Viele Schwellenländer in Asien und Lateinamerika erlebten in den 1990er-Jahren Finanzkrisen, weil sie mit dem offenen Kapitalverkehr nicht umgehen konnten und sich in eine hohe Abhängigkeit von internationalen Investoren begeben hatten. So erlebte beispielsweise Indonesien im Sommer 1997 nach Ausbruch der asiatischen Finanzkrise einen Rückgang der Wirtschaftsleistung von mehr als 20 Prozent in weniger als zehn Monaten. Das waren größere Verluste, als Deutschland in den ersten Monaten der Corona-Pandemie zu verzeichnen hatte.

Der Börsencrash der sogenannten *Dotcom*-Blase von Technologieunternehmen trug Anfang der 2000er-Jahre zu einer tiefen Rezession bei. Fehlende oder unzureichende Regeln für globale Finanzmärkte und Finanzinstitutionen erzeugten zunehmend Verwerfungen in globalen Kapitalmärkten, die sich ultimativ im Ausbruch der globalen Finanzkrise im September 2008 manifestierten. Jede dieser Krisen verlangte einen besonders hohen Preis von den schwächsten Mitgliedern der Gesellschaft, die von Arbeitslosigkeit, Einkommenseinbußen und hoher Unsicherheit betroffen waren. Andere Krisen wie die Migrationskrise ab 2015 oder die sich verschärfende Klimakrise blieben bis heute ungelöst.

Sicherlich ist nicht allein die Globalisierung für die beschriebene soziale Polarisierung und die zunehmende Häufigkeit und die Kosten von globalen Krisen verantwortlich, aber sie hat eine ganz erhebliche Rolle dabei gespielt. Und sie ist für den oben beschriebenen Aufstieg von Populismus, Protektionismus und Paralyse mitverantwortlich – es sind Versuche, auf die Auswirkungen der Globalisierung zu reagieren.

Wie der Begriff »Hyper-Globalisierung« suggeriert, ist die Globalisierung in den vergangenen dreißig Jahren trotz großer Erfolge zu oft und zu weit in die falsche Richtung gegangen. Zu häufig haben Liberalisierung und Deregulierung von Märkten zu einer falschen Allokation von Chancen und Ressourcen geführt, sodass bestimmte Elemente der Globalisierung mehr Schaden verursacht als Nutzen gestiftet haben. Zu oft haben einige wenige die Regeln der globalen Wirtschaft zu ihren Gunsten verändert und zulasten einer großen Mehrheit davon profitiert. Diese Phase des Neoliberalismus und der Hyper-Globalisierung hat somit ganz entscheidend zur politischen, sozialen und wirtschaftlichen Polarisierung beigetragen, der wir uns heute gegenübergestellt sehen. Und die Corona-Pandemie führt diese Konflikte allen vor Augen.

DAS GLOBALISIERUNGS-TRILEMMA

Der türkisch-amerikanische Ökonom Dani Rodrik beschreibt diese Widersprüche und Konflikte der Globalisierung der vergangenen dreißig Jahre in der Form eines »Globalisierungs-Trilemmas«. Es besagt, dass keine Nation eine umfassende Globalisierung, einen souveränen Nationalstaat und eine funktionierende liberale Demokratie gleichzeitig gewährleisten kann. Durch dieses Dilemma entsteht ein grundlegender Konflikt innerhalb der Gesellschaft, zwischen verschiedenen Gruppen, die unterschiedliche Interessen und Ziele verfolgen. Dabei hat die nationale Politik immer weniger Möglichkeiten, die Abwägung zwischen diesen drei Zielen selbst zu gestalten.

Ein zentrales Merkmal der gegenwärtigen Phase der Hyper-Globalisierung ist, dass die Regeln nicht länger national gesetzt werden, sondern global und auch zunehmend durch multinationale Unternehmen und private Interessen bestimmt werden. Ein Beispiel ist das Steuersystem. Multinationale Konzerne nutzen Schlupflöcher und Steueroasen, um ihre Steuern nicht dort entrichten zu müssen, wo sie ihre Produkte verkaufen und wo ihre Kunden sitzen, sondern dort, wo sie nicht selten komplett ohne steuerliche Belastung davonkommen.

Wenn eine nationale Regierung dies moniert und den Konzern dazu bringen möchte, Steuern auch national zu entrichten, sieht sie sich der Drohung gegenüber, dass der Konzern seine Produktion in ein Land verlagert, in dem er solche Steuerprivilegien noch immer nutzen kann. Die nationalen Regierungen stehen daher vor der Wahl, einen multinationalen Konzern vor Ort zu haben, der zwar kaum Steuern zahlt, aber einige Arbeitsplätze schafft, oder die Abwanderung des Konzerns zu riskieren, was letztlich auch keine höheren Steuereinnahmen bedeutet.

Nicht nur beim Thema Steuern, sondern in vielen anderen Bereichen wissen multinationale Konzerne ihre Macht auszuspielen und sich Wettbewerbsvorteile gegenüber kleineren, weniger flexiblen und agilen Unternehmen zu verschaffen. Durch die Art der Produktion verstehen es vor allem digitale Unternehmen wie Google, Amazon oder Facebook, global quasi ein Monopol in ihrem Bereich zu halten und somit große Macht über nationale Regulatoren und Regierungen ausüben zu können. Dies führt zu einer Wettbewerbsverzerrung, bei der Kleinunternehmen zu ganz anderen Bedingungen arbeiten müssen und von Anfang an Wettbewerbsnachteile haben. Das Resultat sind nicht selten schlechtere Arbeitsbedingungen für Beschäftigte, weniger Vielfalt, weniger Innovation und höhere Preise für die Konsumentinnen und Konsumenten.

Ein weiteres Beispiel sind die globalen Finanzmärkte und Finanzinstitutionen, die seit Ende der 1990er-Jahre nur noch schwach reguliert und begrenzt wurden, dabei aber neue Produkte schaffen und enorme Risiken eingehen. Die Deregulierung von Finanzmärkten und -institutionen war die zentrale Ursache für die globale Finanzkrise 2008/2009. Nicht nur, dass die Finanzaufsicht in den USA und Europa ihre Finanzinstitutionen nicht ausreichend kontrollieren konnte, es wurden Risiken und Abhängigkeiten geschaffen, die letztlich in der Katastrophe endeten.

Die Hyper-Globalisierung hat somit die Macht privater Unternehmen und multinationaler Konzerne über staatliche Institutionen massiv erhöht. Mehr noch, die Möglichkeit, Staaten gegeneinander auszuspielen, hat viele Regierungen gezwungen, Steuern zu senken und Regeln aufzuweichen, um Unternehmen und damit wirtschaftlichen Wohlstand nicht an andere Länder zu verlieren. Und dies ist die erste Abwägung des Trilemmas: Wollen Nationen das Spiel der Hyper-Globalisierung mitmachen und davon profitieren, indem sie die Regeln besser für sich nutzen? Oder wollen sie mehr nationale Souveränität bewahren und damit weniger die Vorteile und den Wohlstand der Globalisierung genießen?

Letztlich ist diese zweite Frage bereits obsolet, denn Nationen mit einer stark globalisierten Wirtschaft können kaum mehr zurück. Großbritannien versucht mit dem Brexit einen solchen

Rückschritt: Die britische Regierung will von der Globalisierung profitieren und gleichzeitig mehr nationale Souveränität genießen, indem sie sich von der Europäischen Union lossagen und ihre eigenen Regeln aufstellen will. Dies ist eine Illusion, die zum Scheitern verurteilt ist. Denn in den Verhandlungen mit der Europäischen Union stellen die Briten fest, dass sie sich auch in Zukunft an die Regeln der Europäischen Union halten müssen, von außerhalb der EU aber kaum mehr Einfluss auf diese Regeln nehmen können. Daher dürfte Großbritannien die schlechtere der beiden Welten erleben: Das Land wird in Zukunft nicht mehr, sondern weniger nationale Souveränität über die Regeln seiner Wirtschaft haben und gleichzeitig auch weniger von offenen Grenzen der Globalisierung profitieren.

Der zweite Konflikt besteht zwischen der Hyper-Globalisierung und einer funktionierenden liberalen Demokratie. Die Wahl eines Donald Trump zum US-Präsidenten ist zu einem erheblichen Maße der Tatsache geschuldet, dass viele US-Amerikanerinnen und -Amerikaner einen zu hohen Preis für die Globalisierung und den wirtschaftlichen Erfolg gezahlt haben. Viele haben in den letzten dreißig Jahren ihre Arbeit verloren und mussten eine geringer bezahlte neue Arbeit annehmen. Viele leben in einer enormen Unsicherheit über die Zukunft. Daher haben nicht wenige ihre Hoffnung in einen radikalen Politikwechsel eines Donald Trump gesetzt, auch wenn dieser die Hoffnung enttäuscht hat. Auch in Europa ist dieser Widerspruch zwischen Hyper-Globalisierung und einer funktionierenden, gesunden Demokratie fast überall sichtbar.

POPULISMUS, PROTEKTIONISMUS UND PARALYSE

Die Hyper-Globalisierung und das dadurch ausgelöste Globalisierungs-Trilemma ist einer der zentralen Gründe für die drei P, welche die nationale Politik heute fast überall erheblich prägen – Populismus, Protektionismus und Paralyse. Doch wie kann es sein, dass es der etablierten Politik in wirtschaftlich erfolgreichen Ländern immer schwerer fällt, Unterstützung zu erlangen und ihre Programme umzusetzen? Mehr noch, nicht nur in den USA und in Großbritannien sind Regierungschefs am Werk, die ganz bewusst polarisieren und auf populistische Symbole und Maßnahmen setzen. Was sind die Ursachen und was die Konsequenzen dieser Politik?

Der Begriff des Populismus beschreibt nicht so sehr eine bestimmte Politik, sondern vielmehr eine Geisteshaltung und Einstellung. Es geht dabei meist um eine Polarisierung, um ein » Wir gegen die anderen«. Dabei sollen bestimmte Gruppen oder gar Mehrheiten marginalisiert oder ihnen der Anspruch auf Zugehörigkeit abgesprochen werden. Eine Studie von Wolfgang Merkel für die Bertelsmann-Stiftung unterscheidet zwischen drei definierenden Elementen.

Zunächst hat der Populismus eine » Anti-Establishment«-Dimension. Populisten sehen sich als das Wahlvolk, das gegen eine korrupte Elite kämpft. So ist ein Donald Trump auch durch die Behauptung, er wolle gegen das korrupte Establishment kämpfen, an die Macht gekommen. Ihm gelang dies, obwohl er – wie viele andere politisch erfolgreiche Populisten – selbst zu dieser Elite gehört. Und in Deutschland sind heute Parolen wie » Wir sind das Volk« oder » Merkel [Angela, nicht Wolfgang, M. F.] muss weg« letztlich populistische Äußerungen, die auf eine solche Polarisierung abzielen.

Die » Pro-Volkssouveränität« ist eine zweite Dimension des Populismus. Dabei wird versucht, die Souveränität über Entscheidungen einer Nation von der Politik unmittelbar ans Volk zu verschieben. Populisten machen sich dafür stark, dass wichtige Fragen direkt durch einen Volksentscheid entschieden werden und nicht durch die üblichen Mechanismen der liberalen und repräsentativen Demokratie.

Als dritter Punkt gehört der » Anti-Pluralismus« zur Ausprägung des Populismus. Dabei geht es häufig um Identität und um den Wunsch nach Homogenität, die ein Volk definieren soll und mit der es sich identifizieren kann. Die Identifikation mit einer Gruppe, die möglichst homogen ist, soll es den Populisten leichter machen, sich abzugrenzen und sich moralisch zu erhöhen, sich also selbst als »gut« und andere als »schlecht« zu beschreiben. Wir haben in den westlichen Demokratien der vergangenen beiden Jahrzehnte eine massive Zunahme eines so ausgeprägten Populismus erlebt, und vor allem seit der globalen Finanzkrise 2008/2009. Viele sehen in Donald Trump den ultimativen Populisten, der diese drei Elemente – das Anti-Establishment, die Pro-Volkssouveränität und den Anti-Pluralismus – meisterlich für sich genutzt hat und mit seiner Wahl zum US-Präsidenten 2016 eine der größten politischen Überraschungen erzielen konnte. Aber kaum ein Land in Europa ist frei von Populismus und Populisten, die in den vergangenen Jahren erstaunliche Erfolge erzielen konnten. In Frankreich hat es eine Marine Le Pen bis in die Stichwahl für das Amt des Staatspräsidenten geschafft, während es in Italien ein Matteo Salvini zum Innenminister und stellvertretenden Ministerpräsidenten bringen konnte.

In Deutschland sehen wir mit dem Erfolg der AfD bei der Bundestagswahl 2017 als drittstärkste Partei im Bundestag und als größte Oppositionspartei eine rechtspopulistische Partei, die mit populistischen Parolen und Forderungen erfolgreich auf Stimmenfang geht. Besonders starken Auftrieb hat ihr und anderen populistischen Stimmen auch etablierter Parteien die Migration von über einer Million Geflüchteter ab dem Sommer 2015 gegeben.

Was viele Populisten in fast allen europäischen Ländern eint, ist die Ablehnung der Globalisierung und der Europäischen Union in ihrer jetzigen Form sowie die Forderung nach einer Stärkung nationaler Souveränität. Nicht wenige Populisten in Europa fordern die Abschaffung des Euro und die Rückkehr zu nationalen Währungen. Ferner treten sie für eine Schwächung europäischer Regeln und gegen den Europäischen Gerichtshof als letzte Instanz für viele der gemeinsamen Regeln ein. Des Weiteren für weniger gemeinsame europäische Souveränität in vielen Fragen der Sozial- und Wirtschaftspolitik. Interessant dabei ist, dass sich viele Populisten gar nicht als Gegner Europas verstehen, sondern als enttäuschte Europäer, die lediglich ein grundlegend anderes Europa wollen. Nur wenige Populisten sagen jedoch, wie dieses andere Europa aussehen sollte. Denn sie wissen die breite Unterstützung der europäischen Integration der großen Mehrheit der Bevölkerung klug zu nutzen und gleichzeitig Europa die Schuld für viele nationale Probleme zu geben.

Auch in Deutschland wird Europa allzu gern als Sündenbock für diverse nationale Probleme hingestellt. Ein Beispiel ist die massive Kritik an der Europäischen Zentralbank (EZB) und am Euro. Es ist kein Zufall, dass einige der AfD-Gründer im Jahr 2013 Wirtschaftsprofessoren waren, die den Euro kritisierten und einen Ausstieg Deutschlands aus der Gemeinschaftswährung forderten. Allerdings muss eingeräumt werden, dass nicht alle Kritiker der EZB und ihrer Geldpolitik anti-europäische Populisten sind. Ihre Kritik geht jedoch allzu häufig über die Grenze des Sachlichen hinaus und wird populistisch und europafeindlich. So bringen die Kritiker häufig vor, die EZB versuche absichtlich, südeuropäischen Ländern auf Kosten Deutschlands zu helfen. Dabei wird den Deutschen ein moralisch besseres Verhalten zugeschrieben, das einem moralisch schlechteren Verhalten von Italienern oder Griechen gegenübergestellt wird.

Die Argumente der EZB-Kritiker in Deutschland zielen letztlich ab auf eine Ablehnung der europäischen Gemeinschaft zugunsten mehr nationaler Souveränität. Ähnliches gilt für viele andere Dimensionen der europäischen Integration wie die Vertiefung und Vollendung des Binnenmarktes für Kapital und Banken oder die Schaffung gemeinsamer Regeln für Migration und Freizügigkeit.

Das zweite P, das viele Länder der Welt in den vergangenen zehn Jahren geprägt hat, ist der Protektionismus. Dabei gibt es viele unterschiedliche Ausprägungen. Die *America First*-Politik eines Donald Trump ist vielleicht eines der klarsten Beispiele dafür. So hat der US-Präsident zahlreiche Handelskonflikte angezettelt. Er hat seine beiden Nachbarstaaten, Kanada und Mexiko, gezwungen, ein neues Freihandelsabkommen auszuhandeln, obwohl dies kaum zu einer Verbesserung geführt hat. Er hat wiederholt Sanktionen gegen China verhängt und auch Deutschland mit Strafzöllen auf Automobilexporte gedroht. Die US-Administration hat sich unter Donald Trump aus vielen internationalen Organisationen zurückgezogen oder sich ihrer Verantwortung verweigert. Sie hat die Zahlung der Mitgliedsbeiträge an die Weltgesundheitsorganisation (WHO) mitten in der ersten Phase der Pandemie im Frühjahr 2020 eingestellt, die Welthandelsorganisation (WTO) weiterhin blockiert und das Pariser Klimaabkommen genauso aufgekündigt wie das Abkommen mit dem Iran.

Aber auch die Bundesrepublik ist in den vergangenen Jahren immer wieder in die Falle des Protektionismus getappt. Wir Deutschen schauen gern kritisch auf unsere Nachbarn und vergessen dabei, dass auch Teile der deutschen Wirtschaftspolitik hoch protektionistisch sind. Seit vielen Jahren werden die hohen Exportüberschüsse international angemahnt. Wir Deutschen sehen dies als Affront, da diese doch scheinbar auf den Erfolg und die hohe Wettbewerbsfähigkeit der deutschen Exportunternehmen zurückzuführen sind. Ignoriert wird dabei jedoch, dass hierzulande relativ wenig importiert wird – auch weil es ausländischen Unternehmen durch starke Regulierung und schwierige Anforderungen enorm schwer gemacht wird, im deutschen Markt Fuß zu fassen.

Andere Beispiele für den deutschen Protektionismus sind die strikter werdenden Regeln für ausländische Direktinvestitionen. Die Empörung ist groß, wenn sich ausländische Unternehmen an deutschen Unternehmen beteiligen oder sie gar ganz aufkaufen. Natürlich ist es richtig, dass man einen Missbrauch verhindern will, der beispielsweise entstehen könnte, wenn chinesische Staatsunternehmen sich an deutschen Unternehmen beteiligen. Aber allzu oft ist es eher der Nationalstolz, der dazu führt, dass man eigene, erfolgreiche Unternehmen nicht gern in ausländischer Hand sieht.

Das dritte P ist die Paralyse, der fehlende Wille oder die fehlende Fähigkeit, wichtige Reformen anzustoßen und umzusetzen. Bei fast allen wichtigen globalen Fragen wurden in den vergangenen zehn Jahren kaum Fortschritte erzielt, sondern allzu häufig sogar Rückschritte gemacht. Das Pariser Klimaabkommen hätte ein wichtiger Fortschritt sein können (und könnte es in Zukunft wieder werden), wurde dann aber von den USA und anderen Ländern unterminiert und ausgehöhlt. Die Fragen der Migration und der Asylpolitik in Europa bleiben genauso ungelöst wie die zunehmende soziale und wirtschaftliche Divergenz, die den Kontinent immer stärker spaltet. Selbst wenn die globale Finanzkrise die Europäische Union zu einigen Reformen gezwungen hat, bleibt vieles Stückwerk und unvollendet. Auch in Deutschland bleiben bezüglich der Sozialpolitik, des Bildungssystems, der Digitalisierung und öffentlicher Investitionen viele wichtige Herausforderungen ungelöst.

Die Hyper-Globalisierung und der damit einhergehende technologische Wandel sind ein zentraler Grund für den Aufstieg und die Popularität dieser drei P, vor allem des Populismus. Globalisierung und technologischer Wandel haben nicht nur wirtschaftliche Veränderungen mit sich gebracht, sondern sie verlangen von jedem und jeder Einzelnen, sich anzupassen und stetig zu verändern. Dies hat zu einer zunehmenden sozialen Spaltung geführt zwischen denen, die der britische Journalist und Autor David Goodhart in seinem Buch *The Road to Somewhere* die *anywheres* und die *somewheres* nennt. Die »Nirgendwos« sind mobil und flexibel, meist gut gebildet, sprechen mehrere Sprachen und haben an unterschiedlichen Orten Erfahrungen gesammelt. Ihre Flexibilität und Qualifikation geben ihnen eine starke Verhandlungsmacht am Arbeitsmarkt, sie erzielen hohe Einkommen und können Vermögen aufbauen. Sie schicken ihre Kinder auf gute Schulen und ermöglichen ihnen die bestmögliche Ausbildung. Es sind die Gewinnerinnen und Gewinner von Globalisierung und technologischem Wandel.

Auf der anderen Seite stehen die »Irgendwos«: Menschen, die

starke regionale Wurzeln haben, die Stabilität und Sicherheit schätzen, die sich sehr mit ihrer Heimat identifizieren. Es sind Menschen, die dadurch meist nicht sehr flexibel und mobil sind, eine eher weniger gute Bildung und Ausbildung genossen haben und deren Ambitionen nicht primär hohe Einkommen und eine berufliche Karriere sind. All dies macht sie verletzlich gegenüber wirtschaftlichen und sozialen Veränderungen. Lebenslanges Lernen und stetige Anpassung werden von ihnen weniger als Chance, sondern eher als Bedrohung verstanden. Diese Menschen können die Chancen von Globalisierung und technologischem Wandel nicht für sich nutzen, und ihre Arbeitsplätze und ihr gesellschaftlicher Status geraten dadurch in Gefahr.

Es ist daher nicht überraschend, dass diese Menschen unzufrieden sind mit etablierten Parteien und der sozialen Marktwirtschaft. Diese »Irgendwos« machen sich Sorgen, ihre kulturellen Wurzeln zu verlieren und ihre Identität anpassen zu müssen. Und es sind meist diese Menschen, die wirtschaftlich auch am wenigsten profitieren oder durch Globalisierung und technologischen Wandel sogar zu den Verlierern gehören.

Diese beiden kulturellen und sozioökonomischen Dimensionen erklären recht gut den Zulauf zu populistischen Parteien und den Aufstieg von Populismus und Nationalismus in Deutschland und anderswo. Menschen, die Populismus unterstützen, sind sehr viel häufiger solche, die weniger zufrieden mit ihrem Leben und enttäuscht von Staat und Politik sind. Es sind Menschen, die ein geringes Einkommen, weniger Bildung und eine weniger sichere Arbeit haben. Und es sind Menschen, die sehr viel kritischer gegenüber der Demokratie, Europa und einer offenen Gesellschaft sind.

Der größte Fehler der Populisten ist nicht die Beschreibung der Polarisierung. Es ist vielmehr die Tatsache, dass sie keine wirklichen Lösungen anbieten, sondern sich auf zwei krude Ansätze beschränken. Der eine ist, Polarisierung mit noch mehr Polarisierung zu bekämpfen, indem Geflüchtete, Eliten oder Europa zu Sündenböcken für das eigene Schicksal gestempelt werden. Die Zuwanderung von Geflüchteten seit 2015 spielt aber keine materielle Rolle für die seit Jahrzehnten fortschreitende wirtschaftliche und soziale Polarisierung. Geflüchtete stellen keine Gefahr für Jobs, Löhne, Werte oder Identität dar. Sie sind eine Minderheit, die kaum eine Stimme hat. Europa ist genauso wenig schuld an der Polarisierung. Es ist bequem, Italien oder Frankreich vorzuwerfen, die Deutschen über den Tisch ziehen zu wollen, wenn tatsächlich die Bundesrepublik einer der größten Gewinner der europäischen Integration ist.

Der andere Ansatz vieler Populisten sind Abschottung und Nationalismus. Auch sie werden keine der Herausforderungen für die »Irgendwos« bewältigen helfen. Weder die Globalisierung noch der technologische Wandel können an der Grenze gestoppt werden. Mehr Protektionismus und Hürden für Handel, Kapitalverkehr und Investitionen würden lediglich bedeuten, dass der Wohlstand in Deutschland abnimmt, Jobs verloren gehen und die Polarisierung zunimmt.

Die einzige Lösung, um der Polarisierung entgegenzuwirken, ist, Globalisierung und technologischen Wandel aktiv zu gestalten und deutlich mehr Menschen eine Teilhabe an ihnen zu ermöglichen. Es muss kein Widerspruch sein, ein »Irgendwo« und gleichzeitig ein »Nirgendwo« zu sein – also eine gute Bildung und Ausbildung und berufliche Chancen zu erhalten, mobil und flexibel zu sein und gleichzeitig stark regional verwurzelt. Vielmehr verlangt die Lösung eine neue Abwägung der drei Elemente des Globalisierungs-Trilemmas. Und es ist eine Korrektur der Fehler notwendig, die bei der Hyper-Globalisierung begangen wurden und in deren Folge sich nationale Institutionen zurückgezogen haben und multilaterale Institutionen nicht ausreichend gut funktionieren. Die Corona-Pandemie hat dieses Scheitern mehr als offensichtlich gemacht.

KAPITEL 8: EUROPA IM GLOBALEN SYSTEMWETTBEWERB

Jede große globale Krise in den vergangenen Jahrhunderten hat immer auch grundlegende Veränderungen angestoßen, die die Welt manchmal zum Schlechteren, häufiger aber zum Besseren sich haben wandeln lassen. Dies gilt für die beiden Weltkriege des 20. Jahrhunderts und die Weltwirtschaftskrise der 1930er-Jahre, und dies wird auch auf die Corona-Pandemie zutreffen. Es werden sich nicht nur der Gesellschaftsvertrag und die Form des sozialen Zusammenlebens sowie die Balance zwischen Staat und Markt verändern, wie in den ersten beiden Teilen des Buches analysiert. Sondern die Pandemie wird sich auch auf die politischen Systeme und die globale Machtbalance auswirken und diese grundlegend verändern.

Einige sind der Ansicht, dass die USA und die westlichen Demokratien als Verlierer und China und andere autokratische Regime als große Gewinner aus dieser Krise hervorgehen werden. Es gibt aber gute Gründe, warum dieser Pessimismus falsch ist und Demokratien, offene Gesellschaften, Multilateralismus und globale Kooperation aus der Krise gestärkt hervorgehen könnten. Doch welche Rolle wird Europa dann in der Welt einnehmen?

Einerseits scheinen sich der in Europa vorherrschende Gesellschaftsvertrag und die soziale Marktwirtschaft in der Pandemie bestätigt zu haben. Andererseits läuft Europa Gefahr, zwischen die Fronten einer zunehmend polarisierten und bilateralen Weltordnung zu geraten, zwischen die USA und China. Europa muss sich nun entscheiden, ob es sich einen und mit einer gemeinsamen Stimme sprechen will, um so aus einer bipolaren eine tripolare Weltordnung zu schaffen, oder ob sich der Trend der abnehmenden wirtschaftlichen Bedeutung unter zunehmender politischer Marginalisierung fortsetzen soll. Für diese Entscheidung liegt in den kommenden Jahren vor allem auf Deutschland eine große Verantwortung.

GLOBALE LEHREN AUS VERGANGENEN KRISEN

Abgesehen von den beiden Weltkriegen im 20. Jahrhundert war die große Weltwirtschaftskrise von 1929 bis 1933 wohl das prägendste Ereignis, das die Welt grundlegend verändert hat. In Deutschland war diese Krise der letzte Auslöser für den Aufstieg der Nationalsozialisten und des Dritten Reichs und der damit verbundenen globalen Katastrophen. In den USA dagegen hat sie die liberale Demokratie gestärkt und zu einem grundlegend neuen Gesellschaftsvertrag und dem sogenannten *New Deal* unter Präsident Roosevelt geführt. Diese Veränderung war mitentscheidend für den Aufstieg der USA zur globalen Führungsmacht nach dem Zweiten Weltkrieg und ihrem enormen wirtschaftlichen, politischen und auch kulturellen Einfluss auf den Rest der Welt in den vergangenen siebzig Jahren.

Die Finanzkrisen in Lateinamerika in den 1980er- und in Asien in den 1990er-Jahren haben die autokratischen Regime geschwächt und ultimativ zum Aufstieg der Demokratie und marktwirtschaftlicher Ordnungen beigetragen. Ähnliches gilt für den Zusammenbruch der sozialistischen Regime in Zentral- und Osteuropa. Die letzten sieben Jahrzehnte brachten einen fast kontinuierlichen Aufstieg von Demokratie und Marktwirtschaft mit sich, die durch die im letzten Teil beschriebene Globalisierung fast jeden Winkel der Welt erreicht und beeinflusst haben.

Wie wird die Pandemie die Weltordnung in den kommenden Jahren und Jahrzehnten verändern? Vieles bei der Antwort auf diese Frage muss Spekulation bleiben, aber es gibt mindestens genauso viele Gründe für einen optimistischen Ausblick wie für einen pessimistischen. Dabei lässt sich nicht generell sagen, dass autokratische Regime diese Pandemie besser gemeistert haben als Demokratien. Entscheidend für einen erfolgreichen Umgang mit der Pandemie war neben einer solidarischen Gesellschaftsordnung, in der Bürger ihre individuellen Interessen zugunsten gemeinschaftlicher Ziele zurückzustellen bereit sind, ein starker Sozialstaat mit handlungsfähigen staatlichen Institutionen. Hierzu gehört nicht nur ein starkes Gesundheitssystem, sondern auch die soziale Absicherung der am stärksten betroffenen Menschen und Unternehmen. Zwar mag es in Autokratien einfacher sein, notwendige politische Entscheidungen schnell zu treffen und umzusetzen, aber auch westliche Demokratien haben eine erstaunliche Handlungsfähigkeit bewiesen. So wurden politische Entscheidungen in Deutschland nicht langsamer oder weniger effektiv getroffen als in China.

Dies trifft jedoch nicht nur für die Bundesrepublik zu, sondern für viele westliche Länder und Demokratien. Fast überall stiegen die Popularität und die Unterstützung bestehender Regierungen während der ersten Pandemie-Phase. Das heißt nicht, dass sich nicht irgendwann auch Enttäuschung eingestellt hätte und sich Erwartungen nicht erfüllten, was dann zu politischen Veränderungen führte. Aber es gibt bisher keine überzeugenden Argumente für die häufig geäußerte Sorge, demokratische Ordnungen würden durch diese Pandemie per se geschwächt werden. Wissenschaftliche Studien zeigen sogar, dass Demokratien große Krisen, auch Epidemien, langfristig häufig besser bewältigt haben als nicht-demokratische Regime.

Zudem mag das Versagen der USA, mit dieser Pandemie umzugehen, nicht oder nicht hauptsächlich an der US-amerikanischen Demokratie liegen, sondern hauptsächlich ein großes politisches Versagen widerspiegeln. Die USA haben zwar keinen starken Sozialstaat, der eine wirtschaftliche Absicherung ermöglicht. Aber vergangene Epidemien hat das Land meist besser bewältigt als europäische oder andere Länder. Anstatt Land und Gesellschaft zu einen, hat Präsident Trump die Gesellschaft polarisiert und bestehende staatliche Institutionen blockiert. So hat er in der Krise Ressourcen für seine Unterstützerinnen und Unterstützer mobilisiert und andere Gruppen in der Gesellschaft marginalisiert. Aber auch wenn ein neuer Präsident einiges von diesem Schaden reparieren kann, hat diese Krise den USA als Weltmacht doch geschadet und ihren globalen Einfluss geschmälert.

DIE VERSCHIEBUNG DER GLOBALEN MACHTVERHÄLTNISSE

Die Corona-Pandemie könnte somit zu einer massiven Machtverschiebung und zu einem zunehmenden Konflikt zwischen den USA und China führen. Und sie könnte internationale Konflikte – politisch, wirtschaftlich und militärisch – in den kommenden Jahren weiter befeuern. Bereits heute geben sich China und die USA gegenseitig die Schuld für die Ausbreitung des Virus und befeuern bestehende Konflikte. Trump hat die vor der Krise von ihm angezettelten Handelskonflikte nicht beigelegt, sondern weiter angeheizt und neue Sanktionen gegen China verhängt. China mag die Schwäche der USA zu nutzen versuchen, um den eigenen Einfluss in der Welt und vor allem in Asien zu stärken.

Aber nicht nur die Machtbalance zwischen China und den USA mag sich grundlegend ändern. Die Pandemie könnte direkt oder indirekt eine Reihe weiterer Krisen und Konflikte hervorrufen. Die größte Gefahr besteht für Schwellenländer und viele der ärmsten Länder der Welt – sie könnten eine anhaltende wirtschaftliche Depression erfahren, die zu tief greifenden politischen Veränderungen und Konflikten führen könnte. Die meisten dieser Länder haben keine starken Sozialsysteme, um die eigene Bevölkerung zu schützen.

Schon jetzt sehen wir einen starken Anstieg von absoluter

Armut in Indien und in großen Teilen Afrikas. Viele der Menschen, die in den vergangenen Jahrzehnten den Sprung aus der Armut geschafft hatten, da Arbeitsplätze entstanden und Exporte in die reichen Länder Europas und Nordamerikas gestiegen waren, finden sich jetzt ohne Arbeit und ohne Sicherheitsnetz wieder. Die Weltbank und andere internationale Organisationen warnen vor einem Anstieg von Hunger und Kindersterblichkeit. Dies mag in einigen Ländern Regierungen zu Fall bringen, in anderen zu politischen Konflikten mit Nachbarländern führen.

Die Pandemie hat zudem zu einem massiven Schock der Globalisierung geführt, mit einem Rückgang des Welthandels und einer Kapitalflucht aus den Schwellenländern. Das Resultat ist eine steigende Verschuldung von Unternehmen und Staaten, die leicht zu einer Finanzkrise führen könnte, ähnlich wie dies in den 1980er- und 1990er-Jahren der Fall war. Durch diese Krise war beispielsweise in Lateinamerika in den 1980er-Jahren von einem »verlorenen Jahrzehnt« die Rede. Ähnliches gilt für Italien in den vergangenen zehn Jahren. Das Land hatte sich noch immer nicht von der globalen Finanz- und europäischen Wirtschaftskrise erholt, als es von der Corona-Pandemie nun erneut gebeutelt wurde. Einige Regionen der Welt könnten wirtschaftlich wie politisch für viele Jahre zurückgeworfen werden und große Schwierigkeiten haben, wieder Anschluss zu finden.

Hinzu kommt, dass die globale Kooperation in der Corona-Pandemie gering war und multilaterale Institutionen weiter geschwächt wurden. Es wäre jedoch unfair und nicht korrekt, die Schwächung der globalen Kooperation und des Multilateralismus hauptsächlich auf die USA und Präsident Trump zu schieben. Der Trend weg vom Multilateralismus hin zu Nationalismus und bilateralen Lösungen hält schon seit mindestens zwanzig Jahren an. So konnte beispielsweise die Welthandelsorganisation WTO nach einer erfolgreich abgeschlossenen Verhandlungsrunde Anfang der 2000er-Jahre keine weiteren erfolgreichen multilateralen Abkommen mehr abschließen. Auch die Europä-

ische Union hat ihren Fokus zunehmend auf bilaterale Handelsabkommen gelegt, wenn auch einige davon, wie das bilaterale
Handelsabkommen TTIP mit den USA, nicht zustande gekommen sind.

Es gibt verschiedene Gründe für das zunehmende Scheitern
von globaler Kooperation und Multilateralismus. Einer ist die in
den vorangegangenen Teilen beschriebene Hyper-Globalisierung, die zu mehr Populismus und Protektionismus geführt hat.
Aber auch die Art der globalen Probleme und die Bemühungen
um eine globale Kooperation sind aus drei Gründen sehr viel
schwieriger geworden.

In einer multipolaren Welt mit einerseits starken politischen
Mächten und andererseits sehr unterschiedlichen Interessen
sind Kooperation und Zusammenarbeit schwieriger als in einer
Welt der 1980er- und 1990er-Jahre, in der die USA als einziger
wirklich globaler Player sehr viel mehr Einfluss hatte.

Ein zweiter Grund ist die zunehmende Komplexität der heute
zu lösenden globalen Probleme. Der Klimaschutz ist ein Beispiel
dafür. Jedes Land muss dazu beitragen, hat aber auch ein starkes
Interesse, die Verantwortung auf andere Länder abzuschieben
und von den Entscheidungen anderer zu profitieren. Gleichzeitig
erfordert der Klimaschutz sehr tief greifende Veränderungen in
Wirtschaft und Gesellschaft eines jeden Landes.

Hinzu kommt als dritter Grund das Fehlen adäquater und
effektiver globaler Institutionen und Regeln. Zwar gibt es noch
immer die Vereinten Nationen und die Bretton-Woods-Institu-
tionen wie die Weltbank und den Internationalen Währungsfonds. Sie wurden jedoch zu lange zu wenig reformiert und
modernisiert, sodass sie immer weniger in der Lage sind, globale
Probleme effektiv anzugehen und nationale Interessen zu koordinieren.

Daher muss die Stärkung des Multilateralismus und globaler
Institutionen oberste Priorität für die Weltgemeinschaft haben.
Denn alle großen Herausforderungen unserer Zeit – von der
Bekämpfung der Pandemie und von Fluchtursachen bis hin zu

Klimaschutz und Digitalisierung – können letztlich nur gemeinsam gelöst werden. Gleichzeitig realisieren wir auch, dass die drei genannten Gründe, und vor allem die Komplexität der Probleme und der verschiedenen Interessen, wirklich globale Lösungen enorm schwierig machen. Daher ist es nicht überraschend, dass die allermeisten internationalen Abkommen in den vergangenen zwanzig Jahren bilateral abgeschlossen wurden. Auch wenn bilaterale Abkommen viele Nachteile haben – vor allem grenzen sie häufig schwächere Länder aus –, können sie letztlich ein Weg zu multilateralen Lösungen sein. So hat die Europäische Union in den letzten Jahren bilaterale Handelsabkommen mit Kanada, Japan, Vietnam und Mercosur, dem »Gemeinsamen Markt Südamerikas«, geschlossen.

Allerdings betreffen die ultimativ wichtigsten Dimensionen der globalen Herausforderungen nicht so sehr den Welthandel mit Gütern und Dienstleistungen, sondern die Frage, wer globale Regeln und Standards setzt – vor allem in Bezug auf Datenschutz, Industrienormen, Steuern, Arbeitsschutz, Konsumentenschutz und Ethik. Und hier zeigt sich, dass vor allem China sehr aggressiv versucht, solche Standards zu setzen, und Europa immer weiter ins Hintertreffen gerät.

Es ist moralisch gesehen gut, sich selbst hohe Standards bei Ethik, Datenschutz und Verbraucherschutz zu geben. Ein solches Vorgehen, bei dem sich Europa die eigenen Regeln setzt, wird jedoch langfristig scheitern, wenn andere Regionen der Welt diese Regeln ignorieren und eigene aufstellen, die sich im marktwirtschaftlichen Wettbewerb behaupten. Die bittere Realität ist also, dass Unternehmen, die zu künstlicher Intelligenz forschen, nach China oder in die USA abwandern, wenn Europa ambitionierte Datenschutzbestimmungen setzt. Und dann werden die global gültigen Regeln langfristig eben nicht länger in Europa, sondern in China oder den USA aufgestellt werden.

Es ist also eine Illusion zu glauben, ein kleines Land wie Deutschland hätte ein hohes Maß an Souveränität über viele der Dinge, die in einer globalen, digitalen Welt unser tägliches Leben beeinflussen. Globalisierung und Digitalisierung bedeuten zwangsläufig eine Einschränkung der nationalen Souveränität. Mehr noch, selbst Europa mit weniger als 10 Prozent der Weltbevölkerung, mit wenig mehr als 20 Prozent der Weltwirtschaftsleistung und abnehmender Bedeutung wird in dieser Welt nie wieder allein Standards und Regeln setzen können – sondern zunehmend von Entscheidungen in Peking, Washington D. C. oder anderswo beeinflusst werden.

Es geht also nicht so sehr um die Frage, welche Regeln und Standards wir für uns in Deutschland und Europa wünschen, sondern wie wir die globalen Regeln, die auch für uns gelten werden, so beeinflussen können, dass sie unseren Werten und Interessen möglichst nahekommen. Der beste Weg für Europa, dies zu erreichen, ist, mit den USA gemeinsame Sache zu machen, um gemeinsam die globalen Standards und Regeln zu setzen. Noch können beide Volkswirtschaften dies, da sie nicht nur fast die Hälfte der Wirtschaftsleistung der Welt erbringen, sondern weil sie in vielen der wichtigen Zukunftsbereiche noch führend sind. Daher ist bei einem erstarkenden China das transatlantische Bündnis zwischen Europa und den USA wichtiger denn je. Und ein kluges Handelsabkommen zwischen beiden Volkswirtschaften, das sich in erster Linie auf gemeinsame Standards und Regeln fokussiert, dringender denn je.

EUROPAS ROLLE IN DER WELT

Europa und Deutschland könnten mehr und mehr zwischen die Fronten einer bipolaren Weltordnung geraten, die von China und den USA dominiert wird. Die USA sind nicht erst seit Donald Trump zunehmend auf ihre engen nationalen Interessen fokussiert und scheuen immer weniger vor direkten wirtschaftlichen und politischen Konflikten mit Europa zurück. Gerade Deutschland ist für Donald Trump häufig ein rotes Tuch gewesen. Er wirft der Bundesrepublik egoistisches Verhalten vor – sei es, weil sie ihren versprochenen finanziellen Beitrag in der Verteidigungspolitik zur NATO nicht leistet, riesige Handelsüberschüsse mit den USA erzielt oder durch die Nord-Stream-2-Pipeline Russland stärkt.

Durch die Bekämpfung der Pandemie-Auswirkungen werden die USA und China verständlicherweise mehr auf sich selbst konzentriert sein als auf globale Probleme und Herausforderungen. Wie soll sich Europa im globalen Systemwettbewerb positionieren? Und was kann Deutschland tun, um Europa zu stärken und letztlich auch seine eigenen Interessen zu wahren?

In seiner berühmten Hamburger Rede ermahnte der Literaturnobelpreisträger Thomas Mann die Deutschen 1953, aus der Vergangenheit zu lernen und nie wieder nach einem »deutschen Europa« zu streben. Stattdessen ermutigte er uns, mit Kraft und Mut ein »europäisches Deutschland« aufzubauen. Deutschland ist diesem Ziel in den knapp siebzig Jahren sehr viel näher gekommen. In den vergangenen zehn Jahren wurde Europa aber von einer Reihe von Krisen gebeutelt und durch einen erstarkenden Nationalismus in allen Teilen des Kontinents immer mehr gespalten. Dabei kam die existenzielle Bedrohung für Europa nicht nur von innen, sondern eben auch durch den zunehmenden Systemwettbewerb zwischen den USA und China, der Europas Einheit und wirtschaftlichen Wohlstand gefährdet.

Dabei muss uns bewusst sein, dass Deutschland in den letzten siebzig Jahren wie kaum ein zweites Land von der europäischen Integration profitiert hat, wirtschaftlich wie politisch. Das Land gehört heute zu den wirtschaftlich reichsten und hängt wie kein zweites von offenen Grenzen für Exporte, für Kapital und für Menschen ab. Bis vor 15 Jahren schien der Erfolg der europäischen Integration stetig fortzuschreiten. Vor allem nach der deutschen Wiedervereinigung, dem Fall des Eisernen Vorhangs und der Osterweiterung der Europäischen Union sowie der Umsetzung der Europäischen Wirtschafts- und Währungsunion und der Einführung des Euro schien Europa in den 1990er- und 2000er-Jahren auf einem vielversprechenden Weg zu sein. Dieser Prozess kam mit der globalen Finanzkrise 2008 zu einem jähen Ende. Die 2010er-Jahre waren gekennzeichnet von Krisen und Rückschritten, die Europa heute wieder mehr spalten und polarisieren.

Die Finanzkrise wuchs sich zu einer europäischen Wirtschaftskrise aus, die zu einer tiefen Nord-Süd-Spaltung, wirtschaftlich wie sozial, führte. Dann kam die Flüchtlingskrise 2015, die wiederum fast überall in Europa von nationalen Alleingängen geprägt war. Griechenland und Italien fühlten sich damals genauso alleingelassen wie Deutschland. Das Ausscheiden Großbritanniens aus der EU war nur der Höhepunkt eines wachsenden Nationalismus und Protektionismus fast überall in Europa. Nun steckt Europa mitten in der Bekämpfung der Corona-Pandemie, und die Staaten verfolgen wiederum einen zuallererst nationalen Kurs. Grenzen wurden geschlossen, es gab Ausfuhrverbote von Schutzkleidung, Medikamenten und Nahrungsmitteln. Während in Italien und Spanien in den Krankenhäusern Menschen an dem Virus starben, weil es nicht ausreichend Beatmungsgeräte gab, sind andere Länder, vor allem Deutschland, sehr viel besser durch die Krise gekommen. Vielen Italienerinnen und Italienern bleiben jedoch die Bilder von chinesischen oder kubanischen Ärzteteams und russischen Lastwagen mit Hilfsmitteln eher im Hinterkopf als Hilfe aus Deutschland.

Die neue Spaltung Europas findet sich nicht nur im Gesundheitssektor, sondern auch in Wirtschaft und Politik. Selten waren so viele Menschen in Europa so skeptisch gegenüber europäischen Institutionen und der Integration und so feindselig gegenüber ihren Nachbarn eingestellt. Vor allem in Südeuropa hat die Skepsis gegenüber Deutschland stark zugenommen. Während die Bundesrepublik wirtschaftlich goldene 2010er-Jahre erlebte, sind die südeuropäischen Volkswirtschaften geschrumpft. Eine ganze Generation junger Menschen in Italien oder Spanien ist nach zwölf Jahren hoher Arbeitslosigkeit in Gefahr, ihre Zukunftsperspektive zu verlieren.

Auch die deutsche Politik hat eine erhebliche Verantwortung

für das Auseinanderdriften in der EU. Sie hat auf diese Krisen national und häufig egoistisch reagiert. In der europäischen Finanzkrise hat sie zwar einem Rettungsschirm und Hilfen zugestimmt, aber sich bewusst gegen notwendige Schritte hin zur Vollendung einer Wirtschafts- und Währungsunion gestellt. Bei der Energie-, Klima- und Flüchtlingspolitik hat Deutschland auf nationale Alleingänge gesetzt – wie so viele andere auch.

Die Corona-Pandemie bietet aber auch eine Chance für einen Neustart für Europa. Am 18. Mai 2020 verkündeten Bundeskanzlerin Merkel und der französische Präsident Macron ihren Plan für einen europäischen Wiederaufbaufonds mit 500 Milliarden Euro oder drei Prozent der gesamten Wirtschaftsleistung der EU, der auf deutscher Seite vor allem durch Finanzminister Olaf Scholz gestaltet wurde.[26] Das starke Bekenntnis der Bundesregierung, für die Einheit und Stärkung Europas zu kämpfen, ist ein ermutigendes Signal, dass insbesondere Deutschland und Frankreich nun gewillt sind, die notwendigen Lehren aus dem Jahrzehnt der Krisen zu ziehen.

Eine überzeugende europäische Antwort auf die Corona-Krise wird entscheidend für die Zukunftsfähigkeit Europas sein. Keine politische Einheit, sei es ein Nationalstaat oder eine Gemeinschaft von Nationalstaaten wie die Europäische Union, wird auf Dauer eine wachsende soziale und wirtschaftliche Polarisierung und eine politische Spaltung überleben können. Auf der wirtschaftlichen Seite muss es Ziel des Wiederaufbaufonds sein, Konvergenz, Resilienz und Wettbewerbsfähigkeit von ganz Europa zu stärken. Gemeinsame Regeln und gemeinsame Politik können nur dann funktionieren, wenn verschiedene Regionen zusammenwachsen.

Dabei ist es gerade auch im Interesse der wirtschaftlich erfolgreichsten Länder, dass die Kluft zu den schwächsten Staaten nicht größer, sondern kleiner wird. Das erfordert ein Verständnis dafür, dass es keine deutsche Wirtschaft per se gibt, sondern nur eine europäische Wirtschaft, in der die deutsche ein ganz essenzieller Teil ist. Denn fast die Hälfte der deutschen Wirtschaftsleistung sind Exporte, über die Hälfte der Exporte geht nach Europa. Es gibt nahezu kein Unternehmen, das nicht direkt oder indirekt Vorleistungen aus anderen europäischen Ländern bezieht oder seine Leistungen dort verkauft. Die europäische Wirtschaft ist so stark wie ihr schwächstes Glied. Wenn Italien in eine wirtschaftliche Depression verfallen sollte, dann werden auch in Deutschland Hunderttausende von guten Arbeitsplätzen verloren gehen.

Das letzte Jahrzehnt zeigt auch, dass ein schwaches, zerstrittenes und handlungsunfähiges Europa im aggressiver werdenden Systemwettbewerb zwischen den USA und China unter die Räder gerät. Deutschland allein kann in diesem Systemwettbewerb nicht bestehen. Es reicht nicht, die schönsten Autos und die besten Maschinen zu produzieren, wenn diese beiden politischen Kräfte die globalen Regeln zu ihren eigenen Gunsten verändern. Die große wirtschaftliche Offenheit ist vielleicht die größte wirtschaftliche Stärke der Bundesrepublik, aber sie ist auch die Stelle ihrer größten Verwundbarkeit. Denn das deutsche Wirtschaftsmodell hängt entscheidend von offenen Grenzen, fairem Wettbewerb und einer robusten Globalisierung ab.

Das Scheitern des Multilateralismus in den vergangenen Jahren unterstreicht, dass Deutschland nur als Teil eines starken, geeinten Europas auch seine nationalen Interessen wahren kann. Und es zeigt, dass ein kluger Multilateralismus, der europäische Werte und Interessen schützt, unerlässlich ist, damit Europa als dritte Macht mit den USA und China am Verhandlungstisch sitzt.

Um ein starkes, geeintes Europa zu schaffen, müssen Deutschland und Frankreich mehr und mehr gemeinsame Verantwortung übernehmen. Ein zentraler Streitpunkt der vergangenen zehn Jahre war, dass Deutschland sich von der europäischen Integration benachteiligt fühlte. Das Land müsse für den Rettungsschirm in der europäischen Finanzkrise zahlen, es sei der Hauptleidtragende der Flüchtlingskrise 2015, die EZB mache Geldpolitik gegen die Bundesrepublik, und der nun vorgeschlagene Wiederaufbaufonds verstetige nur eine immer stärkere Transferunion – so die Vorwürfe der deutschen Kritiker. Es ist jedoch vollkommen richtig, dass in einer erfolgreichen Volkswirtschaft die Stärkeren immer auch den Schwächeren helfen und für sie Risiken übernehmen. Ein Irrglaube ist, dies sei lediglich ein Akt der Solidarität und Fürsorge. Es ist vielmehr eine Grundvoraussetzung für wirtschaftlichen Erfolg für ganz Europa, von dem gerade auch Deutschland besonders profitiert. »Deutschland wird es auf Dauer nur gut gehen können, wenn es Europa gut geht.« Auch dieser Satz von Kanzlerin Merkel ist zutreffend. Die deutsche Politik sollte alles daransetzen, einen überzeugenden Wiederaufbaufonds für Europa zu verabschieden. Die Bundesregierung hat mit ihrer EU-Ratspräsidentschaft im zweiten Halbjahr 2020 die Chance, auch in anderen wichtigen Bereichen die Integration Europas zu stärken. Auf der wirtschaftlichen Seite gehört dazu die Vollendung der Wirtschafts- und Währungsunion mit einer Fiskal- und Kapitalmarktunion.

Die Bundesregierung sollte sich auch für die Stärkung europäischer öffentlicher Güter einsetzen und sich vor allem einem stärkeren sozialen Europa widmen, genauso wie einer Unterstützung des Green Deal der EU-Kommission. Zudem muss sie multilaterale Institutionen wie die WTO, die Weltbank und den IWF unterstützen und reformieren. Dies ist eine ambitionierte Agenda. Aber diese Krise ist auch eine Chance, Europa nachhaltig wieder auf den richtigen Weg zu bringen. Und eine stärkere Integration ist notwendig, um Europa als eine dritte globale Macht neben China und den USA zu etablieren.

TEIL 4: WISSENSCHAFT VERSUS MEDIEN UND POLITIK

Eine grundlegende Veränderung durch die Pandemie ist die starke Zunahme des unmittelbaren Einflusses der Wissenschaft auf politische und wirtschaftliche Entscheidungen. Die Wissenschaft war immer wichtig in der Menschheitsgeschichte. Aber sie hat bisher meist indirekt Einfluss auf die Politik und das tagtägliche Leben ausgeübt, ohne dass die Mehrheit der Menschen es wahrnahm. In der Pandemie wurde die Wissenschaft zum ersten Mal zu einer Macht, die unmittelbar Einfluss auf Entscheidungen von Politikern und das Verhalten der Bürger genommen hat. Viele haben sich mehr an den Aussagen von Virologinnen und Virologen orientiert als an den Empfehlungen von Politik und Medien.

Diese Rolle verpflichtet die Wissenschaft, vorsichtig und bedachtsam mit ihrer neuen Macht umzugehen und sie nicht zu missbrauchen. Sie birgt viele Chancen, denn die Wissenschaft unterscheidet sich in ihrer Kompetenz, ihrer Unabhängigkeit, ihrer Neutralität und ihrer Glaubwürdigkeit von Politik und Medien. Damit ist aber auch ein zunehmend härter werdender Konflikt zwischen Wissenschaft und Medien entstanden. Denn Journalistinnen und Journalisten sehen es nicht selten als ihren eigenen Anspruch und ihre Rolle, Tatsachen zu präsentieren und sie zu interpretieren und Empfehlungen für Politik und Gesellschaft auszusprechen.

KAPITEL 9: PARADIGMENWECHSEL UND DIE ROLLE DER WISSENSCHAFT

Die Politik hat es in westlichen Demokratien während der Pandemie meist geschafft, die Wissenschaft konstruktiv einzubinden in der Bekämpfung der Krise. Dies war sehr erfolgreich, ist aber auch mit großen Risiken verbunden, wenn die Politik versucht, Wissenschaftlerinnen und Wissenschaftler für ihre Zwecke einzusetzen oder sich ihrer eigenen Verantwortung zu entledigen. Die Wissenschaft, auch die Wirtschaftswissenschaften, muss sich dieser neuen Realität stellen und wichtige Veränderungen vornehmen. Wissenschaftlerinnen und Wissenschaftler dürfen sich in dieser neuen Welt nicht länger in den Elfenbeinturm der Forschung zurückziehen, sondern müssen eine gesellschaftliche Verantwortung übernehmen. Dabei haben sie bisher erhebliche Fehler begangen und müssen viel lernen, vor allem in Bezug auf die Art und Weise ihrer Kommunikation. Die neue Rolle der Wissenschaft bietet jedoch eine große Chance, wichtige Reformen und notwendige Veränderungen – vom Klimaschutz bis hin zu einer Neugestaltung des Gesellschaftsvertrags – zu unterstützen und zu gestalten.

DIE MACHT DER WISSENSCHAFT

Nie zuvor war die Wissenschaft so sichtbar und zentral. Bis dato in der Öffentlichkeit unbekannte Virologen – wie Christian Drosten, Alexander Kekulé oder Hendrik Streeck in Deutschland – wurden praktisch über Nacht von unbekannten Wissenschaftlern zu prominenten Medienstars. Politik und Medien suchten nicht nur die Nähe zu Wissenschaftlerinnen und Wissenschaftlern, vielmehr beruhte eine Reihe wichtiger Entscheidungen während der Pandemie direkt auf Einschätzungen oder Meinungen aus der Wissenschaft. Es gibt eine Reihe guter Gründe dafür, warum die Wissenschaft auch in Zukunft eine einflussreichere Rolle spielen wird als bisher. Die Pandemie könnte somit zu einem Paradigmenwechsel führen hinsichtlich der Balance zwischen Wissenschaft, Politik und Öffentlichkeit.

Bisher hatte die Wissenschaft wenig direkten Einfluss auf unser gesellschaftliches Handeln und auf politische Entscheidungen. Albert Einstein wird als Genie verehrt und seine Klugheit bewundert. Aber kaum jemand weiß, wie die von ihm etablierten Theorien unser tägliches Leben beeinflussen. Kurz: Bisher hat die Wissenschaft für die große Mehrheit der Menschen hauptsächlich Orientierungswissen für den gesellschaftlichen Diskurs bereitgestellt. Das hat sich mit der Pandemie grundlegend geändert.

Die Wissenschaft schafft somit neues, relevantes Wissen für relevante Entscheidungen. Ihre großen Stärken sind dabei Neutralität und Unabhängigkeit, mit denen sie objektive Fakten etablieren kann. Sie muss sich nicht an Wählern orientieren wie die Politik oder an Quoten und Auflagenzahlen wie die Medien. In der ersten Phase der Pandemie haben sich nicht wenige Politiker blamiert mit ihrer Behauptung, Masken seien unnütz und würden nicht schützen, denn die Wissenschaft widersprach der Politik in diesem Punkt umgehend.

Die Mehrheit der Bevölkerung hat bei den Fragen bezüglich des Schutzes vor dem Virus der Wissenschaft deutlich mehr vertraut als Politikern oder Medien. Eine Reihe von Umfragen zeigt, dass die Menschen in Deutschland ein sehr viel höheres Vertrauen in Ärztinnen und Ärzte und Wissenschaftlerinnen und Wissenschaftler haben als in die Politik oder die Medien. Das Wissenschaftsbarometer von »Wissenschaft im Dialog/Kantar« zeigt, dass 79 Prozent der Befragten der deutschen Ärzteschaft und 71 Prozent den Wissenschaftlern Vertrauen entgegenbringen. Nur fünf beziehungsweise sieben Prozent haben kein Vertrauen in die beiden Gruppen.[27] Im Vergleich dazu vertrauen nur 44 Prozent den deutschen Politikern. Am allerwenigsten Vertrauen genießen Journalistinnen und Journalisten. Nur 27 Prozent der Deutschen vertrauen ihnen, 31 Prozent haben kein Vertrauen in sie, und 41 Prozent sind unentschieden. Das ist ein erheblicher Unterschied im Vertrauen hinsichtlich Wissenschaft, Politik und Medien.[28]

Mehr noch, viele Deutsche wünschen sich für die Zukunft ein sehr viel stärkeres Gewicht der Wissenschaft in Politik und Gesellschaft. 81 Prozent der Menschen plädieren dafür, dass politische Entscheidungen im Umgang mit Corona auf wissenschaftlichen Erkenntnissen beruhen sollen und die Wissenschaft auch in Zukunft eine stärkere Rolle spielen soll.

Immer mehr Menschen beziehen heute auch Informationen direkt von Wissenschaftlerinnen und Wissenschaftlern, lassen sich damit in ihrer Meinungsbildung und ihrem Verhalten also sehr viel stärker von der Wissenschaft beeinflussen. Der wöchentliche Podcast des Virologen Christian Drosten erhielt mehr Aufmerksamkeit als viele Pressekonferenzen von Politikern oder Informationsdossiers in den Zeitungen. Sowohl was das Vertrauen als auch was die Aufmerksamkeit und den Einfluss anbelangt, hat die Wissenschaft der Politik und den Medien also zunehmend den Rang abgelaufen.

Womit können nun dieser Paradigmenwechsel und die neue Rolle der Wissenschaft erklärt werden? Eine Erklärung liegt sicherlich in dem Typ von Krise, die die Welt im Augenblick durchlebt. Die richtigen politischen und ökonomischen Entscheidungen hängen stark von der Verbreitung des Virus und den medizinischen und virologischen Möglichkeiten seiner Begrenzung ab. Politiker und Journalisten haben diesbezüglich jedoch keine Kompetenz und sind deshalb auf Fachleute, also Wissenschaftlerinnen und Wissenschaftler, angewiesen. Dies betrifft nicht nur die Pandemie, sondern auch viele andere Themen unserer Zeit. Auch beim Klima- und Umweltschutz, dem Schutz von Biodiversität, der Ausgestaltung der Digitalisierung und der Entwicklung von künstlicher Intelligenz geht es nicht nur um Werte und politische Meinungen, sondern letztlich um hochkomplexe Fragen, zu denen nur die Wissenschaft adäquate Antworten bereitstellen kann. In einer immer komplexer und globaler agierenden Welt wird die Abhängigkeit von der Wissenschaft auch in Zukunft nicht ab-, sondern zunehmen.

DER KONFLIKT ZWISCHEN WISSENSCHAFT UND MEDIEN

Ein zweiter Grund für den Paradigmenwechsel ist die Kommunikation. In den analogen Zeiten von Zeitung, Fernsehen und Telefon hatten einige wenige das Monopol, die Mehrheit der Bevölkerung zu erreichen, sie zu informieren und letztlich zu beeinflussen. Dieses Monopol existiert heute nicht mehr. Jede und jeder Einzelne kann über die sozialen Medien oder andere Kanäle selbst Informationen und Meinungen verbreiten und potenziell genauso viele Menschen erreichen wie professionelle Journalistinnen und Journalisten. Politikerinnen und Politiker, Künstlerinnen und Künstler und auch Wissenschaftlerinnen und Wissenschaftler sprechen in den sozialen Medien häufig deutlich mehr Menschen an als Journalistinnen und Journalisten. Es gibt also bereits heute eine große Vielfalt an Informationsquellen, und viele davon werden nicht von Journalisten, sondern von Politik, Wissenschaft und verschiedenen gesellschaftlichen Gruppen betrieben.

Wissenschaftlerinnen und Wissenschaftler können heutzutage somit direkt mit Bürgerinnen und Bürgern sowie Entscheidern in Politik und Wirtschaft kommunizieren und sind immer weniger auf die traditionellen Medien angewiesen. Das hat zu einer Veränderung der Rollen und des Rollenverständnisses von Wissenschaft und Medien geführt – aber damit auch zu einem

Konflikt zwischen beiden. Denn bisher waren es die traditionellen Medien, die ausgewählt haben, was die relevanten Informationen für die Öffentlichkeit sind.

Wichtiger noch: Nicht nur die Auswahl von Informationen, sondern auch das Monopol der öffentlichen Interpretation dieser Informationen lag in analogen Zeiten bei einer relativ begrenzten Anzahl von Medien und Journalistinnen und Journalisten. Dabei verstehen viele Medien ihren Auftrag als »vierte Gewalt« im Staat nicht nur in der Bereitstellung und Interpretation von Informationen, sondern auch als Kontrolle vor allem der Politik. Auch dieses Monopol der Medien bröckelt. In der Pandemie waren es häufig Wissenschaftlerinnen und Wissenschaftler, die auf falsche Argumente und unzulässige Interpretationen von Politikerinnen und Politikern hingewiesen haben, da sie dies in einer komplexen Materie besser einschätzen können als Journalistinnen und Journalisten.

Ein wichtiger Teil der Sozialwissenschaften besteht in der Analyse, wie sich politische Entscheidungen auf Wirtschaft und Gesellschaft auswirken. Es ist also auch explizit eine Aufgabe der Wissenschaft, politische Entscheidungen nach bestimmten Kriterien auszuwerten und zu bewerten. Ist das Konjunkturpaket der Bundesregierung in der Corona-Krise angemessen, um die Arbeitslosigkeit gering zu halten und Unternehmen vor der Pleite zu retten? Wie viel Unterstützung kommt bei den bedürftigsten Menschen in unserer Gesellschaft wirklich an? Wie stark belastet die Wirtschaftspolitik in der Pandemie künftige Generationen?

Das sind nur drei Fragen, die die Wirtschaftswissenschaften in der Pandemie analysiert haben. Letztlich bewerten sie damit auch die Politik der Bundesregierung und widerlegen nicht selten Politiker und Politikerinnen in ihren Versprechen oder Behauptungen. Wissenschaftlerinnen und Wissenschaftler tun damit etwas sehr Ähnliches – wenn auch mit ganz anderen Methoden und Instrumenten – wie Journalistinnen und Journalisten: Sie bewerten die Politik und zwingen sie, Rechenschaft abzulegen.

Somit haben die Medien nicht nur ihr Quasi-Monopol der Kontrolle der Politik als »vierte Gewalt« eingebüßt, sondern sie werden selbst immer häufiger der Kritik durch Wissenschaft und Öffentlichkeit ausgesetzt. Natürlich nutzen Medien die Aussagen wissenschaftlicher Expertinnen und Experten, um ihre Berichterstattung anzureichern und ihre eigenen Meinungen und Interpretationen zu unterstützen. Aber es ist während der Pandemie nicht selten passiert, dass Wissenschaftlerinnen und Wissenschaftler auf falsche Behauptungen und eine manipulative Interpretation seitens Journalistinnen und Journalisten hingewiesen haben. Viele Medien waren es bisher nicht gewohnt, sich rechtfertigen zu müssen, und stehen nun immer häufiger unter Druck, dies tun zu müssen.

Daher ist die Beziehung zwischen Medien und Wissenschaft nicht selten von Konflikten gekennzeichnet. Ein Beispiel ist die Attacke der *Bild*-Zeitung gegen Christian Drosten im Juni 2020. Die Zeitung vertrat häufig die Meinung, die Einschränkungen seien zu restriktiv und die politischen Maßnahmen zur Bekämpfung der Pandemie in großen Teilen falsch. Als Experte hatte Christian Drosten auf Grundlage seiner eigenen Forschung sowie seiner Interpretation anderer Untersuchungen immer wieder auf die Gefahren einer schnellen Lockerung der Maßnahmen hingewiesen. Er hatte damit implizit der *Bild*-Zeitung widersprochen, auch wenn er fast nie direkt auf deren Berichterstattung Bezug nahm.

Die *Bild*-Zeitung versuchte daraufhin im Juni 2020, Stellung und Einfluss des Virologen Christian Drosten in Öffentlichkeit und Politik zu diskreditieren, indem sie die wichtigsten Eigenschaften, die einen Wissenschaftler ausmachen, in Bezug auf seine Person infrage stellte: seine Unabhängigkeit, Neutralität und Wissenschaftlichkeit. So versuchte die Zeitung eine Kurzstudie von Drosten als unseriös und wissenschaftlich falsch darzustellen, indem drei andere Wissenschaftler mit einer vermeintlichen Kritik an Drosten zitiert wurden und Drosten eigensinnige und nicht wissenschaftliche Absichten unterstellt wurden. Diese

Behauptungen konnten sehr schnell widerlegt werden und erwiesen sich größtenteils als nicht zutreffend. Drostens wissenschaftliche Aussagen waren falsch wiedergegeben und die Kommentare der anderen drei Wissenschaftler aus dem Kontext gerissen worden. Alle drei Wissenschaftler wollten ihre Aussagen nicht als Kritik an Drosten, sondern nur als Teil eines normalen wissenschaftlichen Dialogs verstanden wissen.

Dieses Beispiel zeigt, dass Wissenschaftlerinnen und Wissenschaftler immer mehr zum Spielball unterschiedlicher Medien werden. Der *Spiegel* nutzte wiederum die Steilvorlage, um die *Bild*-Zeitung zu attackieren, indem er Drosten in einer groß aufgemachten Titelgeschichte verteidigte und der *Bild*-Zeitung selbst ein unseriöses Vorgehen unterstellte.

Auch wenn derartige Attacken der Medien gegen die Wissenschaft häufig falsch sind und widerlegt werden können, erreichen sie doch nicht selten ihr Ziel: nämlich, die Rolle der Wissenschaft zu beschneiden, indem sie deren Glaubwürdigkeit systematisch hinterfragen und unterminieren. Auch Aussagen von Journalisten, die sich später als falsch erweisen, säen zumindest Zweifel bei Menschen, die darauf vertrauen, dass Medien seriös und vertrauenswürdig arbeiten. Dabei sind die Konsequenzen für Journalistinnen und Journalisten, die falsche Aussagen tätigen oder unethisch arbeiten, oftmals so gering, dass sie kaum zu einer Disziplinierung führen und daher nur ein schwacher Anreiz für hohe journalistische Standards sind. Trotzdem muss man betonen, dass die Arbeit der großen Mehrheit der Journalistinnen und Journalisten in Deutschland generell von hoher Qualität und Sachlichkeit geprägt ist. Die genannten Beispiele sind sicherlich nicht die Norm. Die Berichterstattung der meisten Medien in der Corona-Krise war besonnen, ausgewogen und aufklärend.

Eine Kehrseite der immer vielfältigeren Kommunikation ist die Entstehung von *Fake News* und Verschwörungstheorien. Denn wir Menschen unterliegen dem, was in der Wissenschaft als *confirmation bias* bezeichnet wird: Wir wollen uns sehr viel lieber in unseren bereits bestehenden Überzeugungen bestärken, als sie zu hinterfragen und möglicherweise sogar widerlegen zu lassen. So ist es heute leicht möglich, im Internet oder in den sozialen Medien vermeintliche Fakten und Unterstützung für selbst die wildesten Verschwörungstheorien zu finden. Es ist schwierig zu unterscheiden, welche Quellen seriös und welche unseriös sind. Diese kognitive Dissonanz zwischen dem, was wir glauben oder glauben wollen, und dem, was Tatsache ist, wird daher zu einem immer größeren Problem. Immer mehr Menschen verlassen sich auf vermeintlich mediales »Wissen« und zunehmend weniger auf die eigene Erfahrung und den eigenen gesunden Menschenverstand.

EINE (ZU) ENGE SYMBIOSE ZWISCHEN WISSENSCHAFT UND POLITIK

Dennoch ist die größere Vielfalt an Akteuren und Kanälen der Kommunikation prinzipiell gut und wichtig, um eine funktionierende Demokratie zu gewährleisten und bessere politische Lösungen finden zu können. Nicht nur die Epidemiologie, auch andere Wissenschaftsbereiche haben während der Pandemie eine deutlich höhere Prominenz erfahren. So gab es beispielsweise selten zuvor so viel Offenheit und ehrliches Interesse der Politik an den Analysen aus den Wirtschaftswissenschaften. Eine ungewöhnlich große Anzahl von Ökonomen hat die Politik in der Pandemie beraten und durch die Ausarbeitung von Lösungsoptionen und deren Auswirkungen unterstützt.

Anders als das Verhältnis zwischen Wissenschaft und Medien ist das von Wissenschaft und Politik eher durch eine Symbiose geprägt. Kompetenzen und Aufgaben der Wissenschaft sind deutlich häufiger und stärker komplementär zu denen der Politik, als dies bei den Medien der Fall ist. Das spiegelt sich auch in den institutionellen Verbindungen zwischen Wissenschaft und Politik wider. So hat fast jedes Bundesministerium einen wissenschaftlichen Beirat, der die politischen Entscheidungsträger des Ministeriums informieren und Entscheidungen zuweilen auch mitgestalten soll. Auch Parlamente und andere gesellschaftspolitische Institutionen bedienen sich wissenschaftlicher Gremien. Eine solche Beziehung gibt es zwischen Wissenschaft und Medien kaum. Nur wenige Medien wie beispielsweise die *Zeit* haben einen wissenschaftlichen Beirat, durch den sie den gemeinsamen Austausch organisieren.

Allerdings beinhaltet das engere institutionelle Verhältnis zwischen Politik und Wissenschaft auch große Gefahren, denn nicht selten versucht die Politik, die Wissenschaft zu vereinnahmen. Dennoch ist das institutionelle Gefüge der Wissenschaft in Deutschland im Ganzen sehr gut aufgestellt. Universitäten und außeruniversitäre Forschungsverbünde wie die Leibniz Gemeinschaft, Max-Planck-Institute, die Helmholtz- oder die Fraunhofer-Gesellschaft haben ein hohes Maß an Unabhängigkeit, auch wenn sie zu einem großen Teil über öffentliche Gelder finanziert werden.

Vor allem die angewandten Sozial- und Wirtschaftswissenschaften sind auf Daten und Informationen angewiesen, um ihre Analysen der Wirkungszusammenhänge verschiedener Akteure durchführen zu können. In Deutschland gab es in den vergangenen Jahren starke Initiativen für eine viel stärkere sogenannte evidenzbasierte Forschung, also empirische Forschung auf Grundlage von repräsentativen Daten. Diese Macht über die Daten liegt zu einem erheblichen Maße beim Staat, denn ob es sich um Sozialversicherungs- oder Arbeitsmarktdaten handelt, vieles unterliegt einem staatlichen Monopol, bei dem Datenschutz und der Nutzen durch die Auswertung solcher Daten für die Allgemeinheit vorsichtig gegeneinander abgewogen werden müssen.

Gleichzeitig profitiert die Politik von wissenschaftlichen Analysen, die Wirkungszusammenhänge aufzeigen und die Effektivität politischer Maßnahmen einschätzen helfen. Somit können Alternativen abgewogen werden, und die Politik kann effektivere Entscheidungen treffen, um ihre Ziele umzusetzen. Die Wissenschaft spielt bei der Vorbereitung politischer Entscheidungen also eine wichtige Rolle, genauso wie bei der Evaluierung der Maßnahmen ex post. Dabei ist es verständlich, dass die Politik die wissenschaftliche Unterstützung und idealerweise die Bestätigung von Maßnahmen erhalten möchte, wenn sie erfolgreich waren. Gleichzeitig möchte sie ungern kritisiert werden, wenn Maßnahmen nicht oder weniger als erhofft wirken.

Die Gefahr ist groß, dass sich Wissenschaftlerinnen und Wissenschaftler von politischen Akteuren vereinnahmen lassen, dass ihre Forschung in der Öffentlichkeit also nicht als wissenschaftlich neutral angesehen wird, sondern als politisch motiviert. Es ist verständlich, dass Politikerinnen und Politiker sich gern die wissenschaftlichen Resultate herausgreifen, die ihre eigenen Positionen bestärken oder bestätigen.

Damit die Wissenschaft ihre unabhängige und neutrale Rolle effektiv wahrnehmen kann, muss sie eine gesunde Distanz zur Politik wahren. Es darf nie das Ziel der Wissenschaft sein, politische Entscheidungen zu prägen oder zu beeinflussen; es kann vielmehr lediglich die Aufgabe der Wissenschaft sein, Politik, Wirtschaft und Gesellschaft mit ihren Analysen zu informieren und ihnen Optionen aufzuzeigen. Diese Grenze nicht zu überschreiten ist für Wissenschaftlerinnen und Wissenschaftler häufig nicht leicht. Es ist aber wichtig, damit die Wissenschaft ihre zunehmend bedeutende Rolle als unabhängiger, ehrlicher Vermittler wahrnehmen kann.

DIE WISSENSCHAFT MUSS SICH WANDELN

Neben der evidenzbasierten Forschung ist die Grundlagenforschung eine zentrale Aufgabe der Wissenschaft. Grundlagenforschung heißt meist, dass neues Wissen nicht direkt relevant ist für politische Entscheidungen und damit auch politisch weniger sensitiv wahrgenommen wird. Grundlagenforschung ist wichtig, um langfristig die Grundlage für neues Wissen zu legen, und damit letztlich auch für die evidenzbasierte Forschung. Vor allem in den Sozial- und Wirtschaftswissenschaften gab es im vergangenen Jahrzehnt einen Paradigmenwechsel hin zu einer sehr viel stärkeren Betonung der evidenzbasierten, empirischen Forschung. War es lange Zeit verpönt für Wissenschaftlerinnen und Wissenschaftler, Politikberatung zu betreiben, so wächst inzwischen der Druck auf sie, ihren Elfenbeinturm zu verlassen und sich mit ihren Fähigkeiten und ihrem Wissen in aktuelle gesellschaftspolitische Debatten aktiv einzubringen.

Zum Paradigmenwechsel der Wissenschaft gehört daher auch der immer breitere Konsens, dass sie zwar unabhängig sein muss, aber nicht losgelöst von der Gesellschaft und von aktuellen Herausforderungen agieren darf. Sie hat also eine »Bringschuld« gegenüber der Gesellschaft, von der sie finanziert und erst ermöglicht wird.

Der ultimative Stresstest für die Wissenschaft – die Schwierigkeit, gesellschaftspolitisch relevant zu sein und gleichzeitig eine gesunde Distanz zu Politik und Medien zu halten – wird durch die sogenannte Heinsberg-Studie illustriert. So hatte ein wissenschaftliches Team unter der Leitung des Epidemiologen Hendrik Streeck sehr früh, im März und April 2020, begonnen, in der Region um Heinsberg in Nordrhein-Westfalen zu erforschen, wer sich wie infiziert hatte. Man wollte verstehen, wie die Übertragung des Virus funktioniert.

Die Resultate einer solchen Studie waren enorm wichtig zu diesem Zeitpunkt, da niemand wirklich wusste, wie das Virus übertragen wird und wie es sich am besten eingrenzen lässt. Denn wenn sich herausgestellt hätte, dass der größte Teil der Bevölkerung dort bereits angesteckt worden war, dann wäre eine Strategie der »Durchseuchung« möglicherweise eine Option gewesen. Auch die Frage, ob sich Menschen durch Aerosole über die Luft oder eher durch Berührung anstecken, hätte gleichermaßen einen großen Einfluss auf die Maßnahmen zur Bekämpfung der Ausbreitung des Virus gehabt.

Der Druck auf die Wissenschaftlerinnen und Wissenschaftler,

sehr schnell Resultate bekannt zu geben, um der Politik bei ihrem Entscheidungsprozess zu helfen, war enorm hoch. Aber eine schnelle Veröffentlichung beinhaltet immer die Gefahr, dass Fehler entstehen und in der Folge falsche Entscheidungen getroffen werden. Trotzdem entschied man sich, die ersten Resultate der Studie sehr früh, noch vor Ostern, zusammen mit politischen Vertretern in einer Pressekonferenz zu präsentieren, was zudem von einer professionellen Medienagentur unterstützt wurde.

Einerseits wollten die Wissenschaftlerinnen und Wissenschaftler ihrer Bringschuld gegenüber der Gesellschaft Rechnung tragen, andererseits wurde diese Veröffentlichung von vielen als eine Vereinnahmung durch Politik und Medien wahrgenommen. Zudem konnten die Resultate in so kurzer Zeit auch nicht unabhängig durch andere Wissenschaftlerinnen und Wissenschaftler geprüft werden. Es wäre aus der Elfenbeinlogik der Wissenschaft sehr viel einfacher für Hendrik Streeck gewesen, die Resultate erst sehr viel später zu veröffentlichen, um sich selbst nicht der Kritik einer fehlenden Unabhängigkeit und Wissenschaftlichkeit auszusetzen.

Manche Medien werfen Wissenschaftlerinnen und Wissenschaftlern Eitelkeit vor und unterstellen ihnen, dass es das Hauptmotiv ihres Handelns sei, gern im Rampenlicht zu stehen und die Anerkennung einer breiten Öffentlichkeit zu genießen. Dieser Vorwurf greift jedoch meist zu kurz, denn den allermeisten Wissenschaftlerinnen und Wissenschaftlern geht es um ihre gesellschaftliche Verantwortung und die Anerkennung innerhalb ihres Fachgebiets, nicht um Lob von Politik oder Medien.

Trotzdem müssen Wissenschaftler aus diesen Erfahrungen und aus den eigenen Fehlern lernen. Der häufigste Fehler der Wissenschaft liegt in einer unzureichenden Kommunikation mit Öffentlichkeit und Politik. Die Wissenschaftskommunikation leidet dabei vor allem unter vier Problemen. Das erste ist die Volatilität, die Veränderlichkeit von Fakten. Die Analyse, wie ein Virus sich überträgt und auf Menschen auswirkt, mag sich über die Zeit verändern und von Land zu Land unterschiedlich sein. Wirkungsanalysen, die heute die Realität noch recht akkurat beschrieben haben, können innerhalb kurzer Zeit an Relevanz verlieren. Das zweite Problem ist die Unsicherheit. Vor allem die Sozialwissenschaften sind häufig fehlerbehaftet, denn wegen der Komplexität des Menschen und seines Verhaltens ist es enorm schwierig, Wirkungsanalysen ausreichend kausal zu belegen. Anders gesagt: Wissenschaftlerinnen und Wissenschaftler liegen nicht selten falsch mit ihren Studien. Das ist nicht per se verwerflich, aber es ist wichtig, dies offen und ehrlich zu kommunizieren. Wie es der Philosoph Karl Popper treffend beschrieb: Wissenschaftliche Thesen sind nie absolute Wahrheiten, sondern müssen stetig überprüft werden und sind nur so lange gültig, bis sie widerlegt werden.

Für viele in Politik, Medien und Öffentlichkeit ist eine solche Unsicherheit schwer zu verstehen. Vor allem Sozialwissenschaftlerinnen und -wissenschaftler denken häufig in Wahrscheinlichkeiten, mit denen eine bestimmte These zutrifft. Es ist jedoch schwierig, eine solche Unsicherheit an Nicht-Experten zu kommunizieren. Es erfordert mehr Offenheit und Transparenz, auch in der Politikberatung immer wieder darauf hinzuweisen, dass die meisten wissenschaftlichen Analysen auf einer hohen Unsicherheit beruhen.

Das dritte Problem der Wissenschaftskommunikation ist die Komplexität. Die Pandemie ist auch dafür ein geeignetes Beispiel. Es gibt Dutzende von Faktoren, die einzelne Menschen für das Virus mehr oder weniger anfällig machen und die die Übertragung beeinflussen. Einige dieser Faktoren werden durch andere neutralisiert oder ins Gegenteil verkehrt. All dies bedeutet, dass es meist eben keine einfachen Erklärungen gibt. Für viele Nicht-Experten ist das schwer zu verstehen, denn es ist ein natürlicher menschlicher Reflex, Probleme möglichst stark zu vereinfachen.

Das vierte Problem ist die Mehrdeutigkeit. Auf Basis derselben

Fakten können Wissenschaftlerinnen und Wissenschaftler zu
völlig unterschiedlichen Implikationen und Empfehlungen kommen. Obwohl es zwischen den drei Virologen Drosten, Streeck
und Kekulé zumeist eine große Übereinstimmung bezüglich der
Fakten des Virus zu geben schien, kamen die drei nicht selten zu
unterschiedlichen Implikationen und Empfehlungen für die Politik. Teile der Öffentlichkeit verstehen dies als Scheitern der Wissenschaft, da man fälschlicherweise annimmt, dass die drei sich
in den wissenschaftlichen Analysen nicht einig sind.

Dabei ist es wichtig, dass sich Wissenschaftlerinnen und Wissenschaftler aktiv in diese gesellschaftspolitischen Diskurse einbringen, und es ist völlig legitim und richtig, dass es auch unterschiedliche Meinungen und Interpretationen gibt. Es ist jedoch
die Aufgabe der Wissenschaft, der Öffentlichkeit deutlich besser
als bisher zu vermitteln, warum Vielfalt oft zu neuen Erkenntnissen und zu einem produktiven Streit um die besten Lösungen
führt.

Wissenschaftlerinnen und Wissenschaftler sind nur Menschen,
die in einem sozioökonomischen Kontext agieren und von ihrer
Umwelt beeinflusst werden. Forschung ist somit nie vollkommen
objektiv und nie ganz frei von den normativen Vorstellungen der
Forscher. Auch dies offen und ehrlich zu kommunizieren gehört
zu guter Wissenschaft dazu.

Ehrlichkeit in Bezug auf die Unsicherheiten, Beschränkungen
und Fehler ist ein zentrales Element auch für die Wissenschaft.
Zu häufig wird von Öffentlichkeit und Medien das Eingeständnis
eines Fehlers als Scheitern und schlechtes wissenschaftliches
Arbeiten verstanden. Das Gegenteil ist der Fall: Die Wissenschaft, wie auch jedes Start-up-Unternehmen oder jeder Politiker, lernt am meisten durch Fehler.

Die Wissenschaft ist also auf einem guten Weg, zu einem mächtigen Faktor auch in der Gesellschaft zu werden. Sie generiert
nicht nur Wissen, sondern ist sich ihrer gesellschaftspolitischen
Bringschuld bewusst und wird ein wichtiges Gegengewicht zu
Politik und Medien. Der große Nutzen der Wissenschaft sollte

uns allen spätestens durch diese Pandemie bewusst geworden sein. Politik und Wirtschaft können viel tun, um diesen Weg der Wissenschaft zu unterstützen und sie weiter in ihrer Rolle zu stärken. Eine bessere Unterstützung von Forschung und Entwicklung, eine engere Vernetzung zwischen Wissenschaft, Politik und Wirtschaft – ohne die Unabhängigkeit der Wissenschaft zu kompromittieren –, eine Selbstverpflichtung von Politik und Medien zu mehr Transparenz und eine größere Offenheit auch für unbequeme Wahrheiten sind wichtige Schritte auf diesem Weg.

Ein einschneidendes und vielleicht sogar entscheidendes Ereignis für den Paradigmenwechsel und die neue Rolle der Wissenschaft war möglicherweise die Entstehung der *Fridays for Future*-Bewegung im Jahr 2018. Diese globale soziale Bewegung von Schülern und Studierenden mahnt das Versagen der Politik in Bezug auf den Klimaschutz an, weist auf die gebrochenen Versprechen der Politik hin und fordert eine schnelle und umfassende Umsetzung von Klimaschutzmaßnahmen, um eine Klimakatastrophe noch verhindern zu können.

Die Bewegung ist enorm erfolgreich, Millionen nicht nur junger Menschen haben sich ihr angeschlossen, und sie hat auch bei Wissenschaftlerinnen und Wissenschaftlern ein Umdenken bewirkt. So wurde beispielsweise die Bewegung *Scientists for Future* mit vielen Wissenschaftlerinnen und Wissenschaftlern geschaffen, die sich den Forderungen der Schüler und Studierenden anschließen. Auch politisch hat die Bewegung einiges verändert, und für Regierungen ist es mittlerweile unmöglich geworden, das Thema zu ignorieren oder auch nur zu versuchen, es herunterzuspielen. Die Bewegung hat ein neues Bewusstsein auch unter älteren Menschen hervorgebracht, dass der Klimaschutz zu lange ein blinder Fleck in unserer Gesellschaft war.

Das vielleicht Bemerkenswerteste an der *Fridays for Future*-Bewegung ist die Tatsache, dass sie nicht auf Grundlage von Werten oder Glaubensbekenntnissen argumentiert – wie beispielsweise die Achtundsechziger und andere Bewegungen es erfolgreich getan haben –, sondern auf der Basis von Wissenschaft und wissenschaftlichen Fakten. Junge Menschen, die selbst noch nicht Wissenschaftler sein können, halten den älteren Generationen den Spiegel vor und entlarven ihre Verlogenheit. Denn allzu gern rechtfertigen die Verantwortlichen in Politik und Wirtschaft ihre Entscheidung mit wissenschaftlichen Fakten. Wenn es jedoch um den Schutz von Klima, Umwelt und Biodiversität geht, dann ignorieren sie diese Fakten oder versuchen gar, sie ins Gegenteil zu verkehren. Die *Fridays for Future*-Bewegung könnte zu einem entscheidenden Element hin zu einer neuen Aufklärung in Bezug auf die Wissenschaft werden. Sie steht auf der richtigen Seite der Geschichte und wird sich ultimativ durchsetzen und hoffentlich viele Nachahmer für die anderen großen Fragen unserer Zeit finden.

FAZIT UND EPILOG

Zum Schluss eine Frage an Sie als Leserin oder Leser: Wenn Sie frei wählen könnten, in welchem Land hätten Sie persönlich vorzugsweise diese Krise durchleben wollen? Viele von Ihnen werden nach kurzem Überlegen vermutlich antworten, dass sie froh darüber sind, diese menschliche, soziale und wirtschaftliche Katastrophe in Deutschland durchleben zu können. Denn kaum ein Land hat ein besseres Gesundheitssystem, das allen Betroffenen schnell hilft, und ein besseres Sozialsystem, um Menschen gegen Arbeitslosigkeit, Krankheit und andere Risiken abzusichern. Kaum ein Land hat stärkere staatliche Institutionen, die schnell und effektiv helfen und die Ressourcen haben, um die Erholung und Normalisierung durch riesige Finanzierungsprogramme zu unterstützen.

Kaum ein anderes Land hat ein so hohes Maß an Solidarität zwischen seinen Bürgerinnen und Bürgern gezeigt. Die große Mehrheit hat sich für ihre schwächsten und verletzlichsten Mitmenschen eingesetzt und dafür große eigene Beschränkungen und Kosten in Kauf genommen. Kaum ein anderes Land hat eine so starke Wirtschaft und so leistungsfähige Unternehmen, die sich in der Krise anpassen konnten und versuchen, ihre Beschäftigten zu schützen. Es wurden und werden viele Fehler begangen, denn niemand hat eine ähnliche Krise bisher durchlebt. Aber wie in wenigen anderen Ländern haben sich die Verantwortlichen in Politik, Wirtschaft und Gesellschaft offen gezeigt, Fehler einzugestehen, zu lernen und einen Weg in die Zukunft zu zeigen.

Dieses Buch ist ein Versuch, die Lehren aus der Krise zu ziehen und den Weg für die Zukunft zu erkunden. Es analysiert die vier zentralen Konfliktlinien unserer Zeit und wie sich diese Konflikte lösen lassen. Und es diskutiert, was dies für uns als Gesellschaft bedeutet.

DIE VIER KONFLIKTLINIEN DES 21. JAHRHUNDERTS

Die Antworten auf diese Fragen sind in vier grundlegenden Konflikten zu finden:

Ethik versus Wirtschaft

Von Anfang an war der Gegensatz zwischen Ethik und Wirtschaft zentral in der Pandemie. Können wir als Gesellschaft einschneidende Restriktionen des täglichen Lebens und des wirtschaftlichen Handelns rechtfertigen, die viele Millionen Unternehmen und Arbeitsplätze gefährden, um einige Tausend Menschenleben zu bewahren? Sind weitgehende Beschneidungen von Grundrechten für alle begründet, um besonders gefährdete Menschen zu schützen?

Bundestagspräsident Wolfgang Schäuble hat im April 2020 mit seiner Bemerkung, der Schutz des Lebens könne nicht absolut sein, sondern nur der Schutz der Würde des Menschen, eine kontroverse Diskussion angestoßen. Aber auch wenn der Schutz des Lebens nicht immer über anderen Grundrechten stehen kann, haben fast alle Nationen diese Fragen mit einem überwältigenden Konsens beantwortet: Der Schutz der Schwächsten hat eine hohe Priorität. Der Schutz des Lebens hat einen sehr hohen Wert und kann und darf nicht gegen andere Menschenleben oder die wirtschaftlichen Interessen anderer abgewogen werden.

Die politischen Entscheidungen für umfangreiche Restriktionen und temporäre Beschneidungen von Grundrechten erhielten vor allem in Europa große Unterstützung. Die Krise hat eben nicht primär dazu geführt, das Schlechte in den Menschen hervorzukehren, sondern das Gute: die Solidarität, eine hohe Opferbereitschaft und die Unterstützung der Schwächsten. Sie hat das Bewusstsein gestärkt, dass die Grundbedürfnisse eines Einzelnen nicht verhandelbar und eintauschbar sind gegen das wirtschaftliche Interesse der Mehrheit.

Die Corona-Krise zeigt auch, dass diese gesellschaftliche Reaktion die überlegene Strategie zur Bekämpfung der Pandemie ist – beispielsweise gegenüber dem Sozialdarwinismus. Gesellschaften, die viel Wert auf Individualismus, das Recht des Stärkeren und die kurzfristige Maximierung des wirtschaftlichen Wohlstands legen – wie dies zum Beispiel für die USA zutrifft –, haben die Krise schlechter gemeistert als solche, die den Fokus auf Solidarität, Gemeinschaft und den Schutz der Schwächsten legen. Auch sind autokratische Regime, in denen die Rechte des Individuums wenig zählen und der Staat sich als allmächtig und unfehlbar sieht, nicht gut durch die Krise gekommen. Dies ist eine wichtige Erkenntnis, die unsere Gesellschaften und auch die Weltordnung verändern könnte.

Ethik, Wirtschaft und der Schutz der Grundrechte müssen jedoch nicht in Konflikt miteinander stehen, vielmehr besteht die Herausforderung, die stetig neu verhandelt werden muss, darin, diese miteinander in Einklang zu bringen. Die Pandemie schärft das Bewusstsein für die Bedeutung jedes einzelnen Menschenlebens für unser gesellschaftliches Zusammenleben, aber auch für die vielen moralisch blinden Flecken in unserer Gesellschaft. Dieses neue Bewusstsein ist die Chance auf einen gesellschaftlichen Wandel hin zu einem neuen Humanismus.

Staat versus Markt

Die Pandemie offenbart ein Staats- und Marktversagen, die miteinander einhergehen. Selten hatten Bürgerinnen und Bürger weltweit so wenig Vertrauen in die Kompetenz ihrer staatlichen Institutionen, insbesondere auch, was ethische Fragen betrifft. Das zeigte sich schon vor der Krise. Viele hielten den Kapitalismus und die Marktwirtschaft für schädlich und inadäquat. Dieser Vertrauensverlust ist vor allem das Resultat der zunehmenden sozialen Polarisierung innerhalb von Gesellschaften und des Gefühls der Ungerechtigkeit – der Überzeugung, Globalisierung und technologischer Wandel nützten nur einigen wenigen und der Staat und der Markt honoriere die Leistungen und Bedürfnisse aller nicht ausreichend.

Die Pandemie hat diese soziale Polarisierung weiter verschärft, denn viele Ungleichheiten haben dadurch deutlich zugenommen. Menschen mit geringem Einkommen, weniger guter Bildung und geringer sozialer Absicherung sind von Arbeitslosigkeit, Einkommenseinbußen und Beschneidungen des täglichen Lebens am härtesten getroffen. Dabei leisten Menschen in »systemrelevanten« Berufen einen unersetzlichen Beitrag in dieser Krise, obwohl ihre Berufe wenig Anerkennung und eine geringe Entlohnung erhalten. Hauptsächlich werden sie von Frauen ausgeübt. Alleinerziehende und junge Mütter leiden unter Kita- und Schulschließungen, viele sehen die Errungenschaften des jahrelangen Kampfes für mehr Gleichberechtigung gefährdet.

Eine wichtige Lehre aus der Corona-Krise ist die Erkenntnis der essenziellen Bedeutung von starken und effizienten staatlichen Institutionen. Der Staat ist in einer solchen Krise die einzige und letzte Instanz, die eine noch größere Katastrophe verhindern kann. Die Krise verweist auf die bedeutende Rolle eines universellen und exzellenten Gesundheitssystems, der sozialen Absicherung gegen Arbeitslosigkeit und Insolvenzen sowie der Notwendigkeit der Regulierung und Koordinierung von Unternehmen und Märkten. Sie zeigt, dass Deutschland und Europa mit der sozialen Marktwirtschaft eine Gesellschafts- und Wirtschaftsordnung haben, die sowohl dem angelsächsischen Modell des übermächtigen Marktes als auch dem marktkommunistischen Regime Chinas überlegen ist, um eine Krise solchen Ausmaßes zu meistern. Aber auch die soziale Marktwirtschaft Deutschlands ist dringend reformbedürftig. Kurzum: Die Krise zeigt, dass weder Neoliberalismus noch Neodirigismus, sondern neue Formen der Zusammenarbeit zwischen Staat und Markt erforderlich sind; nicht nur, um eine solche Krise zu meistern, sondern auch um die soziale Polarisierung zu entschärfen und Konflikte zu lösen.

Multilateralismus versus Nationalismus

Einer der größten Fehler in der Reaktion auf die Pandemie ist der Rückfall in den Nationalismus, der sich bereits vielfach in der Vergangenheit – wie in der europäischen Finanzkrise oder bei Trumps globalen Handelskriegen – gezeigt hat. Der politische Nationalismus und der wirtschaftliche Protektionismus erschweren die Erholung von der Krise und können dazu führen, dass die Weltwirtschaft in eine säkulare Stagnation fällt, also dauerhaft Schaden nimmt, was zu geringerer Dynamik und letztlich weniger Wohlstand führt. Eine Welle an Insolvenzen von Unternehmen, Massenarbeitslosigkeit und geringere Innovation und Produktivität könnten die Folge sein. Dies wird offene, vom Export abhängige Volkswirtschaften wie die deutsche besonders hart treffen.

Die Pandemie offenbart, dass der Weg des Nationalismus und Protektionismus der falsche ist. Sie zeigt, dass die wichtigen Herausforderungen unserer Zeit – vom Klima- und Umweltschutz bis hin zu Migration und Digitalisierung – nur global und gemeinsam gelöst werden können. Die Krise ist somit eine Chance, den Kurs der globalen Konfrontation und des Nationalismus zu stoppen. Dies erfordert jedoch zwei Dinge: zum einen eine Stärkung multilateraler und globaler Institutionen sowie eine viel engere wirtschaftliche und politische Koordination weltweit. Zum anderen muss Europa sich einigen, um global mit einer Stimme sprechen zu können. Und dies nicht nur, um im sich zuspitzenden Konflikt zwischen den USA und China zu vermitteln, sondern auch, um seine eigenen Interessen wahren zu können. Nur ein starkes, geeintes Europa kann im globalen Systemwettbewerb mit China und den USA bestehen und aus der bestehenden bipolaren eine tripolare politische und wirtschaftliche Weltordnung gestalten.

Dies ist eine schwierige Herausforderung, aber nach anfänglichen Streitigkeiten ist Europa mittlerweile auf dem Weg, sich zu einen und eine gemeinsame Strategie zur Bekämpfung der Krise – wie durch ein wirtschaftliches Wiederaufbauprogramm und gegenseitige Hilfsmaßnahmen – umzusetzen. Dabei hat die Bundesregierung einen wichtigen Kurswechsel vollzogen und nach Jahren der Zurückhaltung mittlerweile begonnen, mehr Verantwortung zu übernehmen und wieder eine treibende Kraft bei der Integration Europas zu werden.

Wissenschaft versus Medien und Politik

Wohl noch nie hat die Wissenschaft ein so hohes Gewicht gegenüber Politik und Medien besessen wie während dieser Pandemie. Selten zuvor wurde die Politik gezwungen, eine so starke Rechtfertigung auf der Grundlage von Wissenschaft abzulegen. Die Transparenz auf der Basis von Zahlen und Fakten zwingt die Politik, evidenzbasiert zu entscheiden und Rechenschaft abzulegen.

Die Medien haben durch die stärkere Rolle der Wissenschaft an Deutungshoheit verloren. Sie haben einen Teil ihrer Macht eingebüßt, Vermittler zwischen Wissenschaft und Öffentlichkeit, zwischen Fakten und Gefühlen zu sein. Im digitalen Zeitalter der sozialen Medien kommuniziert die Wissenschaft direkt mit der

Öffentlichkeit und der Politik. Manche Medien wehren sich gegen diesen Wandel, indem sie zum Beispiel Wissenschaftlerinnen und Wissenschaftler attackieren und versuchen, deren Glaubwürdigkeit infrage zu stellen.

Eine Gesellschaft, die großen Wert auf Wissenschaft, evidenzbasierte Entscheidungen und Transparenz legt, wird Politik, Medien und öffentliche Kommunikation nachhaltig verändern. In einer solchen Welt werden Politik und Medien, die »alternative Fakten« anbieten, schlechte Chancen haben, Wählerinnen und Wähler zu manipulieren und Partikularinteressen durchzusetzen. Die Kampagne für nachhaltigen Klimaschutz, allen voran die *Fridays for Future*-Bewegung, hat erste Erfolge gerade durch ihre Betonung von wissenschaftlichen Fakten und Analysen aufzuweisen. Eine solche Entwicklung hin zu einer evidenzbasierten Politik könnte ein großer Fortschritt für die Umsetzung vieler Ziele sein – vom Klimaschutz über die Bekämpfung weltweiter Armut und Migration bis hin zur Digitalisierung und einem modernen Gesundheitssystem.

GRUND FÜR OPTIMISMUS

Wenn wir uns jetzt zwanzig Jahre in die Zukunft versetzen könnten, wie würde unsere Welt aussehen? Wie hätte die Corona-Pandemie unser Leben verändert?

Es gibt viele Gründe, als Pessimist zurückzuschauen. Die Pandemie hat ein enormes kollektives Leiden verursacht. Sie hat so viel von dem zerstört, was über Jahrzehnte geschaffen und aufgebaut wurde: Sie hat mehr als 400 Millionen Arbeitsplätze gekostet, Millionen von Menschen weltweit wieder in die Armut gestürzt, der sie gerade erst entronnen waren, und die Hoffnung einer ganzen jungen Generation eingetrübt. Sie droht alte Konflikte wiederzuerwecken und neue zu schüren. Die beiden Weltmächte USA und China könnten in einen neuen Nationalismus verfallen – und ihren Machtkampf um die wirtschaftliche, geopolitische und militärische Vorherrschaft weiter befeuern –, um von eigenen Fehlern und Problemen abzulenken und nationale Solidarität zu mobilisieren.

Die Krise hat die soziale Polarisierung innerhalb der Gesellschaften verschärft und könnte den Populisten Auftrieb geben, die Lösungen in Ausgrenzung und Protektionismus suchen. Sie könnte somit die hart erkämpften Errungenschaften der offenen Gesellschaft in den westlichen Demokratien hinsichtlich Gleichstellung, Diversität und Toleranz gefährden und um Jahre zurückwerfen. Und sie könnte die Lösung der großen Herausforderungen unserer Zeit blockieren: die Transformation in Bezug auf Klimaschutz und Biodiversität, die Gestaltung des technologischen Wandels und die Veränderung unserer Arbeitswelt. Das Risiko weiterer Katastrophen, von der Klimakrise bis hin zu militärischen Konflikten, könnte weiter erhöht werden.

Es gibt gute Gründe für diesen Pessimismus. Aber es gibt bessere Gründe für Optimismus. Die Reaktion auf die Krise hat die Pessimisten widerlegt – nicht das Schlechte im Menschen wurde hervorgebracht, sondern vor allem das Gute: Selten zuvor haben Menschen überall auf der Welt mit so viel Solidarität und Gemeinschaftssinn reagiert. Die Mehrheit der Gesellschaft hat große wirtschaftliche Opfer gebracht, um ihre schwächsten und verletzlichsten Menschen zu schützen. Die Bürgerinnen und Bürger haben massive Einschränkungen ihrer Grundrechte und ihres täglichen Lebens akzeptiert, um dem Virus Einhalt zu gebieten. Die Krise hat unser Bewusstsein dafür geschärft, was uns als Menschen ausmacht: Empathie, Leidenschaft, Kreativität und eine enorme Anpassungsfähigkeit, um den Unwägbarkeiten des Lebens zu begegnen und sie zu bewältigen.

Die Pandemie hat uns offenbart, wie wichtig das Bewusstsein des Wertes unserer moralischen, gesellschaftlichen und wirtschaftlichen Errungenschaften der vergangenen Jahrzehnte ist. Sie hat uns bewusst gemacht, wie notwendig Toleranz, Offenheit, Diversität und Fortschritte bei Gleichstellung und Chancengleichheit für den Zusammenhalt unserer Gesellschaft sind. Sie hat ein neues Bewusstsein dafür geschaffen, dass wir mit Wissenschaft und den damit verbundenen Methoden, mit Neugierde und Offenheit die notwendigen Instrumente haben oder entwickeln können, um die großen Herausforderungen bewältigen zu können – wenn wir denn wollen und die Rolle von Wissenschaft und Rationalität im gesellschaftlichen Diskurs stärken.

Es wird in Zukunft Impfstoffe und Medikamente zur Bekämpfung dieser und anderer Pandemien geben, auch wenn dies Zeit braucht. Wir haben bereits heute das Wissen und die erforderlichen Technologien, um die Risiken einer Klimakatastrophe zu minimieren und weiteren Schaden abzuwenden. Wir haben alle Möglichkeiten, die digitale Revolution und die Entwicklung der künstlichen Intelligenz so zu gestalten, dass sie das Leben aller lebenswerter machen und allen eine Teilhabe ermöglichen.

Und: Die Pandemie kann ein neues Bewusstsein dafür schaffen, dass es in unserer Macht steht, unsere Zukunft zu gestalten und unser Schicksal selbst in die Hand zu nehmen. Autonomie und Freiheit, Humanismus und Fortschritt sind die Grundpfeiler für ein solches Bewusstsein, für eine neue Aufklärung, um den von Immanuel Kant aufgezeigten Weg hin zur Mündigkeit fortzusetzen.

ANMERKUNGEN

1 Siehe Johnson, N. P. and J. Mueller (2002), »Updating the accounts: global mortality of the 1918–1920 ›Spanish‹ influenza pandemic«. *Bulletin of the History of Medicine*, 76(1), S. 105–115, und: Patterson, K. D. and G. F. Pyle (1991), »The geography and mortality of the 1918 influenza pandemic«. *Bulletin of the History of Medicine*, 65(1), S. 4.

2 Laut Analysen und Angaben des RKI: https://www.rki.de/DE/Content/InfAZ/N/Neuartiges_Coronavirus/Steckbrief.html

3 Siehe https://www.rki.de/DE/Content/Infekt/EpidBull/Archiv/2020/35/Art_01.html

4 Für Szenarienberechnungen siehe: https://www.dgepi.de/assets/Stellung nahmen/Stellungnahme2020Corona_DGEpi-21032020-v2.pdf

5 Der IWF zeigt die Evolution der dramatischen Veränderungen: https://www.imf.org/~/media/Files/Publications/WEO/2020/Update/June/English/WEOENG202006.ashx?la=en

6 https://www.imf.org/en/Publications/WEO/Issues/2020/04/14/weo-april-2020

7 Für eine detaillierte Analyse mit konkreten Zahlen siehe: https://www.worldbank.org/en/publication/wdr2020

8 Siehe http://www.oecd.org/coronavirus/policy-responses/covid-19-and-global-value-chains-policy-options-to-build-more-resilient-production-networks-04934ef4/

9 Für konkrete Zahlen siehe: https://www.economist.com/graphic-detail/2020/04/22/domestic-violence-has-increased-during-coronavirus-lockdowns

10 Siehe https://www.healthaffairs.org/doi/full/10.1377/hlthaff.2017.0174

11 Siehe https://influenza.rki.de/Saisonberichte/2018.pdf, S. 47, Tabelle 2.

12 Quelle: https://bfi.uchicago.edu/wp-content/uploads/BFI_WP_202044.pdf

13 Siehe die Zahlen der WHO: https://apps.who.int/iris/rest/bitstreams/1262394/retrieve

14 Siehe https://www.spiegel.de/auto/aktuell/tempolimit-koennte-jaehrlich-bis-
zu-140-todesfaelle-verhindern-a-1254504.html#:~:text=Ja.,also%20rund%20
75%20Prozent%20h%C3%B6her.

15 Zwei Quellen dafür sind: http://bostonreview.net/politics-global-justice/
yasheng-huang-no-autocracies-arent-better-public-health, https://www.cfr.
org/article/democracy-matters-global-health

16 Für einen internationalen Vergleich siehe: https://www.bruegel.org/publica
tions/datasets/covid-national-dataset/

17 Bundesministerium der Finanzen (2020), *Kampf gegen Corona: Größtes
Hilfspaket in der Geschichte Deutschlands*, https://www.bundesfinanzmini
sterium.de/Content/DE/Standardartikel/Themen/Schlaglichter/Corona-
Schutzschild/2020-03-13-Milliarden-Schutzschild-fuer-Deutschland.html
(8. April 2020).

18 Nach Schätzungen des DIW Berlin: https://www.diw.de/documents/publi-
kationen/73/diw_01.c.791539.de/20-24.pdf

19 https://www.edelman.de/research/edelman-trust-barometer-2020

20 Pew Research »Global Attitudes Survey«, https://www.pewresearch.org/
wp-content/uploads/2019/11/Pew-Research-Center-Value-of-Europe-Topline-
for-Release-FINAL.pdf

21 https://www.wirtschaftsdienst.eu/inhalt/jahr/2019/heft/12/beitrag/angst-im-
aufschwung.html

22 Edelman (2020) Pressemitteilung zum Edelman Trust Barometer (21. Januar
2020). Online verfügbar via https://bit.ly/32DKUXf.

23 Siehe für erste Ergebnisse einer repräsentativen Umfrage in Deutschland:
Steinert, J. und C. Ebert (2020). »Gewalt an Frauen und Kindern in Deutschland während COVID-19 bedingten Ausgangsbeschränkungen«, Zusam-
menfassung der Ergebnisse. Online verfügbar via: https://www.hfp.tum.de/
globalhealth/forschung/covid-19-and-domestic-violence/

24 Siehe https://www.diw.de/documents/publikationen/73/diw_01.c.620814.de/
19-19-3.pdf

25 Siehe Obstfeld, M. (2020), »Globalization Cycles«. *Italian Economic Journal*,
6(1), 1–12; Rodrik, D., *The globalization paradox: democracy and the future of
the world economy*. Norton, New York 2011 und Kessler, M., A. Subramanian (2017), »The Hyperglobalization of Trade and Its Future«. PIIE.Com.
Peterson Institute of International Economics.

26 https://www.consilium.europa.eu/en/policies/eu-recovery-plan/

27 https://www.wissenschaft-im-dialog.de/projekte/wissenschaftsbarometer/
wissenschaftsbarometer-corona-spezial/

28 https://www.wissenschaft-im-dialog.de/fileadmin/user_upload/Projekte/
Wissenschaftsbarometer/Dokumente_20/erneute_Befragung/2020_WiD-
Wissenschaftsbarometer_Tabellenband_Corona_Spezial_Tracking.pdf

LITERATUR

Aghion, P., C. Antonin and S. Bunel, *The Power of Creative Destruction*, Harvard University Press, forthcoming 2020.

Alon, T., M. Doepke, J. Olmstead-Rumsey and M. Tertilt, »The impact of the coronavirus pandemic on gender equality«, VoxEU.org, 19. April 2020.

Anderson, J., E. Bergamini, S. Brekelmans, A. Cameron, D. Zsolt & M. D. Jiménez, »The fiscal response to the economic fallout from the coronavirus«. Bruegel Datasets. www. bruegel. org/ publications/datasets/covid-national-dataset, 25.4.2020.

Ansari, Dawud, Claudia Kemfert, »Erdölmärkte zwischen Corona-Krise, Preiskrieg und Förderkürzung«, *DIW aktuell* 36/2020, DIW Berlin 2020.

Arendt, Hannah, *Vita activa oder Vom tätigen Leben*, Piper Verlag, München 2002, S. 68.

Bach, Stefan, »Steuerpolitik in Zeiten von Corona: Unternehmen und Konsum kurzfristig entlasten, Hochverdienende mittelfristig moderat belasten«, *DIW aktuell* 37/2020, DIW Berlin 2020.

Baldwin R. and B. Weder di Mauro (eds.), *Mitigating the COVID Economic Crisis: Act Fast and Do Whatever It Takes*, CEPR Press , London 2020.

Baldwin, R., *The globotics upheaval: Globalization, robotics, and the future of work*, Weidenfeld & Nicolson, London 2019.

Beck, T. and W. Wagner, »National containment policies and international cooperation«, Covid Economics: Vetted and Real-Time Papers 8, 22. April 2020.

Belitz, Heike, Marius Clemens, Marcel Fratzscher, Martin Gornig, Claudia Kemfert, Alexander S. Kritikos, Claus Michelsen, Karsten Neuhoff, Malte Rieth, C. Katharina Spieß, »Mit Investitionen und Innovationen aus der Corona-Krise«, *DIW Wochenbericht* 24/2020, DIW Berlin 2020.

Benassy-Quere, A., Arnoud Boot, Antonio Fatás, Marcel Fratzscher, Clemens Fuest, Francesco Giavazzi, Ramon Marimon, Philippe Martin, Jean Pisani-Ferry, Lucrezia Reichlin, Dirk Schoenmaker, Pedro Teles, Beatrice Weder di Mauro, »A proposal for a Covid Credit Line«, Vox EU, 21. März 2020.

Berg, J., F. Bonnet, and S. Soares, »Working from home: Estimating the worldwide potential«, VoxEU.org, 11. Mai 2020.

Bernoth, Kerstin, Geraldine Dany-Knedlik, Anna Gibert, »Geldpolitische Maßnahmen der EZB und der Fed gegen die Corona-Krise wirken wenig«, *DIW aktuell* 31/2020, DIW Berlin 2020.

Bernoth, Kerstin, Marius Clemens, Geraldine Dany-Knedlik, Stefan Gebauer, »Wirtschaftspolitische Maßnahmen gegen die Corona-Krise in Europa wirken vor allem im Zusammenspiel«, *DIW Wochenbericht* 23/2020, DIW Berlin 2020.

Boeri, T., A. Caiumi, and M. Paccagnella, »Mitigating the work-security trade-off while rebooting the economy«, VoxEU.org, 9. April 2020.

Bregman, Rutger, *Im Grunde gut. Eine neue Geschichte der Menschheit*, Rowohlt Verlag, Hamburg 2020.

Bundesministerium der Finanzen, »Kampf gegen Corona: Größtes Hilfspaket in der Geschichte Deutschlands«, 27. März, https://www.bundesfinanzministerium.de/Content/DE/Standardartikel/Themen/Oeffentliche_Finanzen/2020-03-13-Schutzschild-Beschaeftigte-Unternehmen.html 8. April 2020.

Bursztyn, L., A. Rao, C. Roth & D. Yanagizawa-Drott, »Misinformation during a pandemic«. University of Chicago, Becker Friedman Institute for Economics, Working Paper (2020–44), 2020.

Bünning, Mareike, Lena Hipp, Stefan Munnes, »Erwerbsarbeit in

Zeiten von Corona«, Mimeo, Wissenschaftszentrum Berlin für Sozialforschung (WZB), 15. April 2020.

Cawley, J., A. S. Moriya and K. Simon, »The Impact of the Macroeconomy on Health Insurance Coverage: Evidence from the Great Recession«, *Health Economics*, 24(2): 206–223, 2015.

»Coronavirus in Schlachthöfen. Das unsichtbare Leiden der Niedriglöhner«, in: *Der Spiegel*, 10. Mai 2020.

Del Boca, D., N. Oggero, P. Profeta and M. C. Rossi, »Women's work, Housework and Childcare, before and during COVID-19«, COVID Economics: Vetted and Real-Time Papers, Issue 28: 70–90, 2020.

Deutsche Gesellschaft für Epidemiologie (DGEpi), »Stellungnahme der (DGEpi) zur Verbreitung des neuen Coronavirus (SARS-CoV-2)«, Version vom 21.03.2020. Online abgerufen am 01.04.2020. https://www.dgepi.de/assets/Stellungnahmen/ Stellungnahme2020Corona_DGEpi-21032020-v2.pdf

Dingel, J. and B. Neiman, »How many jobs can be done at home?«, VoxEU.org, 7. April 2020.

Edelman Trust Barometer 2020. Online abgerufen am 01.07.2020. https://www.edelman.de/research/edelman-trust-barometer-2020

Eichenbaum, M., S. Rebelo and M. Trabandt, »The Macroeconomics of Epidemics«, *NBER Working Paper* No. 26882, 2020.

Emcke, Carolin, *Gegen den Hass*, Fischer Verlag 2016.

Entringer, Theresa, Hannes Kröger, »Einsam, aber resilient – Die Menschen haben den Lockdown besser verkraftet als vermutet«, *DIW aktuell* 46/2020, DIW Berlin 2020.

Ettmeier, Stephanie, Chi Hyun Kim, Alexander Kriwoluzky, »Finanzmärkte erwarten langanhaltende wirtschaftliche Auswirkungen der Corona-Pandemie in Europa«, *DIW Wochenbericht* 21/2020, DIW Berlin 2020.

Eurofound, »Living and working in Europe 2019«, Publications Office of the European Union, Luxembourg 2020.

Fehr, E., U. Fischbacher, »The nature of human altruism«. *Nature* 425, 785–791, 2003.

Fergueson, N., »Impact of non-pharmaceutical interventions (NPIs) to reduce COVID19 mortality and healthcare demand«, Imperial College London 2020.

Financial Times, »Global economy already set for historic contraction«, 12. April 2020.

Finkelstein, A., N. Hendren and M. Shepard, »Subsidizing Health Insurance for Low-Income Adults: Evidence from Massachusetts«, American Economic Review, 109(4): 1530–1567, 2019.

Fischer, Björn, Johannes Geyer, »Pflege in Corona-Zeiten: Gefährdete pflegen besonders Gefährdete«, DIW aktuell 38/2020, DIW Berlin 2020.

Foucault, M., 1990, Was ist Aufklärung? Ethos der Moderne. Foucaults Kritik der Aufklärung, wkv-stuttgart 1990.

Fratzscher, Marcel, Die Deutschland-Illusion. Warum wir unsere Wirtschaft überschätzen und Europa brauchen, Hanser Verlag, München 2014.

Fratzscher, Marcel, Verteilungskampf. Warum Deutschland immer ungleicher wird, Hanser Verlag, München 2016.

Fratzscher, Marcel, The Germany Illusion, Oxford University Press 2018.

Fratzscher, Marcel, »Corona-Krisenmanagement: Die Deutschen sind zufrieden mit dem Krisenmanagement der Politik«, Fratzschers Verteilungsfragen, Zeit Online, 10. Juli 2020.

Fratzscher, Marcel, »Corona-Pflegehaushalte: Gefährdete pflegen Gefährdete«, Fratzschers Verteilungsfragen, Zeit Online, 15. Mai 2020.

Fratzscher, Marcel, »Coronavirus: Nun hängt es an Deutschland«, Fratzschers Verteilungsfragen, Zeit Online, 9. April 2020.

Fratzscher, Marcel, »Systemrelevante Berufe: Wer waren noch mal die Leistungsträger der Gesellschaft?«, Fratzschers Verteilungsfragen, Zeit Online, 27. März 2020.

Fratzscher, Marcel, »Menschenwürde: Eine Frage der Selbstachtung«, Fratzschers Verteilungsfragen, Zeit Online, 14. Juni 2019.

Fratzscher, Marcel, »Soziale Marktwirtschaft: Enteignungen sind nicht notwendig«, Fratzschers Verteilungsfragen, *Zeit Online*, 3. Mai 2019.

Fratzscher, Marcel, »Suizid: Man nennt es Tod aus Verzweiflung«, Fratzschers Verteilungsfragen, *Zeit Online*, 1. März 2019.

Fratzscher, Marcel, »Gleichstellung: Freiheit und Gleichheit«, Fratzschers Verteilungsfragen, *Zeit Online*, 11. Januar 2019.

Fratzscher, Marcel, »Gender Pay Gap: Deutschlands erbärmlicher Rückstand bei der Gleichstellung«, Fratzschers Verteilungsfragen, *Zeit Online*, 4. Januar 2019.

Fratzscher, Marcel, »Rechtsextremismus: Sachsen schafft sich ab«, Fratzschers Verteilungsfragen, *Zeit Online*, 4. September 2018.

Fratzscher, Marcel, »Unternehmenssteuern: Für eine kluge Entlastung von Unternehmen«, Fratzschers Verteilungsfragen, *Zeit Online*, 18. Mai 2018.

Fratzscher, Marcel, »Digitalisierung: Warum zahlt uns Google nicht eine Nutzungsgebühr?«, Fratzschers Verteilungsfragen, *Zeit Online*, 23. Februar 2018.

Chancengleichheit – Lernen bis zum Lebensende« Fratzscher, Marcel, »Chancengleichheit: Lernen bis zum Lebensende«, Fratzschers Verteilungsfragen, *Zeit Online*, 26. Januar 2018.

Fratzscher, Marcel, »Technologischer Wandel: Kein Roboter kann die Altenpflegerin ersetzen«, Fratzschers Verteilungsfragen, *Zeit Online*, 12. Januar 2018.

Fratzscher, Marcel, »Steuern: Senkt die Mehrwertsteuer!«, Fratzschers Verteilungsfragen, *Zeit Online*, 26. Mai 2017.

Fratzscher, Marcel, »Armut: Armut gefährdet die Demokratie«, Fratzschers Verteilungsfragen, *Zeit Online*, 17. März 2017.

Fratzscher, Marcel, »Populismus: Sein Erfolg speist sich aus Frust und Angst«, Fratzschers Verteilungsfragen, *Zeit Online*, 20. Januar 2017.

French, Eric B. et al., »End-Of-Life Medical Spending In Last Twelve Months Of Life Is Lower Than Previously Reported«, *Health Affairs*, 36(7), 1211–1217. https://www.healthaffairs.org/doi/full/10.1377/hlthaff.2017.0174, 2017

Fricke, Thomas, »Angst im Aufschwung – Repräsentative Umfrage zu ökonomischen Ansichten der Deutschen«, *Wirtschaftsdienst* 99(12), S. 849–854, 2019.

Fukuyama, F., *The End of History and the Last Man*, Free Press 1992.

Fukuyama, Francis, »The Pandemic and Political Order, It Takes a State«, Foreign Affairs, July/August 2020.

Furman, J., »Protecting people now, helping the economy rebound later«, VoxEU.org, 31. Mai 2020.

Galasso, V., »Labour market inequalities«, COVID Economics: Vetted and Real-Time Papers, Issue 19, 2020.

Garicano, L., »The COVID-19 bazooka for jobs in Europe«, VoxEU.org, 20. März 2020.

Garton Ash, Timothy, *Free Speech: Ten Principles for a Connected World*, Yale University Press 2016.

Goldberg, P., »Policy in the time of coronavirus«, in Baldwin, R. and B. Weder di Mauro (eds.), Mitigating the COVID Economic Crisis: Act Fast and Do Whatever It Takes, CEPR Press, London 2020.

Habermas, J., »Die Verschlingung von Mythos und Aufklärung. Horkheimer und Adorno«. In: ders., *Der philosophische Diskurs der Moderne. Zwölf Vorlesungen*. Suhrkamp Verlag, Frankfurt am Main 1985.

Hainsch, Karlo, Leonard Göke, Claudia Kemfert, Pao-Yu Oei, Christian von Hirschhausen, »European Green Deal: Mit ambitionierten Klimaschutzzielen und erneuerbaren Energien aus der Wirtschaftskrise«, *DIW Wochenbericht* 28/2020, DIW Berlin 2020.

Hammerschmid, Anna, Julia Schmieder, Katharina Wrohlich, »Frauen in Corona-Krise stärker am Arbeitsmarkt betroffen als Männer«, *DIW aktuell* 42/2020, DIW Berlin 2020.

Hartl, T., K. Waelde and E. Weber, »Measuring the impact of the German public shutdown on the spread of COVID-19«, Covid Economics: Vetted and Real-Time Papers 1, 5. April 2020.

Hayek, Friedrich, *The Road to Serfdom*, University of Chicago Press 1944.

Horkheimer, M., T. W. Adorno, »Dialektik der Aufklärung. Philosophische Fragmente«. In: Max Horkheimer, *Gesammelte Schriften*. Band 5. Fischer Verlag, Frankfurt am Main 1987.

Hupkau, C. and B. Petrongolo, »COVID-19 and the gender gaps: Latest evidence and lessons from the UK«, Covid Economics: Vetted and Real-Time Papers 2020.

ILO, *ILO Monitor: COVID-19 and the world of work*, Second edition 2020.

Inoue, H. and T. Todo, »The propagation of the economic impact through supply chains: The case of a mega-city lockdown to contain the spread of COVID-19«, Covid Economics: Vetted and Real-Time Papers 8, 22. April 2020.

Jessen, Jonas, Sevrin Waights, C. Katharina Spieß, »Geschlossene Kitas: Mütter tragen mit Blick auf Zeiteinteilung vermutlich die Hauptlast«, *DIW aktuell* 34/2020, DIW Berlin 2020.

»Jung, motiviert – abgehängt?«, in: *Der Spiegel*, 22. Mai 2020.

Kemptner, Daniel, Jan Marcus, »Alleinlebenden älteren Menschen droht in Corona-Zeiten Vereinsamung«, *DIW aktuell* 45/2020, DIW Berlin 2020.

Kessler, M., A. Subramanian, »The Hyperglobalization of Trade and Its Future«. Peterson Institute of International Economics 2017.

Kholodilin, Konstantin A., Malte Rieth, »Medienbasierter Index zeigt: Epidemien bringen in der Regel dauerhafte wirtschaftliche Einbußen mit sich«, *DIW aktuell* 32/2020, DIW Berlin 2020.

Koebe, Josefine, Claire Samtleben, Annekatrin Schrenker, Aline Zucco, »Systemrelevant, aber dennoch kaum anerkannt: Entlohnung unverzichtbarer Berufe in der Corona-Krise unterdurchschnittlich«, *DIW aktuell* 48/2020, DIW Berlin 2020.

Kritikos, Alexander, »Wieso der Staat bei den Start-up-Hilfen genau hinsehen sollte: Kommentar«, *DIW Wochenbericht* 27/2020, DIW Berlin 2020.

Kritikos, Alexander, Daniel Graeber, Johannes Seebauer, »Corona-Pandemie wird zur Krise für Selbständige«, *DIW aktuell* 47/2020, DIW Berlin 2020.

Kröger, Mats, Sun Xi, Olga Chiappinelli, Marius Clemens, Nils May, Karsten Neuhoff, Jörn Richstein, »Green New Deal nach Corona: Was wir aus der Finanzkrise lernen können«, *DIW aktuell* 39/2020, DIW Berlin 2020.

Kühne, Simon, Martin Kroh, Stefan Liebig, Jonas Rees, Andreas Zick, »Zusammenhalt in Corona-Zeiten: Die meisten Menschen sind zufrieden mit dem staatlichen Krisenmanagement und vertrauen einander«, *DIW aktuell* 49/2020, DIW Berlin 2020.

Lazzerini, M. & G. Putoto, »COVID-19 in Italy: momentous decisions and many uncertainties«. *The Lancet Global Health* 2020.

Mense, Andreas, Claus Michelsen, »Pendlerverflechtungen haben starken Einfluss auf die Verbreitung des Corona-Virus«, *DIW aktuell* 43/2020, DIW Berlin 2020.

Michelsen, Claus, Guido Baldi, Geraldine Dany-Knedlik, Hella Engerer, Stefan Gebauer, Malte Rieth, »Pandemie stürzt Weltwirtschaft in tiefe Rezession: Grundlinien der Wirtschaftsentwicklung im Sommer 2020«, *DIW Wochenbericht* 24/2020, DIW Berlin 2020.

Michelsen, Claus, Marius Clemens, Guido Baldi, Geraldine Dany-Knedlik, Hella Engerer, Marcel Fratzscher, Stefan Gebauer, Max Hanisch, Simon Junker, Konstantin A. Kholodilin, Laura Pagenhardt, Malte Rieth, Thore Schlaak, »Globale Wirtschaftskrise trifft Deutschland hart – Verunsicherung lastet schwer: Editorial«, *DIW Wochenbericht* 24/2020, DIW Berlin 2020.

Möhring, Katja et al., »Schwerpunktbericht zur Erwerbstätigkeit in Deutschland, Die Mannheimer Corona-Studie«, Mai 2020.

Nozick, R., *Anarchy, State, and Utopia*, Harvard University Press 1974.

OECD, »Beyond Containment: Health systems responses to COVID-19 in the OECD«, Mai 2020.

Obstfeld, M., »Globalization Cycles«. *Italian Economic Journal*, 6(1), 1–12, 2020.

Polanyi, Karl, *The Great Transformation*, Farrar & Rinehart, US 1944.

Pueyo, T., »Coronavirus: The Hammer and the Dance«, 2020, https://medium.com/@tomaspueyo/coronavirus-the-hammer-and-the-dance-be9337092b56

Queisser, M., W. Adema and C. Clarke, »COVID-19, employment and women in OECD countries«, VoxEU.org, 22. April 2020.

Rawls, J., *A Theory of Justice*, Harvard University Press 1971.

Reinhart, Carmen, »This Time Truly Is Different«, Project Syndicate, 23. März 2020.

Ritchie, H. and M. Roser, »What do we know about the risk of dying from COVID-19?«, Mimeo Oxford University 2020.

Robert Koch Institut, »Ergänzung zum Nationalen Pandemieplan – COVID-19 – neuartige Coronaviruserkrankung«, März 2020.

Robert Koch Institut, »Schätzung der aktuellen Entwicklung der SARS-CoV-2-Epidemie in Deutschland – Nowcasting, 22. April 2020«, *Epidemiologisches Bulletin* 17/2020.

Rodrik, D., »Has Globalization Gone Too Far?«, Washington, DC: Institute for International Economics 1997.

Rodrik, D., *The Globalization Paradox: Democracy and the Future of the World Economy*. Norton, New York, London 2011.

Rodrik, D., S. Stantcheva, »The Post-Pandemic Social Contract«, Project Syndicate, 11. Juni 2020.

Rogoff, K., C. Reinhart, »Suspend Emerging and Developing Economies' Debt Payments«, Project Syndicate, 13. April 2020.

Roser, Max, »Our World in Data«, Database, Oxford University 2020.

Schröder, Carsten, Theresa Entringer, Jan Goebel, Markus M. Grabka, Daniel Graeber, Hannes Kröger, Martin Kroh, Simon Kühne, Stefan Liebig, Jürgen Schupp, Johannes Seebauer, Sabine Zinn, »Vor dem Covid-19-Virus sind nicht alle Erwerbstätigen gleich«, *DIW aktuell* 41/2020, DIW Berlin 2020.

»Schutzschirm für Ausbildung. Corona-Prämie für Firmen bei Übernahme von Azubis«, in: *Der Spiegel*, 26. Mai 2020.

Sen, A. K., *On Ethics and Economics*, Wiley-Blackwell 1991.

Singer, P., M. Plant, »When Will the Pandemic Cure Be Worse Than the Disease?«, Project Syndicate, 6. April 2020.

Stiglitz, Joseph, »Priorities for the COVID-19 Economy«, Project Syndicate, 1. Juli 2020.

The Economist, »Many poor Americans can't afford to isolate themselves«, 20. April 2020.

The Economist, »The coronavirus exposes the weakness of Germany's biggest firms«, 20. April 2020.

Tomasello, M., *The Cultural Origins of Human Cognition*, Harvard University Press, Cambridge 2000.

Todorov, T., *Hope and Memory: Reflections on the Twentieth Century*, Atlantic Books 2005.

Wolf, Martin, »Covid has exposed society's dysfunctions«, *Financial Times*, 14. Juli 2020.

World Economic Forum, »These are the occupations with the highest COVID-19 risk«, 26. Mai 2020.

Zaklan, Aleksandar, Vicki Duscha, Claudia Gibis, Jakob Wachsmuth, Jan Weiß, Claudia Kemfert, »Obergrenze für Emissionen im europäischen Emissionshandel muss schneller sinken: Potenziale dafür sind vorhanden«, *DIW Wochenbericht* 27/2020, DIW Berlin 2020.

Zhou, F. et al., »Clinical course and risk factors for mortality of adult inpatients with COVID-19 in Wuhan, China: a retrospective cohort study«. 9. März 2020, *The Lancet*. DOI: 10.1016/S0140-6736(20)30566-3, 2020.

DANK

Ich habe das Buch im Frühjahr und Sommer 2020 geschrieben, während der ersten Phase der Pandemie. Viele der Überlegungen zu den Herausforderungen, denen wir uns als Gesellschaft gegenübersehen, begleiten mich jedoch schon seit Jahren und finden regelmäßig Ausdruck in meiner Kolumne bei *Zeit Online*, die ich seit Ende 2016 schreibe. Für die stetige Unterstützung und die Gedankenanstöße dazu bin ich meinen Kolleginnen und Kollegen am DIW Berlin in der Abteilung Kommunikation und in den wissenschaftlichen Abteilungen und bei *Zeit Online* dankbar.

Ich danke Barbara Wenner, meiner Agentin, für ihre Geduld und stetige Ermutigung, meine Ideen weiterzuverfolgen, und Kathrin Liedtke vom Berlin Verlag für ihr hervorragendes Lektorat und ihre Flexibilität. Und ich danke Christian Franz und Sandra Tubik für ihre Unterstützung und die Gespräche, die zu vielen neuen Ideen für meine Kolumne und für dieses Buch geführt haben.